거짓말의 기술

세상을 움직이는 거짓말쟁이들의 비밀

거짓말의 기술

마셀 다네시 지음 ㅣ 김재경 옮김

21세기북스

차례

서문

절반의 진실은 종종 훌륭한 거짓말이 된다.

—벤저민 프랭클린(1706~1790)

나는 1972~1973년에 뉴저지주 뉴브런즈윅에 있는 럿거스대학에서 처음 언어학 교수직을 맡았다. 당시 워싱턴에서는 한창 워터게이트 사건 청문회가 열리는 중이었다. 이 사건은 나와 학생들을 사로잡았고, 진행하던 두 강의(일반 언어학 수업과 마키아벨리의 《군주론》을 다루는 수업)에서 이 문제를 핵심 주제로 삼아 학생들과 토의했다. 토의에서 초점을 맞춘 부분은 닉슨 대통령의 능숙한 거짓말이 어떻게 현대판 마키아벨리즘이나 다름없이 작동하며, 더 나아가 언어가 전술이자 계략으로서 어떻게 정치 담론을 구성하는가 하는 점이었다. 우리는 닉슨의 거짓말이 당대 미국 사회의 도덕적·윤리적 기틀을 어떻게 흔들고 있는지 살펴보는 가운데 거짓의 언어를 조사하고, 분석하고, 논의했다. 그로부터 우리가 도달한 결론은 계층의 사다리 꼭대기에서 흘러나오는 거짓말이 매 순간 진실과 정의라는 원칙을 무너뜨려 사회를 분열시킨다는 것이었다.

사회 고위층은 거짓말이라는 강력한 무기를 사용해 혐오를 조장하고 대중을 분열시켜 손쉽게 사회를 장악한다. 위압감, 두려움, 불안감을 불러일으키는 심리적 무기인 거짓말이 자기 이익에 반하는 행동까지 저지르도록 사람들을 부추기기 때문이다. 게다가 거짓말은 전염병처럼 널리 퍼져나간다. 실제로 워터게이트 사건의 추잡한 진상을 비밀리에 담은 녹음테이프를 들어보면 닉슨 측 변호인 존 딘이 닉슨에게 이렇게 말한다. "우리 백악관 안에 암이 자라고 있습니다." 결국 워터게이트 청문회는 미국 전역을 뒤덮어가던 암을 도려내기 위한 치료책이나 마찬가지였다. 1974년 닉슨이 사임하면서 간신히 위험은 사그라졌다. 암은 다른 곳으로 전이되지 않았고, 적어도 잠깐 동안은 미국의 도덕성 역시 회복되었다.

암 비유를 계속 이어나가자면, 2016년에 도널드 트럼프가 대통령에 당선된 일은 소강상태에 빠져 있던 암이 재발한 것과 같았다. 그렇게 진단하기는 어렵지 않다. 거짓말로 속이거나, 모른 체하며 사실을 은폐하거나, 다른 화제로 말을 돌리는 등 워터게이트 때랑 똑같은 증상이 똑같은 패턴으로 나타났기 때문이다. 마침 워터게이트 사건 때 가르쳤던 강의랑 비슷한 수업을 토론토대학에서 가르치고 있던 나는 불길한 기시감을 느꼈다. 심지어 이번 강의에서도 마키아벨리의 고전을 활용해 거짓말이 어떻게 사람들의 정신을 왜곡하는 교묘한 담화 전략이 될 수 있는지를 다루는 중이었다. 정통 정치인이었던 닉슨과 달리 트럼프는 사업가이자 배우이자 리얼리티 쇼 스타로서 정치판에 등장했다. 그런 만큼 트럼프는 서커스 단장 P. T. 바넘 이후로 미국의 온갖 선전꾼들이 사용해온 허풍 기술을 그대로 사용해 수많은 팬을 끌어들였다. 워터게이트 사건 때는 이에 대한 내 생각을 지면에 싣지 못했다. 아직 신임 교수이다 보니 거짓말이 어떻게 정치판을 파멸로 이끌어가는지 글로 논하기에는 자신감이 부족했기 때문이다. 하지만 거의 50년이 지난 지금, 나는 충분한 자신감을 가지고 강단 너머의 대중에게도 내 견해와 언어학적 식견을 공유하고자 한다.

토니 슈워츠와 공동 집필해 1987년에 출간한 《거래의 기술》에서 도널드 트럼프는 단지 사업 거래를 잘하는 법만 가르쳐주지는 않는다. 트럼프는 독자가 스스로를 드높일 수 있는 일련의 전략을 소개하는데 바로 속임수, 계략, 거짓말을 활용해 어떤 관계나 상황에서든 우위를 점하는 것이다. 마키아벨리의 《군주론》과 P. T. 바넘의 허풍스러운 화법을 연상시키는 《거래의 기술》은 거짓말, 속임수, 지어낸 말로 사람들의 정신을 조종하는 법을 가르쳐주는 매뉴얼이나 다름없다. 내 기억으로는 2016년 미국 대선 기간 초창기에 트럼프가 뉴욕 5번가에 위치한 트럼프타워 로비에서 이렇게 말한 적이 있다. "우리에게는 《거래의 기술》을 쓴 사람 같은 리더가 필요합니다." 바로 이 순간부터 나는 닉슨 시절의 암이 재발했다는 것을 확신했다. 트럼프의 말은 거짓이기 때문이다. 책을 실제로 집필한 사람은 대필가 슈워츠이다. 의미심장하게도 트럼프의 발언 직후 슈워츠는 트위터에 트럼프를 비꼬는 글을 하나 남겼다. "트럼프 씨, 정말 고맙네요. 제가 대통령 선거에 출마해야 한다고 말씀해주시다니. 《거래의 기술》은 제가 썼잖아요." 슈워츠는 자신이 세상에 괴물 하나를 풀어놨다는 사실을 잘 알았다. 슈워츠는 시간이 지난 뒤 책에 관한 질문을 받았을 때 자신이 책 제목을 짓는다면 "소시오패스"라고 했을 것이라고 답했다.

《거래의 기술》은 진실을 은폐하거나 왜곡함으로써 자신을 내세우고 거래를 성사할 수 있다고 공언하는 포고문과도 같다. 책에서는 그처럼 거짓에 기반을 둔 화법을 가리켜 아예 "진실된 과장법"이라는 이름까지 붙여놓았다. 《거래의 기술》은 사실상 그 제목을 "거짓말의 기술"이라고 고쳐 써도 전혀 무리가 없다. 나는 바로 그 제목을 내 책 제목으로 정했다. 내 책이 트럼프에 관한 책일 뿐만 아니라, 트럼프가 너무나도 능숙하게 사용하는 불쾌한 "기술"에 관한 책이기도 하다는 사실을 표지부터 분명히 밝히고 싶었기 때문이다. 그 기술은 세계 곳곳으로 널리 전파되고 있으며, 거짓말이 평범한 의사소통 수단 중 하나로 전락한 세상에서는 딱히 눈에 띄는 문젯거리도 아니다. 거짓말이 구석구석 활개를 치는 사이버 공간에서 이는 평범한 일상 행위에 지나지 않는다. 올더스 헉슬리가 쓴 소설 제목을 빌리자면 인터넷 세계는 "멋진 신세계"다. 1932년 작품 《멋진 신세계》 속 세상에서는 심리 조작과 고전적 조건형성 행위가 어찌나 흔하게 퍼져 있는지 사람들이 그런 행위를 "일상적"으로 받아들인다. 오늘날의 멋진 신세계에서도 트럼프가 말하는 "기술"이 무의식적인 언어로 자리 잡고 말았다. 선동, 음모론, 속임수, 시치미, 발뺌 등 다양한 형태로 나타나는 거짓말이 국제 공용어가 된 셈이다.

따라서 이 "기술"이 정확히 무엇인지 이해하는 일은 중요하다. 이 기술이 사람 간의 신뢰를 무너뜨릴 뿐만 아니라 증오에 찬 이들의 이익

추구 수단으로 사용되고 있기 때문이다. 실제로 오늘날 세상에 만연한 혐오와 분노를 들추어 보면 (전부는 아니더라도) 많은 경우 그 밑에 능수능란한 거짓말이 깔려 있다. 속임수 장인들이 말을 악랄하게 비틀고 뒤틀어 인간의 믿음과 두려움을 마음대로 주무르고 있다는 뜻이다. 마키아벨리는 1532년도 저서 《군주론》에서 역사상 처음으로 이 악랄한 기술을 자세히 설명했다. 마키아벨리는 통치자들이 윤리적인 방법으로든 비윤리적인 방법으로든 권력을 쟁취하여 효과적으로 사용하는 법을 조언했는데, 그의 설명에 따르면 비윤리적인 방법의 핵심은 거짓말과 속임수를 전략적으로 활용하는 것이다. 거짓말과 속임수는 치열한 심리전을 벌일 때든 사람들의 생각을 통제할 때든 반드시 필요하다. 그러므로 통치자는 속으로는 백성이든 적이든 당황시키고 속일 줄 아는 "여우"이면서 겉으로는 용감하고 힘 있는 "사자"여야 한다.

트럼프 대통령은 마키아벨리가 말하는 '거짓말쟁이 군주'의 화신이다. 그는 적수들 앞에서는 거짓 위협을 통해 우위를 점하는 법을 아는 여우고, 팬과 추종자 앞에서는 든든하고 강력해 보이는 사자다. 이는 몇 가지 의문을 자아낸다. 부도덕한 사업가가 우연히도 정치가가 되었고 그 정치가가 거짓말쟁이임이 분명해 보이는데, 어째서 이렇게나 많은 사람이 기꺼이 그의 말을 신뢰하면서 열띤 지지를 보내는 것일까? 그가 사용하는 언어는 누가 보아도 진실을 왜곡하고 기만하며 속임수로 가득한데, 어째서 사람들은 그의 말을 액면 그대로 받아들일까? 온갖 밈과 바이럴 영상이 우리 삶을 어지럽히는 오늘날에는 어떤 대가를 치르든 진실과 객관성보다는 정치적 편의와 이념이 더 앞자리에 서는 것일까? 바로 이러한 질문들을 탐구하는 것이 이 책의 목적이다. 그러기 위해 이 책에서는 트럼프 현상을 통해 정치 담론의 미래를 예측하는 가운데 거짓말이 인간 정신에 어떤 영향을 미치는지 살펴볼 것이다. 왜 그렇게나 많은 사람이 트럼프의 거짓말을 믿을까? 그 답은 생각보다 간단할지도 모른다. 1990년대 시트콤 〈사인펠드〉의 등장인물 조지 코스탄자는 이렇게 말한다. "네가 믿는 한 그 말은 거짓이 아니야."

물론 트럼프가 논의의 중심이 되기는 하겠지만 이 책은 트럼프에 대해서만 다루지는 않는다. 이 책은 거짓말의 기술을 다룬다. 이 언어학 실험 현장의 핵심 화제가 트럼프임을 부정할 수는 없다. 그가 마키아벨리적인 화술의 장인일뿐더러, 권력을 쥔 이후로 적수를 상대할 때 우위를 점하기 위해 그 화술을 적극 활용하기 때문이다. 트럼프에게 거짓말이란 스스로를 보호하는 효과적인 전략이자 자기 실체를 숨기고 사람들의 눈을 현혹하는 수단이다. 트럼프가 권력을 쥔 이후부터 집필하기 시작한 원고인 만큼 이 책의 문장은 대부분 현재 시제로 되어 있다. 하지만 시간이 지난 후에 이 문장들은 과거 시제로 읽힐 수도 있다. 인간이 지닌 온갖 능력 중 거짓말이 가장 파괴적인 능력이라는 주장은 미래에도 계속 유효할 것이며, 트럼프의 능수능란한 거짓말의 기술 역시 이후에 돌이켜 보았을 때는 냉철하고 객관적인 관점으로 바라볼 수 있을 것이다. 존 딘의 비유를 이어가자면, 이 책의 목적은 "고위층"이 내뱉는 거짓말이 필연적으로 초래할 수밖에 없는 "암"을 진단함으로써 대중에게 그 "증상"을 구체적으로 밝히는 것이다. 부디 독자들이 이를 중립적인 시각으로 바라볼 수 있기를 바란다.

감사의 말

나의 출판 에이전트 그레이스 프리드슨과 프로메테우스북스의 편집자 스티븐 L. 미첼에게 감사드립니다. 이 책을 쓰도록 독려해준 것은 물론 거짓말의 본성이 무엇인지, 도널드 트럼프가 어떤 인격을 가지고 있는지 수많은 통찰과 생각을 공유해준 우리 학생들에게도 진심으로 고맙습니다. 초고를 면밀하게 검토해준 스테이시 코스타와 딜레이니 앤더슨에게 특히 감사드립니다. 당연한 얘기지만, 이 책에 부족한 점이 있다면 그건 다 제 책임입니다.

돌아가신 조반니 바르톨리니 삼촌께 이 책을 바칩니다. 삼촌과는 워터게이트 사건 당시 닉슨 대통령을 두고서 유익한 논의를 수없이 나눴으며, 그 과정에서 삼촌이 어릴 적에 이탈리아를 집권했던 무솔리니가 닉슨과 여러 공통점을 가지고 있다는 사실도 알게 되었습니다. 지금 삼촌이 살아 계셨다면 무솔리니와 닮은 점이 많은 트럼프에 관해서도 비슷한 이야기를 나눴겠죠. 또한 거짓과 속임수로 인해 피해를 입은 모든 사람에게 이 책을 바치고 싶습니다. 그들은 피해자이지 바보가 아닙니다. 누구든 일단 속임수에 넘어가면 거짓이 미친 해로운 영향을 제거하거나 그것이 남긴 감정적 상처를 치유하기가 사실상 불가능합니다. 그러고 보면 존 딘의 말이 정말 정확하죠. 거짓말은 참으로 암과 같습니다. 따라서 우리는 거짓말의 실체를, 다시 말해 거짓말이 인격을 말살하는 위험한 무기라는 진실을 낱낱이 밝혀야만 합니다.

1장

'거짓말'을 잘하는 방법

우리 모두는 예술이 진실이 아님을 알고 있다.
예술이란 진실을 일깨우는 거짓이다.
예술이라는 거짓을 통해 우리는 적어도
우리가 이해할 수 있는 진실에 닿을 수 있다.
예술가라면 사람들로 하여금 자신이 내놓은
거짓의 진실성을 믿도록 설득할 줄 알아야 한다.

-파블로 피카소

오디세우스의 거짓말

옛 신화에 등장하는 영웅 중 기발한 거짓말과 속임수와 계략으로 명성을 얻은 인물이 있다. 바로 이타카의 왕이자 호메로스의 서사시 〈오디세이아〉의 주인공 오디세우스다. 수 세기 후에 로마 시인 베르길리우스가 기록한 바에 따르면 속이 빈 목마에 그리스군을 숨겨 트로이에 잠입시키는 트로이 목마 작전을 떠올린 인물 역시 오디세우스다. 10년간의 여정 끝에 왕국으로 귀환한 뒤에도 오디세우스는 습관적으로 거짓말을 일삼는다. 마치 참을 수 없는 충동에 휘둘리기라도 하듯 주위 사람들을, 심지어 아내 페넬로페까지도 속인다. 오디세우스의 입장에서 '말하는 것'은 곧 '속이는 것'과 같다.

오디세우스 이야기에서 확인할 수 있듯 거짓말은 일탈적인 습성보다는 타고난 본성에 가깝다. 하지만 오디세우스가 거짓말을 하는 방식은 평범함의 범주를 넘어선다. 피터 윌콧은 오디세우스의 거짓말을 "기술"이라고 부른다. 그가 특별한 종류의 능력과 기술을 사용해 언어와 대화를 조작한다는 뜻이다.[1] 호메로스의 시에 등장하는 인물 중 유독 오디세우스가 돋보이는 이유도 바로 그 때문이다. 오디세우스에게는 온갖 종류의 반대와 압박을 튕겨내는 특출한 재능이 있다. 호메로스는 "여러 얼굴을 지닌 오디세우스", "꾀가 많은 오디세우스", "교활한 오디세우스", "영리한 오디세우스" 같은 표현을 사용하여 오디세우스가 거짓말쟁이임을 끊임없이 상기하지만, 희한하게도 우리는 그런 오디세우스의 활약을 보면서 즐거워한다. 그의 거짓에 인간이 얼마나 기발하고 영리한 존재인지가 드러나기 때문이다. 우리는 오디세우스의 거짓 언행을 필연적인 부도덕함이라기보다는 능력 있는 사람의 고유한 일처리 방식이라고 여긴다. 실제로 오디세우스는 속임수를 성공적으로 활용한 덕분에 자신보다 훨씬 크고 힘이 센 적은 물론 세상에 크나큰 위협을 가하는 존재인 키클롭스까지 완벽히 무찌른다.

오늘날까지도 사람들은 전설 속의 거짓말쟁이들에게 매료된다. 인간은 거짓이 종의 특성임을 직관적으로 인식하며 매일매일 거짓된 말과 행동을 통해 특유의 독창성을 발휘한다. 언어, 문화, 시대를 막론하고 거짓말이 존재한다는 점을 미루어볼 때 거짓말은 인류가 진화를 거쳐 물려받은 "보편적인" 생존 기제일지도 모른다. 인간은 어릴 때부터 거짓말이 부정적인 결과나 문제, 말썽, 가혹한 진실 등을 회피하는 데 도움이 된다는 사실을 깨닫는다. 어린아이에게 거짓말하는 법을 가르쳐주는 사람은 없으므로 거짓말은 인간의 타고난 능력이라고 추론하는 편이 합리적이다. 실제로 유아기 아동에게서는 거짓말이 특정 이득을 취하기 위한, 또는 특정 어려움을 피하기 위한 의도적인 지적 행위 중 하나로서 자연스럽게 나타난다. 물론 다른 동물들도 거짓말과 유사한 행동을 보인다. 예컨대 어떤 동물들은 보호색을 사용하여 주변 환경 속에 몸을 숨긴다. 먹을 것을 찾아다니는 침팬지는 먹이를 발견하더라도 다른 침팬지들이 눈치채지 못하도록 못 본 척한 후 다른 곳에 숨어 있다가 주변에 다른 침팬지가 없는 것을 확인하고 나서야 먹이 위로 뛰어든다. 침팬지에게 다른 침팬지의 반응을 이해하고 그에 따라 행동하는 능력이 있다는 뜻이다.[2] 하지만 동물의 속임수와 인간의 거짓말 사이에는 뚜렷한 차이가 있다.

바로 인간의 거짓말에는 언어가 수반된다는 점이다. 로버트 라이트는 《도덕적 동물》에서 거짓말하는 행위, 즉 상대의 마음을 읽고 그에 따라 기발한 언어적 전략을 사용해 상대를 속이는 행위가 인간이라는 종 특유의 습성임을 강조한다.[3] 진화론적 관점에서 진실이 무엇이든, 인간의 거짓말에는 단순한 회피 전술 이상의 무언가가 담겨 있음이 분명하다. 인간의 거짓말은 다른 사람의 정신을 조작하는 능력까지 포함한다. 그런 조작 행위가 다른 동물에게도 동일한 방식으로 나타난다는 행동학적 증거는 아직 발견되지 않았다.

참과 거짓을 구분하는 일은 인류 역사 내내 철학과 신학의 핵심 목표였다. 성경에 따르면 인류가 타락해 낙원에서 추방된 근본적인 원인은 최초의 거짓말쟁이인 타락 천사 루시퍼가 아담과 이브는 물론 다른 천사들까지 속여서 유혹했기 때문이다. 종교인들은 루시퍼의 거짓말이 이후 모든 거짓말의 뿌리가 되었다고 믿는다. 그렇기에 루시퍼는 "거짓말쟁이의 아버지"로 묘사된다. 성경의 요한복음 8장 44절에서는 이렇게 말한다. "그는 시초부터 살인자였으며 진리 안에 굳게 서지 않았다. 진리가 그 안에 없었기 때문이다. (……) 그는 거짓말쟁이이자 거짓의 아버지이다." 이런 관점은 속임수를 일종의 생존 전략으로 이해하는 진화론적 관점과 현격한 대조를 이룬다. 루시퍼는 기만적인 언어를 사용해 살인이라는 목적을 달성하는 법을 알고 있었다. 다시 말해 그는 인간이 거짓말에 취약하며, 따라서 거짓말로 인간의 정신을 비틀어 자신이 시키는 대로 행동하게 할 수 있음을 알고 있었다.

거짓말의 기술

그와 비슷한 방식으로 인류의 기원을 설명하는 이야기들이 초창기 인류 문명 곳곳에서 발견된다. 모든 이야기의 중심에는 거짓말쟁이와 거짓말, 그리고 그 거짓이 인류에게 초래한 결과가 존재한다. 이 이야기들은 모두 인간 본성에서 거짓을 떼놓을 수 없다는 현실을 인정하면서도, 바로 그 사악한 본성을 조심해야 한다고 경고한다. 거짓말이라는 악마적인 "기술"이 강력한 정치적 힘과 밀접한 관련이 있다는 생각은 언제나 작가, 철학가, 역사가의 상상력을 사로잡았다. 아이스킬로스의 위대한 고대 희곡 《결박된 프로메테우스》에서 거짓말하는 능력이 "통치자"로 하여금 "힘이나 폭력이 아니라 술수로 정복하고 지배"하도록 만들기 때문이라고 지적한다.[4] 고대 중국의 전략가이자 철학자 손자가 기원전 500년경에 기록한 최초의 병법서 《손자병법》에는 모든 전쟁의 근간을 이루는 일련의 원칙들이 나와 있다. 그중 하나는 교활하고 명민하고 기발한 계책을 사용하여 실제 전투를 치르지 않고도 거두는 승리가 최고의 승리라는 원칙이다. 손자는 이렇게 밝힌다. "모든 전쟁의 기초는 속임수다. 그러므로 공격할 능력이 있을 때면 공격할 능력이 없는 것처럼 보여야 한다. 군대를 움직일 때면 아무 움직임이 없는 것처럼 보여야 한다. 적진 근방에 다다를 때면 적들로 하여금 우리가 멀다고 믿게 만들어야 한다. 적진으로부터 멀리 떨어져 있을 때면 적들로 하여금 우리가 근처에 있다고 믿게 만들어야 한다."[5]

세계 곳곳에 윤리와 도덕이 존재하게 된 근본적인 이유 역시 거짓이 인간사에 미치는 악영향을 상쇄하기 위해서라고 주장할 수 있다. 아리스토텔레스는 정의, 관용, 자비와 같은 미덕이 그런 미덕을 지닌 사람은 물론 사회 전반을 이롭게 한다고 역설했는데, 이는 사실상 거짓말과 속임수의 파괴적인 영향을 해소할 수단으로서 반드시 필요하다고 말한 것이나 다름없다.[6] 18세기 철학자 이마누엘 칸트 역시 정직하고 진실하고 청렴한 삶을 윤리의 핵심으로 보았으며, 사람들이 서로를 깎아내리고 공격하는 대신 존중할 필요가 있다고 권고했다.[7] 결국 먼 옛날부터 인류는 윤리적 행동을 거짓과 속임수에 대항할 주된 보호책으로서, (말하자면) 타락 천사 루시퍼의 유산에 대항할 유일한 방책으로 제시해온 셈이다. 그러한 윤리적 행동이 제도나 원칙으로 나타난 것이 바로 미덕, 의무, 책무다. 하지만 속임수의 대가인 거짓말쟁이 군주는 그런 윤리조차 악랄하게 뒤틀어버린다. 사람들이 비윤리적이고 부도덕한 이유로 의무를 지키게 만드는 것이다. 이 책에 나오는 "거짓말쟁이 군주liar-prince"라는 표현은 정치적 또는 금전적 이득을 위해 속임수를 사용하는 마키아벨리적 거짓말쟁이를 가리키는 말이다. 신학계에서 루시퍼를 가리킬 때 "거짓의 군주"라는 용어를 사용하는 것도 완전히 우연은 아니다.

거짓은 사소한 거짓말부터 시작해 속임수와 위선에 이르기까지 다양한 언어적 활동으로 존재한다. 정치판이 혼란에 빠지고 소셜미디어에 가짜가 판치는 오늘날, 거짓말이 무엇인지 이해하는 것은 너무나도 시급한 문제다. 프로메테우스는 온갖 정치적 술수 중에서도 속임수가 가장 악랄한 술수라고 경고한 바 있다. 거짓말쟁이 군주는 이득을 볼 기회만 보이면 그 자리에서 바로 거짓을 날조하고, 그 거짓을 진실처럼 교묘하게 위장한다. 결과적으로 거짓말쟁이 군주는 우리의 믿음을 조작하고 정신을 통제한다. 실제로 "거짓말의 기술"을 사용하는 데 능한 자들은 좋은 쪽으로든 나쁜 쪽으로든 역사의 흐름에 큰 영향을 미쳤다. 1장의 목적은 바로 이 비윤리적인 "기술"의 특징을 해독하기 위한 기반을 마련하는 것이다.

하얀 거짓말, 까만 거짓말

일상에서 거짓말은 크게 두 종류로 나뉜다. 바로 "하얀" 거짓말과 "까만" 거짓말이다. 하얀 거짓말이란 보통 다른 사람의 마음에 불쾌감이나 상처를 주지 않기 위해 사용하는 사소하고 무해한 거짓말을 가리킨다. 친구가 우리한테 혹시 잊지 않고 메일을 보냈느냐고 물어봤을 때, 아직 메일을 보내지 않았으면서 (어차피 보낼 테니까) "응!" 하고 대답한다면 하얀 거짓을 말한 것이다. 사교 모임에서 사람들에게 나쁜 면을 들키지 않기 위해 자신의 결점이나 약점을 감추는 것, 집에 늦은 이유를 "해명"해야 할 때 진상을 밝히는 대신 거짓말로 둘러대는 등 비난을 모면하기 위해 이야기를 지어내는 것, 아이들이 숙제를 하지 않고서도 숙제를 끝냈다는 듯이 말할 때처럼 부정적인 결과를 회피하기 위해 말을 얼버무리는 것 역시 하얀 거짓말에 포함된다.

물론 근본적으로는 악의 없는 순수한 마음에서 비롯되었지만 하얀 거짓말 역시 사람 간의 상호작용에 점진적으로 부정적인 영향을 미칠 수 있으며, 결국 바람직하지 못한 상황을 초래할 수 있다. 흥미롭게도 심리학자들은 거짓말을 전략적으로 사용하는 능력이 발생하는 것을 아동 발달 과정의 핵심 단계로 꼽고 있으며, 적절하게도 이런 능력을 가리켜 '마키아벨리적 지능Machiavellian Intelligence'이라고 부른다.[8] 마키아벨리적 지능은 타인을 이해하는 사회적 능력을 토대로 기만적이고 이기적인 언어를 사용해 자기 이익을 취하는 능력을 가리킨다.[9] 진화심리학자 리처드 번은 이런 유형의 지능을 다음과 같이 정의한다.[10]

> 마키아벨리적 지능 가설의 핵심은 지능이 사회적 맥락 속에서 진화한다는 점이다. 사회 집단 내에서 유리한 위치를 차지하려는 개인은 타인을 이용하고 착취하면서도 노골적인 폭력을 유발할 만한 불화나 충돌을 회피할 줄 안다. 그런 개인은 타인을 통제하는 과정에서 갈등을 유발하기도 하지만 협력을 도모할 때도 있고, 몫을 독차지할 때도 있지만 타인과 공유하기도 한다. 하지만 어느 경우든 최종 목표는 자기 이익을 추구하는 것이다. 영장류와 같은 사회적 동물이 다른 집단 구성원을 교묘하게 조종하는 복잡한 능력을 드러낼 뿐만 아니라 방대한 양의 사회적 정보 역시 지식으로 활용한다는 점은 마키아벨리적 지능 가설과 일치한다. 마키아벨리적 지능 가설이 설득력을 얻는 이유를 이해하려면 이와 같은 사회적 복잡성을 온전히 이해할 필요가 있다.

한편 "까만" 거짓말은 심리적으로나 사회적으로나 파괴적인 행위다. 까만 거짓말에는 다른 사람을 속여서 부적절하거나 부도덕한 행동을 하게 만드는 것, 비난이나 왜곡 등 오해를 불러일으키는 말을 통해 타인을 깎아내림으로써 상대에게 불리한 분위기를 조성하는 것 등이 포함된다. 색깔 비유를 좀 더 확장하자면 까만 거짓말은 날조, 위조, 기만, 사기, 과장, 왜곡 등 악의적인 속임수를 수반하는 "어둠"의 기술에 속한다. 이 책의 핵심 관심사 역시 어두운 거짓말의 기술이다. 시인 존 밀턴이 1652년에 내놓은 서사시 〈실낙원〉에서 루시퍼를 "어둠의 군주"라고 칭한 것도 전혀 놀랄 일이 아니다. 마니교에서도 인간의 운명을 떠받치는 어둠의 힘을 가리켜 비슷한 표현을 사용한다.

바로 이 지점에서 거짓말이 언어학적으로는 어떻게 정의되는지 살펴볼 필요가 있다. 언어학에서 거짓말이란 언어 표현의 지시적 진리를 부정하여 언어를 이해나 소통의 수단이 아니라 무기로서 부당하게 이용하는 화행speech act[일상언어학파의 화행이론에 등장하는 용어로서 명령, 요구, 질문, 감탄 등 언어가 수행하는 행위나 기능을 가리킴—옮긴이]을 뜻한다. 이때 "지시적 진리"는 특정한 언어 표현이 특정한 문화적 필요에 따라 현실을 여러 측면으로 분류하고 명명하는 방식을 가리킨다. 거짓말은 이처럼 언어가 현실과 맺고 있는 "지시적 연결 고리"를 왜곡하면서도 해당 언어 표현이 여전히 현실을 반영하고 있다는 착각을 불러일으킨다. 다시 말해 거짓말은 특정 언어 표현이 실제 현실을 가리킨다고 인지하게 하는 환영과도 같으며, 능숙한 거짓말쟁이는 언어적 마술로 상대의 정신을 현혹하는 환영술사나 다름없다. 바로 그 환영술사의 비법서가 《거짓말의 기술》이다. 미리 밝혀두자면 이 책에서는 원형原型으로서의 거짓말쟁이를 언급할 때 남성대명사 "그"를 사용할 것이다. 그 이유는 역사상의 마키아벨리적 거짓말쟁이는 전부 남성이었기 때문이다. 또한 심리학 문헌에 따르면 남성은 실제로도 악랄하고 독창적으로 거짓말을 사용하는 면에서 여성보다 훨씬 우위에 있다고 한다.

하얀 거짓말과 까만 거짓말의 차이는 담겨 있는 의도에 있다. 하얀 거짓말은 잠재적 해악을 피하려는 의도를 가진 반면, 까만 거짓말은 악의적으로 상대를 속이려는 의도를 가진다.[11] 루이빌대학의 언어학 교수 프랭크 누에셀 역시 거짓말에 담긴 함의가 긍정적인지(하얀 거짓말) 부정적인지(까만 거짓말)에 따라 거짓말 간의 미묘한 차이를 구분한다.[12] 그러므로 악의 없는 사소한 거짓말이나 거짓 칭찬은 하얀 거짓말에 들어가는 반면, 위선이나 기만은 까만 거짓말에 들어간다.

물론 거짓말을 정의하거나 분류하는 방법은 그 밖에도 많다. 예컨대 플라톤은 권력자가 사회의 화합을 유지하기 위해 진실이 아닌 말을 사용하는 것을 '숭고한 거짓말'이라고 불렀다.[13] 오늘날 임상심리학적으로 (개인의 습성이 아니라) '공상허언증pseudologia fantastica'이라는 장애로 분류되는 병리적·강박적 거짓말 역시 존재한다. 하지만 그런 종류의 거짓말은 이 책의 주된 관심사가 아니다. 이 책에서는 숭고한 거짓말이나 (장애로 분류되는) 병적인 거짓말이 아닌 상대를 속이려는 언어 행위로서의 거짓말에 초점을 맞출 것이다. 사기 치다swindle, 편취하다defraud, 속이다cheat, 농락하다trick, 눈속임하다hoodwink, 등치다dupe, 호도하다mislead, 현혹하다delude, 속여 넘기다outwit, 낚다lead on, 구슬리다inveigle, 기만하다beguile, 배반하다double-cross 등 영어에서 다양한 형태의 거짓말을 나타내기 위해 얼마나 많은 단어가 생겨났는지를 보면 우리의 언어 생활에서 거짓말이 얼마나 체계적으로 사용되는지 짐작할 수 있다. 이탈리아어, 프랑스어, 러시아어를 빠르게 훑어봐도 거짓말의 다양한 형태를 묘사하는 표현이 영어만큼이나 풍부하게 존재한다.[14] 물론 언어 연구를 통해 더욱 방대한 경험적 증거를 들여다보면 일부 언어에서는 다른 언어에 비해 거짓말을 나타내는 단어가 훨씬 적게 나타날지도 모른다. 다시 말해 일부 문화에서는 특유의 역사나 전통 때문에 앞서 언급한 마키아벨리적 지능이 발달하지 않았을 수도 있다. 그러한 문화권에서는 오디세우스나 어둠의 군주 같은 이야기가 나타나지 않을지도 모른다.

사기꾼이나 협잡꾼 같은 사람들은 언제 어디서든 순진한 사람들을 쉽게 속일 수 있다는 점에서 "타고난 거짓말쟁이"다. 그들이 거짓말과 속임수를 능수능란하게 사용해 사람들을 설득하고 현혹하는 데에는 사악한 목적이 숨어 있다. 바로 사람들이 침묵하도록 또는 순응하도록 만드는 것이다. 또한 그들은 자기 정체를 알아보는 사람들의 마음속에 공포를 불러일으키기도 한다. 그들이 거짓말을 전략적으로 사용해 상대의 평판과 인간관계를 망칠 수 있다는 사실을 본능적으로 느낄 수 있기 때문이다. 이렇듯 능숙한 거짓말쟁이는 상대를 조종하고 공포감을 조성하는 것을 주된 목표로 삼는다. 거짓말쟁이 군주는 이를 통해 지지 세력을 구축하고 적군을 와해시켜 권력을 손에 넣는다. 추종자들은 대개 거짓말쟁이 군주로부터 직접적인 정신 지배를 받으며, 적들은 거짓말쟁이 군주가 언어라는 강력한 무기로 자신들을 파멸에 이르게 하지 않을까 두려워한다. 호메로스부터 시작해 오늘날에 이르기까지 수많은 작가가 바로 이 "거짓말의 위력"에 대해 이야기한다. 셰익스피어의 이아고와 프로스페로, 제인 오스틴의 다아시, 스콧 피츠제럴드의 위대한 개츠비가 두려움을 불러일으키는 이유는 그들이 거짓말을 사용해 타인을 통제할 능력을 가지고 있으며, 특유의 빈정거림으로 도덕적·윤리적 질서를 전복하기 때문이다. 역대 문학 작품 속에 등장하는 뛰어난 거짓말쟁이 중 가장 상징적인 인물은 《헨리 4세 1부》, 《헨리 4세 2부》, 《윈저의 즐거운 아낙네들》, 《헨리 5세》에 등장하는 팔스타프다. 팔스타프는 선을 모르는 거짓말쟁이에 겁쟁이이자 허풍쟁이다. 그는 대부분의 시간을 술집 여관에서 보낸다. 그곳에는 그의 세계관에 매료되어 추종하는 시정잡배가 득실거린다. 현실은 예술을 닮는다는 말대로 오늘날에는 도널드 트럼프 같은 인물이 현대판 팔스타프로 활약하고 있다. 트럼프는 능수능란한 거짓말로 비슷한 생각을 하는 사람들을 자기 영향력 아래로 끌어들인다. 그에게는 팔스타프 같은 희극적인 매력이 있어서 관중과 지지자들은 그에게 이끌려 이득을 가져다준다. 요컨대 팔스타프와 트럼프는 거짓말 기술의 장인들이다.

이 책은 위선, 기만, 계략, 사기, 속임수, 배신, 음모론 등 거짓말쟁이 군주가 정치적 힘을 획득하고 유지하기 위해 전략적으로 사용하는 기술에 초점을 맞춘다. 이러한 기술은 사람들 사이에 분열을 낳는 강력한 언어적 무기로 사용되어, 거짓말쟁이 군주로 하여금 권력을 쥐고 역사를 흔들게 만든다. 거짓말이 어떻게 역사에 부정적인 영향을 미칠 수 있는지 보여주는 대표적인 사례가 바로 드레퓌스 사건이다. 프랑스계 유대인 장교인 알프레드 드레퓌스(1859~1935)는 독일군에 군 기밀을 팔아넘겼다는 반역죄 혐의로 1894년에 거짓 고발을 당한다. 드레퓌스의 재판과 투옥 과정은 프랑스에 크나큰 정치적 위기를 야기했다.

사건의 실상은 반유대인 집단이 거짓 정보를 사용해 인종 혐오를 부추긴 것이었고, 증거는 군 장교 샤를 에스테라지가 조작한 것이었다. 사실상 오늘날 우리가 말하는 "가짜 뉴스"나 마찬가지였다. 이런 사건들은 인류 역사 내내 세계 전역에서 발생했다. 거짓말은 인간의 마음속에 숨겨진 편견과 선입견에 기대기 때문에 쉽게 설득력을 얻으며, 결과적으로 수많은 사람이 타인을 미워하게 만든다. 사람들을 조종하고 공포심을 조성하는 데 있어서 천재적인 재능을 가진 아돌프 히틀러는 이렇게 말했다. "큰 거짓말을 꾸며내라. 단순 명료하게 포장해라. 계속 말해라. 그러면 결국 사람들이 믿게 될 것이다."[15]

정치이론학자 한나 아렌트는 나치즘과 스탈린주의가 동일한 사회심리학적 뿌리를 가지고 있다고 지적하면서 (드레퓌스 사건 같은) 악의적인 음모론이나 거짓말이 사람들에게 강력한 영향을 미치는 이유가 "당신이 거짓말을 믿기 때문이 아니라, 더 이상 누구도 무엇도 믿지 않기 때문"이라고 역설한다.[16] 거짓말쟁이 군주는 거짓말에 진심을 담은 척하여 거짓말을 믿을 만하게 만들고, 결과적으로 기존 사회질서를 전복하려 한다. 적절하게도 소크라테스는 이렇게 설명한다. "그러므로 사람들이 거짓에 속아 진실과는 거리가 먼 생각을 품게 된다면, 그것은 필시 바로 그 진실과 닮은 무언가를 통해 그들의 정신에 착각이 스며들었기 때문이다."[17] 초기 기독교 신학자 아우구스티누스(354~430)는 거짓말이 인간 영혼에 상처를 입힐 수 있다는 사실에 흥미를 느낀 뒤 거짓말을 주제로 두 개의 논문, 〈거짓말에 관하여〉와 〈거짓말에 반하여〉를 집필했다. 그는 거짓말이 초래하는 해로운 영향에 초점을 맞쳤으며, 여기에는 아무런 사회적 기능 없이 내뱉는 거짓말도 포함됐다. 흥미롭게도 아우구스티누스는 거짓말을 하나의 예술로서 바라보기도 했다. 단지 대화의 흐름을 부드럽고 흥미롭게 만들기 위해, 즉 재미를 위해 말하는 거짓말도 있다는 것이다. 하지만 조금이라도 이득을 가져다준다 한들 거짓말은 전부 비윤리적이며, 따라서 허용할 수 없다는 것이 아우구스티누스의 결론이었다. 또한 아우구스티누스는 모든 인간이 정도의 차이만 있을 뿐, 거짓말과 속임수를 사용하는 경향을 가지고 있음을 지적했다. 이를 꿰뚫어 본 네덜란드의 인문학자 데시데리위스 에라스뮈스는 이렇게 말했다. "인간의 정신은 진실보다는 거짓에 훨씬 더 취약하도록 형성되어 있다."[18]

온갖 음모론과 가짜 뉴스가 평범한 의견과 소식인 양 판치는 소셜 미디어는 오늘날을 역사상 그 어느 때보다 거짓이 뿌리를 내려 편견과 혐오를 부추기기에 좋은 시대를 만들었다. 이처럼 지적으로 모호한 환경에서는 진실과 거짓, 사실과 오류, 과학과 미신이 사람들의 정신 속에서 갈등을 일으킨다. 책에서도 다루겠지만 바로 이런 환경 때문에 옹졸한 거짓말쟁이들이 이름을 날리게 되었다. 말하자면 오늘날 사이버 공간을 자욱이 덮은 안개가 우리의 정신을 가려 거짓말쟁이 군주를 영웅처럼 보이게 만들고, 그의 "재치"를 매력적으로 느끼게 만들어 강력한 정치적 힘을 모으고 있다.

마키아벨리적 기술

'마키아벨리적'이라는 표현은 영어를 비롯한 여러 언어에서 거짓말쟁이, 사기꾼, 협잡꾼 등을 가리키는 표현으로 쓰인다. 하지만 르네상스 시대 이탈리아의 정치인이자 정치철학자인 니콜로 마키아벨리(1469~1527)는 권력을 획득하고 유지하기를 원하는 지도자라면 오히려 거짓말과 속임수를 정치적 무기로서 사용해야만 한다고 주장했다. 마키아벨리의 성명서나 다름없는 《군주론》의 18장에서는 거짓말이 어떻게 물리적인 힘이나 군사력보다 더 효과적인 무기가 될 수 있는지 심리적·정치적 이유를 들어 설명한다. 그 이유는 결국 거짓말이 사람들의 정신을 조종하기 때문이다.[19] 그러므로 (앞서 언급한) 손자 역시 지적하듯이 거짓말은 군주가 지녀야 할 정점의 기술로서 추종자와 아군을 끌어모으는 것은 물론 환상을 통해 그 연합을 공고히 한다. 군주의 거짓말은 다른 무엇보다도 현 상황을 향한 분노나 반감에 불을 지필 수 있어야 한다. 이는 현실에 환멸을 느낀 사람들로 하여금 들고일어나 군주를 옹호하게 만든다. 그들은 군주를 적들의 공격으로부터 지키고, 군주가 권력을 쥘 수 있게 돕는다. 거짓말은 사람들이 실질적인 명분이든 상상 속의 명분이든 하나의 명분 아래 결속되어 있다고 느끼게 만든다. 적절하게도 마키아벨리가 죽은 지 한참 지난 1844년에 알렉상드르 뒤마는 소설 《삼총사》에서 거짓말쟁이 군주와 그 부하들이 "모두는 하나를 위해, 하나는 모두를 위해"라는 무의식적인 유대감으로 결속되어 있다고 지적한다.

마키아벨리의 책은 (적어도 내가 보기에는) 독보적이다. 이전을 쭉 돌아봐도 비슷한 성명문조차 존재하지 않기 때문이다. 오히려《군주론》은 거짓말을 인간의 능력 중 가장 파괴적이고 죄스러운 능력으로 보았던 이전 철학 및 종교의 전통과는 정반대다. 전통적으로는 설령 그 이유가 스스로를 보호하기 위한 것이라고 할지라도 거짓말은 비윤리적인 행동이었다. 윤리와 미덕을 무차별적으로 파괴하는 사악한 기술이기 때문이다. 한편 냉소적인 철학자 프리드리히 니체는 논쟁적이지만 그 속에 담긴 통찰력은 부정할 수 없는 1878년 작품《인간적인, 너무나 인간적인》에서 진실을 말하는 태도가 약점이라고 말한다. 니체는 오히려 인간 의사소통의 기본은 거짓말이며, 인류 문명은 거짓말이라는 수단을 통해 발전한다고 주장한다.[20]

마키아벨리는 책을 열면서부터 거짓말이라는 술수가 이성의 허점을 찌름으로써 사람들의 추종을 쉽게 얻어낼 수 있는 기술이라고 명확히 밝힌다. 그는 이렇게 말한다.[21]

사람들은 다들 약속을 지키는 것, 잔꾀가 아니라 진심을 가지고 행동하는 것이 칭찬할 만한 군주의 태도라고 생각한다. 하지만 우리가 실제 겪은 바를 생각해보면 훌륭한 위업을 이룬 군주는 전부 신실함을 하찮게 여겼고, 술수를 바탕으로 인간 정신의 허를 찔렀으며, 결국 자기 말을 믿는 사람들을 꼼짝 못하게 만들었다.

마키아벨리는 정부 관료로서 일하고 피렌체의 역사를 공부하면서 정치가 본질적으로 부패해 있다고 보았다. 이전의 철학자들은 철학과 종교라는 틀 속에서 정치를 이상적인 시선으로 바라보았지만 마키아벨리는 정치의 본성을 현실적인 관점에서, 적어도 자기 눈에 보이는 대로 설명하기를 원했다. 마키아벨리의 견해에 따르면 인간은 극소수의 예외를 제외하고는 태생적으로 (자기 이익을 위해) 부정직한 경향이 있다. 따라서 우리가 아무리 이상향을 추구한다 한들 그것은 허상을 좇는 일이다. 마키아벨리는 국가를 군주가 머리를 차지하고 있는 신체에 비유한다. 비유를 확장하자면 "건강한" 국가는 질서 있고 균형 잡혀 있어서 백성들이 행복과 안전을 느낄 수 있다. 하지만 "건강하지 못한" 국가는 무질서하고 균형이 깨져 있어 건강을 회복할 강력한 대책을 필요로 한다. 이때 거짓말쟁이 군주는 사람들을 속여 오직 본인만이 국가를 건강하게 회복시킬 능력이 있다고 확신시키는 법을 알아야 한다. 그러려면 전통적인 윤리 규범에 얽매여서는 안 된다. 목적을 달성시킬 전략과 행동에만 집중해야 한다. 아이러니하게도 정작 마키아벨리 본인은 자신의 조언을 따르지 못한 것 같다. 그는 직접 정권을 장악할 계획을 세웠지만 그의 공화정은 1512년에 몰락했다. 메디치 가문이 다시 권력을 잡았고, 그 결과 마키아벨리는 메디치 가문을 상대로 반란을 계획했다는 의혹으로 체포당해 비록 짧은 기간이지만 고문과 투옥을 당했다.

거짓말쟁이 군주가 익히고 사용해야만 하는 핵심 전략 하나는 위장, 즉 본래 의미에 어긋나는 방식으로 단어를 사용하여 사람들을 어리둥절하게 만들고 혼란에 빠트리는 것이다. 트럼프의 저서 《거래의 기술》에서는 이를 "진실된 과장법truthful hyperbole"이라고 명명한다. 이 전략은 트럼프가 대통령이 된 이후 트럼프의 가장 열렬한 지지자이자 조언자 중 하나인 켈리앤 콘웨이 덕분에 "대안 사실alternative facts"이라는 개념으로 더 잘 알려지게 되었다. 사실 진실된 과장법에는 19세기 미국에서 시작해 인기를 얻은 서커스 문화가 녹아들어 있다. 이때부터 미국에서는 과장과 허풍으로 점철된 화법이 새롭고 강력한 언어 형태로 자리 잡았다. 특히 사업가이자 쇼맨이며 서커스단 경영자인 P. T. 바넘이 이런 형태의 영업용 화법을 적극 사용했으며 어느 정도는 개발했다고까지 할 수 있다. 바넘이 내건 포스터는 얌전함이나 신중함과는 대척점에 있었다. "인생에 단 한 번뿐인 기회를 놓치지 마세요!" 같은 과장된 말로 기쁨과 즐거움을 표출했다. 바넘은 자신의 서커스를 "지상 최고의 쇼"라고 부르기도 했다. 바넘이 미국 사회에 미친 영향은 결코 무시할 수 없다. 그의 허풍스런 화법 덕분에 미국 사회는 "진실된 과장법"을 정당한 말하기 방식으로 받아들일 조건을 갖췄다(이는 7장에서 자세히 다루겠다).

《군주론》에서 마키아벨리는 진실에 충실한 태도가 그 자체로 약점이며, 거짓말쟁이 군주라면 어떻게 해서든 피해야 할 태도라고 주장한다. 오히려 군주는 속임수를 들키지 않도록 진실을 은폐하는 방식으로 언어를 활용해야 한다. 혹시라도 속임수를 들킬 때를 대비해 말을 위장하든 사실을 부인하든 미리 변명을 날조해둬야만 한다. 마키아벨리의 생각을 오늘날 읽어보면 참으로 놀랍다. 그 생각이 트럼프의 트윗과 성명과 연설에 그대로 실현되어 있기 때문이다. 마키아벨리적인 전략의 예를 셀 수 없이 찾아볼 수 있다 보니 이를 목록으로 나열하기만 해도 두꺼운 책이 여러 권 나올 정도다. 일부 사례는 앞으로 살펴볼 예정이다. 마키아벨리는 진의를 숨기는 기술의 중요성을 강조하기 위해 한 가지 비유를 든다. 바로 거짓말쟁이 군주가 여우이자 사자가 되어야 한다는 것이다. "그러므로 군주가 짐승을 닮아야 한다면 여우와 사자를 선택해야만 한다."[22]

여우는 영리하게도 상대방의 간계를 꿰뚫어 볼 줄 알기 때문에 덫을 쉽게 찾아낸다. 반면 사자는 가장 강력한 힘을 지닌 존재다. 군주는 때로 여우처럼 교활하게 상대의 공격을 막아내고, 때로는 추종자들 앞에서 강력한 힘을 과시하는 사자가 되어야 한다. 따라서 누가 군주를 거짓말쟁이라고 비난할 때 이에 대응하는 최상의 전략은 첫째는 여우가 되어서 상대방의 비난 속에 교묘한 덫이 숨겨져 있지는 않은지 찾아내는 것이고, 둘째는 사자가 되어서 동일한 덫을 사용해 상대방을 겁주는 것이다. 마키아벨리는 사상가나 성인군자가 아니었다. 현실에서는 지도자가 상황에 적응해야만 한다는 사실을, 필요하다면 여우든 사자든 되어야만 한다는 사실을 이해하고 있었다. 이 모든 과정에서 군주가 꼭 기억해야 할 전략은, 상황이 불리할 것 같다면 늘 본심을 숨겨야 한다는 것이다. "그러므로 지혜로운 군주는 신념을 지키는 것이 본인에게 해가 되는 경우, 신념을 지키기로 맹세했던 이유가 더 이상 남아 있지 않은 경우에는 신념을 지킬 필요가 없으며 지켜서도 안 된다."[23]

별로 중요한 문제가 아니라고 생각한 것인지 마키아벨리는 거짓말하는 사람의 몸짓이나 생리적 반응이 거짓말을 탄로 나게 할 수 있다는 사실을 간과했다. 하지만 이미 1730년에 영국 소설가 대니얼 디포는 상대방이 거짓말하고 있는지 판단하려면 그 사람의 맥박을 짚어보면 된다고 권하는 글을 남겼다. 1878년에는 이탈리아의 생리학자 안토니오 모소가 검사 대상자에게 다양한 질문을 던진 뒤 그에 대한 감정적인 반응을 기록하고 측정하는 기계인 '체적변동기록기plethysmograph'를 발명했다. 모소는 이를 통해 검사 대상자의 감정적 반응이 심혈관이나 호흡기에 나타나는 생리적 변화와 어떤 상관관계가 있는지 밝히고자 했다. 특히 체적변동기록기에는 혈압과 맥박의 변화가 기록됐는데, 모소의 설명에 따르면 이는 거짓말의 영향 때문이다. 1892년에는 의사 제임스 매켄지 경이 환자의 맥박을 측정하기 위해 '임상생체기록기clinical polygraph'를 개발했고, 이것이 현대의 거짓말탐지기로 이어졌다. 이후로 경찰과 법의학자는 거짓말탐지기를 적극적으로 사용했다. 논란의 여지가 있기는 하지만, 거짓말탐지기는 거짓말을 하는 동안 인간의 몸이 무의식적으로 특정한 징후들을 보일 것이라는 디포의 추측을 입증해왔다. 나중에 다시 다루겠지만 거짓말쟁이의 신체적 언어를 해독할 방법론을 개발하려는 노력은 여전히 진행 중이다.

언어와 믿음과 현실

마피아 같은 범죄 집단은 줄곧 거짓말을 언어적 무기이자 방어 전략으로 사용해왔으며, 지금도 악랄한 활동을 수행하기 위해 위장, 사기, 날조 같은 기술들을 사용한다. 1868년 "마피아"라는 단어가 처음 사전에 등장했을 때 그 정의는 "지혜로운 사람인 척 애쓰는 사람의 말이나 행동"이었다.[24] 사회학자 디에고 감베타가 지적하는 것처럼 이 단어는 사실 "실재하는 대상에서 대충 따온" 가상의 어휘였지만 결국 "실제 현상을 창조했다"고 할 수 있다.[25] 심리학자들이 말하는 '작화증confabulation'에 기반을 둔 표현, 다시 말해 처음에는 거짓으로 지어냈지만 시간이 지남에 따라 신빙성을 획득해 그럴듯하게 들리게 된 표현인 셈이다. 단어가 생겨날 당시의 사람들은 범죄자 무리가 존재한다는 사실은 알고 있었지만 단지 시정잡배 무리로 뭉뚱그려 인식할 뿐이었다. 그러다가 시칠리아어 표현 '마피우수Mafioso'가 그런 패거리를 가리키는 말로 사람들 입에 오르내리기 시작했다. 일단 이 표현이 하나의 이름으로 자리를 잡자 마피아라는 존재가 말 그대로 뚜렷한 실체를 갖게 되었고, 사람들의 정신 속에 특별한 위치를 차지했다. 결과적으로 마피아는 실존하는 주요 범죄 집단으로 성장했다. 이 사례는 언어에 내재된 본질적인 법칙 한 가지를 드러낸다. 바로 이름 없이는 실체도 없다는 법칙이다. 이 책에서도 언어와 현실 사이의 연결 고리를 중요하게 다룰 것이므로 이쯤에서 언어학자 에드워드 사피어의 가설을 되짚어 보자.[26]

인간은 객관적인 사물 세계만을 살아가지 않으며, 우리가 흔히 말하는 사회 세계만을 살아가지도 않는다. 인간은 사회에서 표현 수단으로 사용하고 있는 특정 언어 시스템 아래 강하게 종속되어 있다. 인간이 언어 없이 현실에 적응해 살아갈 수 있다는 생각, 언어가 특정한 소통이나 사고 과정을 돕는 부차적인 수단에 불과하다는 생각은 크나큰 착각이다. "현실 세계"는 우리가 의식하지 못할 뿐 상당 부분 사회의 언어 습관 위에 세워져 있다.

다시 말해 우리가 사용하는 언어 표현은 특정 현실을 솎아내 우리의 정신 속에 또렷하게 보여주므로, 결국 우리로 하여금 해당 현실이 필연적인 '존재 이유raison d'être'를 갖고 있다고 믿게 만든다. 거짓말은 바로 그 '존재 이유'를 왜곡한다. 언어와 언어가 가리키는 현실 사이의 연결 고리를 조작함으로써 가짜 현실을 창조해내는 셈이다. 결국 언어적인 이름표를 얻은 가짜 현실은 사람들의 정신 속에서 실재하는 현실이 된다. 현대 이전에도 시칠리아에는 범죄 집단이 존재했다. 하지만 19세기 후반에 "마피아"라는 단어가 만들어지면서 그들을 하나의 집단으로 묶어서 부를 수 있는 이름표가 생겼다. 바로 그 이름만 없었다면 그들은 그저 사회 변두리의 불량배에 불과했을 것이다. 하지만 마피아라는 이름은 사람들의 머릿속에 뚜렷한 실체를 각인시켰다. 물론 이는 거짓말, 그것도 아주 유용한 거짓말이었다. 언어의 힘만으로 사람들의 신념 체계 속에 "대안 사실"을 주입했으니까 말이다. 하지만 시칠리아 입장에서 그 결과는 매우 참혹했다. 폴 룬드가 정확히 지적하는 것처럼 "마피아가 역사적 기반을 갖춘 집단이라는 거짓말은 시칠리아에 재앙을 가져다주었다."[27] 이미 1900년에 반마피아 운동가이자 공안 관료인 안토니노 쿠트레라는 시칠리아의 상황을 이렇게 기록했다. "역사적인 이유와 민족적인 이유 때문에 시칠리아는 여러 해에 걸쳐 마피아가 자행하는 사회 범죄로부터 고통을 받았다. 마피아의 악행은 시칠리아가 사회적으로 발전하지 못하게 방해했고, 문화적으로 도약하지 못하게 가로막았다."[28] 분명 거짓말은 그 모습을 숨긴 채 사회 전반에 거짓된 신념을 퍼뜨려 역사의 흐름에 영향을 미치는 강력한 힘을 가진다.

마피아 문화의 생성과 전파 과정에서 드러나는 언어와 현실의 관계는 신기할 만큼 어느 상황에든 적용된다. 단어나 문장을 전략적으로 고안해내면 사람들의 정신에 영향을 미쳐 허상을 진실로 믿도록 만들기가 보다 쉬워진다. 트럼프가 대선부터 시작해 대통령 임기를 마칠 때까지 줄곧 내세운 구호는 "오물을 퍼내자!"였다. 트럼프 지지자 입장에서 이 구호는 교묘하게 재분류한 워싱턴 "기득권"(민주당 정치인)을 겨냥한 암호나 마찬가지였다. 오물 비유는 트럼프와 그 지지자들이 설파해온 대안 사실 서사에서 끊임없이 반복되는 주제다. 이는 수많은 사람의 머릿속에 미국을 집어삼킨 "진보주의 엘리트"가 전통적인 가치를 무너뜨리고 있다는 생각을 심었다. 따라서 "엘리트"와 주류 언론은 "진짜" 미국인들의 가치를 구식이라고 깎아내리는 "적"이자 공범으로 여겨진다. "진보주의 언론"이 트럼프에 관해 무엇이라고 말하든 트럼프가 "가짜 뉴스"라고 일갈하면 그만이다. 오물 비유는 언론의 신뢰성을 무너뜨렸다. 이처럼 반복적인 말장난을 통해 언어와 허구적 현실 사이의 연결 고리를 구축한 트럼프는 추종자들을 일부(어쩌면 다수) 만들어냈다. 트럼프가 "엘리트"나 "오물" 같은 표현을 캐치프레이즈 삼아 허구 서사를 끊임없이 반복하자 사람들은 거짓된 현실감을 느끼기 시작했다. 이를 기반으로 트럼프는 "진정한 미국"을 되찾겠다는 서사를 진보당 엘리트에게서 빼앗아 자기 것으로 만드는 데 성공했다. 진실이 아닌 말을 진실로 믿게 만듦으로써 사람들의 무의식에 분노를 심어놓다니 참으로 기가 막힌 마키아벨리적 전략이다. 트럼프 "진영" 사람들이 결과가 어떠하든, 심지어 모든 것을 잃는다 한들 끝까지 트럼프 편에 남으려는 까닭도 이 때문일지 모른다. 다시 한번 손자의 말을 인용하자면 거짓말쟁이 군주의 교활한 속임수는 "사람들이 군주에게 완벽히 순응하여 어떤 위험에도 눈 하나 깜짝하지 않고 목숨도 마다하며 군주를 따르게" 만든다.[29]

트럼프는 "오물" 비유로 대표되는 허구 서사를 트위터에서든 연단에서든 각 상황에 맞춰 자유자재로 구사한다. 이미 언급했지만 이 허구 서사에는 뚜렷한 표적이 있다. 바로 "오물"을 이루는 진보 진영 엘리트들이다. 여기에는 민주당원도 포함한다. 이들 뒤에는 "민중"의 수준을 얕보고 "가짜 뉴스"를 뿌려대는 진보 언론이 존재한다. 미국이 과거의 영광을 되찾아 MAGA Make America Great Again(미국을 다시 위대하게) 슬로건을 실현하려면 바로 이 "오물"을 퍼내야 한다. 이러한 "적들"이 "선택의 자유"를 명분 삼아 부도덕을 자행하는 가운데 미국의 진정한 가치를 훼손하고 있기 때문이다. 따라서 "민중"은 하나로 연합해 "가짜 뉴스"를 묵살하고 오직 지도자인 트럼프의 말만 들어야 한다. 스탈린이 고안한 것으로 널리 알려진 "민중의 적"이라는 표현이 트럼프 진영에서 울려 퍼지는 광경을 보고 있자면 소름이 끼친다. 트럼프는 이 표현을 MAGA 서사에 몇 번이고 등장시켜 수많은 사람의 무의식 속에 분노를 불러일으킨다. 분노가 치민 사람들은 진정한 미국을 회복하기 위해 기꺼이 "투사"가 되고자 한다. 트럼프는 지지자들의 연합을 공고히 하려면 기회가 날 때마다 허구 서사와 그 서사를 대표하는 캐치프레이즈를 끊임없이 반복해야 한다는 사실을 잘 알고 있다. 작화에 바탕을 둔 참으로 치밀한 전략이다. 마피아가 자신들만의 현실을 창조했던 것처럼, 트럼프 역시 사람들이 믿을 법한 현실을 새로이 창조해내고야 말았다.

과거 오스카 와일드는 이렇게 말했다. "예술이 삶을 모방한다기보다는 삶이 예술을 모방한다."[30] 이로써 그는 오래전 아리스토텔레스로부터 이어져 내려온 모방이론, 즉 예술이 삶의 모방이라는 이론에 의문을 제기했다. "삶이라는 녀석의 자의식은 스스로를 표출하려는 목표를 가지고 있다."라고 주장하여 모방이론을 완전히 전복한 셈이다.[31] 허구 서사는 인간이 현실 자체와 현실이 표현된 것을 분간하기 어려워한다는 와일드의 주장을 뒷받침한다. 와일드는 런던의 안개를 예로 들어 자신의 주장을 한층 강화한다(앞에서 언급한 안개 비유도 여기서 착안했다). 안개는 런던에 늘 존재했으나 사람들이 안개의 특징과 느낌을 알아차리게 된 것은 "시인과 화가가 안개가 주는 느낌이 얼마나 사랑스러운지 가르쳐주었기 때문"이다. "예술로 구현되기 전까지 안개의 매력은 존재하지 않았던 것이나 다름없다."[32] 지금 우리가 논의하는 내용에 딱 어울리는 비유다. 트럼프 역시 진실된 과장법을 능수능란하게 사용해 사람들의 정신에 "안개"를 만들어낸다. 트럼프 진영 사람들이 트럼프의 거짓말을 알고 있으면서도 미국을 되찾기 위한 전투의 일환으로 거짓을 허용하고 있다는 점을 생각해보면 정신이 아찔해진다. 그들은 트럼프의 말이 거짓임을 외면한 채 트럼프가 자욱이 깔아놓은 정신적 안개 너머에서 현실을 바라본다. 심리학자들은 이를 가리켜 "타조 효과"라고 부른다. 원치 않는 결과를 마주하지 않기 위해 자신이 잘 알거나 존경하는 사람의 거짓말을 애써 외면하는 전략이다.[33] 이를 통해 사람들은 거짓말을 인식하고 해결하는 데 드는 감정적 수고를 던다. 새뮤얼 버틀러는 이렇게 말한다. "믿음은 이동하는 물체가 그러하듯 저항이 가장 적은 길을 따라 움직인다."[34] 트럼프 진영 사람들은 그가 거짓말쟁이인 줄 잘 알면서도 트럼프가 지어내는 대안 역사를 믿고 싶어 한다. 트럼프가 지어낸 이야기가 그들이 중요하게 생각하는 명분을 뒷받침하기 때문이다. 그들은 트럼프라는 군주가 미국의 영광을 되찾는 데 꼭 필요한 혁명을 일으켜줄 것이라고 기대한다.

믿음은 인간 정신의 모순적인 특성을 반영한다. 인간의 정신은 명백히 거짓인 사건을 보고도 진실이라고 믿을 수 있기 때문이다. 1940년에 프린스턴대학의 심리학자 해들리 캔트릴은 이를 연구로 입증해 《화성으로부터의 침공》이라는 책으로 펴냈다. 이 연구에서 캔트릴은 행성 간 침공을 다룬 H. G. 웰스의 소설 《우주 전쟁》이 다큐 드라마로 각색되어 1938년에 라디오로 중계되었을 때 어째서 청취자들이 공황을 겪었는지 설명했다.[35] 당시 방송 중인 내용이 소설을 각색한 것임을 주기적으로 고지했음에도 수많은 청취자가 그것을 진짜라고 믿었고, 심지어 드라마 내에서 침공이 일어나는 장소인 뉴저지에 살던 사람들은 공황에 빠져 집을 떠나 지역 당국에 연락하기도 했다. 사람들의 반응에 깜짝 놀란 캔트릴과 그의 연구진은 어째서 가짜 뉴스를 믿는 사람들이 생겨나는지 알아내고자 했다. 응답자 135명과 인터뷰한 결과 그들은 핵심 요인이 교육 수준이라고 결론 내렸다. 교육 수준이 높은 청취자일수록 그렇지 않은 청취자에 비해 방송을 가짜라고 인식하는 확률이 높았다고 판단한 것이다.

하지만 연구는 큰 비판을 받았다. 라디오방송, 공황의 정도, 교육 수준 사이의 상관관계를 제대로 밝히지 못했기 때문이다. 사람들이 공황을 크게 느꼈다고 생각한 이유 역시 드라마 방송 이후 언론에서 의도적으로 심각성을 부풀려 보도했기 때문이었을지도 모른다. 라디오방송과 직접적인 연관 관계가 있는 사망 및 부상 사건은 일어나지 않았으며, 언론에서 주장하는 것처럼 공황에 빠진 시민들이 거리 곳곳을 활보하는 일 역시 없었다. 〈가짜 라디오방송이 전국을 공포에 몰아넣다〉(《시카고헤럴드트리뷴》, 1938년 10월 31일), 〈패닉에 빠진 라디오 청취자들〉(《뉴욕타임스》, 1938년 10월 31일), 〈라디오 속 가짜 전쟁이 미국 전역에 공포를 퍼뜨리다〉(《뉴욕데일리뉴스》, 1938년 10월 31일) 등 사람들이 극심한 공황을 경험했다는 보도 자체가 언론이 날조한 허구였던 셈이다. 물론 피해자가 직접 보고한 실제 공황 사례가 없었던 것은 아니다. 이 사건에서 배워야 할 교훈은 인간이 그럴싸한 방식으로 공포심을 자극하는 이야기를 쉽게 믿는 경향이 있다는 점이다.

담화

이제부터 논의할 내용은 언어의 근본적인 특성 하나와 관련이 있다. 바로 언어 표현과 해당 언어 표현을 의사소통 과정에서 사용하는 방식이 현실에 대한 믿음과 밀접하게 결부되어 있다는 점이다. 우리는 언어 표현이 담론 속에서 전략적으로 사용될 때 우리에게 얼마나 큰 영향을 미치는지 쉽게 잊어버리고는 한다. 러시아의 문학비평가 미하일 바흐친은 1920년대에 '담화'를 이념적 또는 집단적 목적을 위해 개인이나 집단이 언어를 사용하는 방식이라고 정의한 바 있다.[36] 이런 정의는 "진보적 담론"이나 "보수적 담론" 같은 표현에서 명확히 드러난다. 각각의 담화에서 개인이나 집단은 공통된 가치관, 세계관, 신념, 편견을 전달하기 위해 일련의 언어 전략을 사용한다. 특정 집단의 구성원들이 펼치는 대화에서 빈번하게 나타나는 키워드는 사실상 그들의 세계관이 어떠한지 보여주는 창구나 다름없다. 이와 같은 담화의 특성을 가장 잘 이해하고 있는 인물이 바로 트럼프다. "오물", "민중의 적", "가짜 뉴스", "MAGA" 같은 표현에 더해 트럼프가 사용하는 키워드 중에는 미국에 "썩은" 부분이 있다는 표현이 있다. 이는 셰익스피어의 《햄릿》에 등장하는 유명한 대사를 차용한 표현으로, 트럼프가 밀어붙이는 담론에 어찌나 잘 들어맞는지 추종자들의 머릿속에 동일한 생각을 가차 없이 때려 박는다. 게다가 트럼프는 상황에 맞는 담화 전략 조정에도 능하다. 예컨대 트럼프는 환경보호법이 유발할 일자리 손실을 사람들이 두려워하도록 만들기 위해 이런 말들을 했다.

우리의 소중한 국보는 지켜져야만 합니다. 바로 지금부터 그렇게 될 것입니다.

—고대유물관리법에 관한 연설, 2017년 12월 4일, 솔트레이크시티.

여러 주 정부 및 지역 정부 지도자들과 만나서 이야기를 나눴습니다. 지금 이 자리에 와 계신 분들도 많죠. 다들 우리 국토를 보존하는 데 굉장히 관심이 많으시고 연방 정부의 토지 횡령 사태를 크게 염려하시더군요.

—내무성에게 천연기념물 지정 27건을 재검토하도록 지시하는 행정명령에 서명하면서 남긴 말, 2017년 4월 26일.

Donald J. Trump ✔ @realDonaldTrump   ∨

캘리포니아 산불은 어마어마한 양의 사용 가능한 물을 제대로 쓰지도 못하게 막는 못된 환경보호법 때문에 훨씬 악화되고 있어. 어차피 그 물은 다 태평양으로 흘러 들어가고 있는데! 불이 번지는 걸 막으려면 나무도 싹 베어내야 해.

2018.08.06. 오후 4:35

"우리의 소중한 국보"라는 표현은 트럼프 신봉자들 사이에서 이루어지는 다양한 담론 속에서 울려 퍼진다. 일단 이 표현에는 연방 정부가 자기 이익을 위해 환경에 대한 통제력을 장악함으로써 국민의 자유의지를 침해했다는 암시가 담겨 있다. MAGA 추종자들, 예컨대 "프리덤 코커스Freedom Caucus"라는 간판을 달고 이념적 파벌로서 활동하고 있는 강경 우파 의원들의 혐오감을 제대로 자극하는 셈이다. 이 미묘한 메시지는 진정한 국민은 "연방 정부의 토지 횡령 사태를 크게 염려하"고 있다는 두 번째 진술과 캘리포니아주 등에서는 일부 국민이 "못된 환경보호법"에 예속되어 있다는 세 번째 진술에 의해 한층 강화된다.

트럼프는 동일한 담론과 키워드를 몇 번이고 반복하기 때문에 그의 화법은 마치 의식이나 예식을 보는 것 같다. 그렇기에 트럼프 진영 사람들은 그의 말에 더더욱 감정적 공명을 느낀다. 이처럼 주술적인 언어 행위가 집단 구성원에게 발휘하는 마법 같은 힘을 나타내기 위해 인류학자 클로드 레비스트로스는 1962년 저서 《야생의 사고》에서 '브리콜라주bricolage'라는 용어를 사용한다.[37] 집단 밖에 있는 사람들에게는 그러한 담론이 무의미한 허상으로 느껴질 수 있다. 하지만 내부 사람들은 바로 그러한 담론을 바탕으로 무의식 속에 공통된 세계관을 구축하여 외부의 적에게 대항해 뭉친다. 트럼프가 집회를 열 때마다 어디든 따라다니는 열렬한 추종자들 역시 "적들"(진보주의자와 지식인들)을 비웃고 조롱하는 말들로 이루어진 브리콜라주를 듣기를 좋아하며, 그 과정에서 자신들이 더 큰 대의(MAGA)를 위해 한데 뭉쳤다는 느낌을 받기를 원한다. 따라서 트럼프가 기존 화법을 탈피한다면 추종자들에게 걸어놓은 주술 역시 사라질 것이며, 트럼프는 "지도자"로서의 지위마저 잃어버릴지 모른다. 사회학자 브라이언 윌슨 키의 지적대로 이런 종류의 담화 전략은 매우 효과적이다. 마치 기교가 잔뜩 들어간 종교 부흥회 연설처럼, 트럼프의 화법 역시 사람들의 감정을 자극하고 담론을 영적 차원까지 끌어올려 순간을 초월하는 사명감을 부여하기 때문이다.[38] 요컨대 트럼프의 연설은 일종의 브리콜라주 공연으로서 사람들로 하여금 고상한 대의에 기여하고 있다는 느낌은 물론 즐거움까지 선사함으로써 그들의 감정을 뒤흔든다. 오스카 와일드도 이렇게 말한다. "거짓말쟁이라면 누구든 교훈이 아니라 유희가 대화의 목적임을 안다. 단지 사람들을 즐겁게 해주려고 한 이야기를 못 믿겠다고 유난스레 떠드는 멍청이보다는 차라리 거짓말쟁이 쪽이 훨씬 교양 있는 존재다."[39]

책 전반에 걸쳐 등장할 것이므로 잠깐 MAGA 슬로건에 대해 자세히 알아보자. 표면적으로 MAGA 슬로건은 단지 평화롭던 과거 시절을 연상시키는 표어처럼 보인다. 민주당 정부, 특히 오바마 정부가 집권하면서 미국에 포스트모더니즘 광풍이 불어 도덕적 상대주의가 전염병처럼 퍼졌으니 그 이전 시기로 돌아가야 한다는 것이다. 하지만 그 이면을 들추어 보면 MAGA 슬로건은 다름을 향한 공포, 즉 인종적으로나 문화적으로나 백인이 아닌 존재를 향한 공포를 자극하고 있다. 마키아벨리적 속임수에 능한 트럼프는 이 공포심을 이용할 수 있음을 선거 운동 초반부터 깨달았다. 따라서 그는 오바마가 사실 무슬림이며 미국에서 태어나지 않았다는 "출생지birther" 음모론[오바마 대통령이 사실은 미국 본토에서 태어나지 않아 대통령 자격이 없다고 주장한 음모론—옮긴이]을 밀어붙이기 시작했다. 오바마와 그 지지자들이 비호하는 진보 정부에 불만을 가진 사람들은 트럼프의 악의적인 음모론에 즉각 영향을 받았다. 한 무리의 사람들의 내면에 분개심을 불러일으킨 것이다. 분노로 불타오른 사람들은 어떠한 반론에도 끄떡하지 않았고, 음모론을 떨쳐내려는 시도들은 오히려 허탕만 쳤다. 트럼프는 결국 대통령에 당선이 되고 나서 마지못해 음모론이 진실이 아니라고 시인한 뒤에야 오바마의 출생에 대한 언급을 삼갔다. 엄밀히는 더 이상 그런 음모론이 불필요해졌다고 보는 편이 맞다. 어차피 MAGA 서사 속으로 은밀하고도 자연스럽게 녹아들었기 때문에 트럼프는 그저 MAGA 서사를 사용해 추종자들의 혐오를 부추기면 된다. 조지 오웰이 남긴 유명한 격언 하나로 이 상황을 요약할 수 있을 듯하다. "다 같이 모여 제대로 혐오를 해보자."**40**

트럼프의 담론은 미국 내의 "적들"을 겨냥한 선전포고와도 같다. 그 속에서 트럼프는 미국의 영광을 되찾기 위해 내전을 이끄는 총독처럼 그려진다. 이런 담화 전략은 로마제국의 위업과 영광을 되찾아야 한다고 울부짖던 이탈리아의 파시스트 독재자 베니토 무솔리니(1883~1945)를 떠올리게 한다. 심지어 무솔리니는 과거 역사가 지닌 상징성을 강조하기 위해 집회 중에 로마식 거수경례까지 했다. 트럼프 역시 집회 중에 소름 끼칠 만큼 비슷한 방식으로 상징적인 몸짓을 취했다. 거짓말을 읊은 뒤 황제처럼 고개를 당당히 치켜든 것이다(무솔리니 역시 연설 중에 똑같은 동작을 취한 바 있다). 트럼프를 반대하는 사람들은 그의 터무니없는 거짓말과 몸짓이 자충수가 되어 결국 그를 끌어내리리라고 기대했지만 실상은 정반대였다. 어맨다 카펜터가 지적하듯이 트럼프는 오히려 기세가 올랐다.**41** 트럼프의 지지자들은 그가 "진짜 미국real America"의 회복을 상징하는 MAGA 깃발을 당당히 들어 올린 전사라고 생각했다. 트럼프의 트위터 계정 닉네임이 "@realDonaldTrump"인 것도 전혀 놀랄 일이 아니다.

트럼프와 무솔리니

말재간이 뛰어난 거짓말쟁이 군주는 기만적인 언어를 사용해 사람들의 머릿속에 현실을 가리는 인개를 드리우고, 그 대신 환상의 세계를 보여주어 정치 사회에 도덕적 혼란을 불러일으킨다. 주된 방법은 동일한 슬로건이나 캐치프레이즈를 끊임없이 반복하여 사람들의 정신을 마비시키는 것이다. 문학계에서는 상투적인 문구나 표현의 반복에 기대는 연설을 지양할 것을 권한다. 하지만 트럼프의 화법은 그러한 권고와 정반대이다. 물론 이는 의도적인 전략이다. 트럼프는 자신의 담론을 정치적 올바름political correctness, 즉 PC에 물든 "엘리트(학자, 진보 정치인, 민주당원 등)"의 담론에 대항하는 해독제로서 제시한다. 말하자면 "혁명"의 언어인 셈이다. 바로 자신들을 위한 이야기라고 느끼는 트럼프 진영 사람들은 이에 감정적 공명을 느낀다.

　루스 벤기아트가 《애틀랜틱》에 기고한 기사에 따르면 이런 종류의 화법은 트럼프가 처음 고안한 것이 아니다. 예전부터 국가권력을 쥐고자 한 폭군들은 이런 방식의 화법을 사용해왔다.⁴² 예컨대 무솔리니는 정치적 석상에 출현할 때마다 일부러 저속한 언어를 사용해 스스로를 당대의 지식인층으로부터 분리시켜 모두를 당혹시켰다. 고상한 언어를 사용하는 지식인들은 그렇지 않은 사람들을 깔보며 자기 잇속만 챙긴다는 우려와 인식을 파고든 것이다. 무솔리니는 제1차 세계대전 직후에 "반대 당"으로서 파시즘 운동을 시작했다. 트럼프와 마찬가지로 무솔리니 역시 스스로를 이탈리아의 정치적·사회적 오물을 제거하기 위해 나타난 제3의 존재로 포장했다. 그는 기존 현실을 타파하는 개혁가로서 이탈리아의 기성 정치체제에 의문을 제기하고, 이탈리아가 누렸던 과거의 영광을 되찾고자 했다. 무솔리니가 내세운 명분을 열정적으로 받든 "선동가"들은 자극적인 언어와 폭력적인 시위로 이탈리아를 공포 속에 몰아넣었다. 무솔리니는 자기 가족 외에는 누구도 믿지 않아 권력을 쥔 다음에는 가족을 요직에 앉힌 카리스마적 지도자였다. 그가 주요 정치 인사로 떠오른 것은 노골적이고 잔혹한 언어에 기반을 둔 그의 담론 덕분이었다고 할 수 있다. 그는 자신의 언어를 활용해 이탈리아 도처에 만연한 혼란과 범죄가 엘리트들의 이도저도 아닌 태도 때문이라고 비난했다.

트럼프는 무솔리니가 보인 수많은 행동과 발언을 똑같이 보여줬다. 우선 그는 다른 사람을 믿지 않기 때문에 자기 가족을 정부 요직에 임명했다. 또한 자신이 당선되기만 한다면 "오늘날 우리 미국을 괴롭히고 있는 범죄와 폭력이 곧 끝에 다다를 것"이라고 약속했다(공화당 전당대회 연설, 2016년 7월). 조이 바사마노위츠와 케이티 푸어맨 역시《정말이라니까: 도널드 트럼프의 21가지 거짓말과 그가 바라는 미국의 모습》에서 트럼프를 무솔리니(그리고 북한의 김씨 가문)와 비교한다.[43] 그러면서 두 저자는 우리가 제2의 무솔리니 시대를 살고 있을지도 모른다고 결론 내린다. 트럼프가 지키지도 않을 약속을 내걸고, 역사를 수정주의적 시각[특정 역사적 사건을 둘러싼 기존 시각을 재평가하는 태도로, 때때로 홀로코스트나 파시즘 등 명백한 역사적 사실을 부인하는 태도를 가리키기도 함─옮긴이]으로 바라보며, 정치계나 언론계의 적을 향해 근거 없는 비난을 퍼부어 과거 무솔리니가 이탈리아 사회를 망가뜨렸듯 정치 담론을 오염시키고 민주주의 제도를 해체시키고 있기 때문이다.

무솔리니처럼 트럼프 역시 선거 기간 내내 일자리, 무역, 이민, 건강보험 문제를 끊임없이 언급함으로써 지지자들에게 '오직' 자신만이 "그들의 문제"를 해결할 수 있다고 거짓 확신을 시켰다. 멕시코와 국경을 맞대고 있어서 이민자 문제에 직접적으로 영향을 받는 주에 가서 연설할 때에는 "그들을 나라 밖으로 쫓아낼 것"이며 "멕시코 국경을 따라 거대하고 아름다운 장벽을 세울 것"이라고 말도 안 되는 호언장담을 했다(애리조나주 투손 집회 연설, 2016년 8월). 진보 기득권에 싫증이 난 시민들이 거주하는 지역에 가서는 "우리가 미국 정부를 새롭게 출발시킬 것"이라고 공언했다(펜실베이니아주 해리스버그 집회 연설, 2016년 11월). 교활하게도 트럼프는 여론조사 결과를 활용해 각 지역 청중의 관심사를 확인한 뒤 어떤 종류의 담론이 해당 지역 시민들에게 잘 먹힐지 파악했다. 무솔리니가 펼치는 담론이 강력한 적응력을 가지고 있던 것처럼, 트럼프의 담론도 각 사람의 마음속에 깊이 자리 잡은 억울함에 기반을 두고 있다. 트럼프는 각 연설마다 청중이 원하는 특정한 모습으로 탈바꿈할 줄 안다. 이런 맥락에서 트럼프는 현대판 타르튀프("사기꾼"이라는 부제가 달린 몰리에르의 1664년도 희곡 《타르튀프》에 등장하는 가상의 인물)나 다름없다. 트럼프와 타르튀프 사이에 나타나는 공통점은 가히 놀라울 정도. 타르튀프의 표리부동한 태도 때문에 오늘날 영어 표현 "타르튀프tartuffe"는 겉으로만 선을 과장해서 나타내는 위선자를 가리킨다. 트럼프도 실제로는 방탕하고 무신론적인 생활 방식을 영위하고 있음에도 겉으로는 도덕적 대의명분을 지지하는 척한다는 점에서 그와 유사하다.

　무솔리니처럼 트럼프는 스스로를 진보주의와 사회주의의 속박으로부터 민중을 해방시킬 "구세주"로 묘사한다. 트럼프가 그러한 이미지를 성공적으로 각인시키는 비법 중 하나는 대명사 "나"를 사용하는 방식이다. 미국의 사회심리학자 제임스 페니베이커의 설명에 따르면 대명사는 말하는 사람의 머릿속을 밝혀주는 심리적 표지판에 해당한다.[44] 페니베이커는 연구를 통해 말하기가 단순한 정보 전달 이상의 활동임을 발견했다. 우리는 말하는 중에 '나', '우리' 등의 대명사 같은 특정한 표지를 무의식적으로 사용하여 언제나 우리의 주관을 드러낸다. 실제로 트위터에서 무작위로 선택한 트럼프의 글 50개와 트럼프의 연설 녹음본 5개를 분석한 결과, 트럼프가 '우리'라는 표현을 사용해 자기 정부를 가리키는 경우는 거의 없었다. 오히려 늘 '나'라는 대명사를 사용함으로써 미국 정부가 자신을 중심으로 돌아간다는 이미지를 구축했다. 이런 식으로 트럼프는 행정부 내에 잠복해 트럼프를 끌어내릴 기회를 호시탐탐 엿보고 있는 "오물"을 자신의 정부로부터 분리해낸다. 그저 허세가 아니다. 자신이 "패배자", "혐오주의자", "애완견"에 불과한 오물들에 비해 훨씬 높은 지성을 지닌 진정한 지도자라고 주장하는 것이다. 그가 1인칭 대명사를 얼마나 전략적으로 사용하는지 트위터에 남긴 글들을 한번 살펴보자.

Donald J. Trump ✔ @realDonaldTrump　　∨

머저리랑 악바리들에게는 미안하지만 내 아이큐가 어마어마하게 높거든. 사실 너희들도 알고 있잖아! 본인이 너무 멍청하다고 전전긍긍할 필요 없어. 너희 잘못이 아니니까.

2013.05.08. 오후 6:37

Donald J. Trump ✔ @realDonaldTrump　　∨

난 **최고의** 건설업자라고. 내가 여태까지 쌓아 올린 것들을 봐.

2015.05.13. 오전 5:23

Donald J. Trump ✔ @realDonaldTrump　　∨

다들 세상에서 나만큼 140자로 문장을 잘 쓰는 사람이 없다더라고.

2014.07.21. 오후 1:50

Donald J. Trump ✔ @realDonaldTrump　　∨

나는 미국 역사상 일자리를 제일 많이 만들어낸 대통령이 될 거야.

2016.01.23. 오전 5:57

Donald J. Trump ✔ @realDonaldTrump　　∨

나만큼 테러 진압을 잘하는 사람은 없을 거야.

2016.03.23. 오후 12:54

Donald J. Trump ✔ @realDonaldTrump ⌄

사실 내 인생을 쭉 돌아보면서 내가 가진 강점을 2개만 꼽는다면 그건 흔들림 없는 정신력과 어마어마하게 똑똑한 머리였어.

2018.01.06. 오전 7:27

이런 식의 자아도취는 무솔리니를 연상시킨다. 무솔리니는 심지어 스스로에게 지도자를 뜻하는 "일 두체Il Duce"라는 칭호를 붙이기도 했다. 그러니 트럼프가 늘 무솔리니를 동경해온 것도 전혀 놀랄 일이 아니다. 물론 정말 그러냐고 질문을 받을 때는 특유의 시치미로 대답을 배배 꼬아 빠져나간다. 일례로 NBC의 〈언론 대담〉에서는 트럼프에게 베니토 무솔리니의 말을 인용한 트윗을 리트윗한 경위를 인터뷰한 적이 있었다. 어째서 파시스트 독재자와 엮이기를 원하느냐는 질문에 트럼프는 영악한 답변을 내놓았다.

아뇨. 제가 엮이고 싶은 건 흥미로운 명구입니다. 그리고 사람들이 있죠. 아시다시피 제가 인스타그램이나 페이스북이나 트위터로 만나는 사람이 거의 1400만 명에 달하잖아요. 다들 흥미로운 말도 남기겠죠. 그러면 제가 그걸 제 창구로 내보내는 겁니다. 그리고 그게 확실히 당신 이목을 끈 것 같네요. 그렇지 않나요?

이렇듯 대답을 회피하기는 하지만 트럼프가 스스로를 미국의 '두체'로 여긴다는 사실에는 의심의 여지가 없다. 스스로를 지도자의 위치로 끌어올리기 위해 트럼프는 무솔리니가 그랬듯 본인만의 인격 모독적인 표현을 새롭게 개발해냈다. 이런 표현들의 목적은 다른 모두를 하찮은 존재로 격하시킴으로써 지도자인 자신만이 정상에 서게 만드는 것이다. 예를 들어 2016년 대선을 위한 예비선거 중에 트럼프는 상대 후보인 젭 부시를 "맥없는" 사람, 마코 루비오를 "땅딸보 마코"라고 불렀고, 대선 중에는 정적 힐러리 클린턴을 "사기꾼 힐러리"라고 불렀다. 전부 성격이나 외모상의 약점을 비꼬는 별명이다. 트럼프는 정식으로 이민 등록을 하지 못한 멕시코 사람을 "강간범과 범죄자"라고 부르거나 자신에게 맞서는 여성을 "돼지"라고 부르기도 했다. 이런 표현들은 단순한 욕설이 아니라 트럼프 특유의 브리콜라주를 이루는 구성요소로, 그가 정치적으로 올바른 담론에 대항할 수 있도록 만든다. 결과적으로 그는 기존 현실을 타파하는 "파괴자"이자 MAGA를 위한 전쟁을 지휘하는 '두체'로서 우뚝 서게 된다. 명백히 트럼프는 스스로를 홀연히 등장한 현대판 두체로 인식하고 있다. 무솔리니가 그랬듯 진보 기득권과 그들의 PC적인 규칙을 많은 이들의 바람대로 박살 내겠다는 것이다. 심지어 "오물을 퍼내자!"라는 슬로건마저도 무솔리니가 사용한 표현에 바탕을 두고 있다. 오바마 정부의 국무장관이었던 매들린 올브라이트가 2018년 저서 《파시즘》에 기술한 것처럼 무솔리니는 권력을 잡은 뒤 3만5000명에 달하는 공무원을 해임시키면서 자신의 행동을 합리화하기 위해 '드레나레 라 팔루데("오물을 퍼내자")'라는 표현을 사용했다.[45] 무솔리니는 이 악랄한 비유를 통해 정적을 제거하는 행위를 손쉽게 정당화하고, 더 나아가 지지자들로 하여금 자신이 이탈리아를 좀먹고 있는 부패한 관료제를 처단할 것임을 확신시켰다. 흥미롭게도 저널리스트 존 켈리의 증언에 따르면 "오물을 퍼내자!"라는 표현은 1903년에 위스콘신주 신문에도 등장한 적이 있다. 당시 신문에는 사회민주당 조직 위원의 말이 이렇게 실려 있다. "사회주의자들은 자본주의의 오물통에 몰려든 모기 몇 마리를 죽인다고 해서 만족하지 못합니다. 오물을 아예 퍼내기를 원하죠."⁴⁶ 더 나아가 1993년에 로널드 레이건 역시 트럼프가 저격한 바로 그 워싱턴 정부 관료들을 비난하기 위해 비슷한 표현을 사용한 바 있다. 사실 이 표현은 20세기 내내 팻 뷰캐넌이나 낸시 펠로시 등 진보와 보수 양 진영의 수많은 정치인이 사용해왔다.

트럼프가 이 용어를 어떻게 이해하고 있는지, 정확히 어떤 출처에서 영감을 얻어 사용하고 있는지 정신분석을 해볼 기회는 없을 것이다. 그럼에도 트럼프와 무솔리니가 사용한 비유 사이의 공통점은 주목할 만하다. 무솔리니는 실제로도 진탕을 퍼내는 사업을 벌인 적이 있다[폰티노 습지에서 무솔리니가 벌인 개간 사업을 가리킴—옮긴이]. '드레나레 라 팔루데'라는 표현은 바로 이 치적을 드높이기 위함이었다. 하지만 무솔리니가 정치적·사회적 오물을 겨냥해 이 표현을 비유적으로 사용한 것 역시 사실이다.

소외

거짓말의 기술에 관한 논의에서 '가장' 주목할 점은 사람들이 거짓말 쟁이 군주의 속임수에 마음과 정신을 내주는 까닭이다. 한 가지 이유 는 사람들이 때때로 사회로부터 소외되거나 배제되었다는 느낌을 받 기 때문이다. 물론 다른 이유들도 존재하겠지만 이만큼 중요한 이유는 없다. 마키아벨리는 현대 심리학에서 소외에 관한 연구를 진행하기 오 래전부터 이 사실을 이해하고 있었다. 일부 사람들이 주류 사회로부터 멀어질 수 있으며, 군주의 역할은 바로 그런 사람들의 마음속에 윤리 적인 수단으로든 비윤리적인 수단으로든 소속감을 회복시키는 일임 을 이미 르네상스 시대부터 알고 있었던 것이다.

무솔리니와 트럼프 역시 특정 집단 사람들이 정부에게서 거리감을 느낄 수 있음을 간파했다. 특히 정부가 국민보다 잘나고 고결하다는 식의 태도를 보인다면 거리감은 한층 커진다. 마키아벨리의 권고에 따 르면 군주는 곧바로 이 문제를 물고 늘어져 혁명적인 분위기를 조성 해야 한다. 실제 역사가 그러했다. 대표적인 예는 1789년부터 1799년 까지 이어지며 프랑스의 부르봉 왕정을 전복한 프랑스혁명이다. 혁명 의 계기는 1789년 5월, 프랑스가 심각한 경제 위기를 겪는 와중에 열 린 삼부회였다. 그해 7월에는 바스티유감옥 습격 사건이 일어났다. 혁 명은 자코뱅당과 법률가 로베스피에르의 주도하에 점점 격렬하고 무 자비해졌다. 1793년 1월에 루이 16세가 처형당한 뒤에는 로베스피에 르의 공포정치가 시작되었으나 안정적인 공화정부를 설립하는 데는 실패하였고, 결국 1799년 나폴레옹의 반란이 성공하면서 나폴레옹시대가 시작되었다. 사람들이 기존 군주정에 반발해 들고일어난 이유는 정계 엘리트에게 착취와 폄하를 당하며 느낀 환멸 때문이었다. 그들이 당한 착취와 폄하는 마리 앙투아네트의 악명 높은(하지만 검증되지 않은) 말 한 마디로 요약된다. 앙투아네트는 소작농들이 빵조차 없어서 굶고 있다는 사실을 알면서도 "그럼 케이크를 먹으라 하세요."라는 말을 남겼다고 한다.

사회심리학자들이 엄밀한 의미에서 말하는 소외alienation란 희망이 사라졌다는 생각 또는 사회가 나에게 관심이 없다는 생각이 들 때 품게 되는 고립감을 가리킨다.[47] 이 용어는 카를 마르크스가 자본주의사회 속에서 노동자계급(프롤레타리아)이 느끼는, 궁극적으로는 삶의 무의미함을 끌어내는 고립감을 가리키기 위해 최초로 사용했다.[48] 프랑스 사회이론가 에밀 뒤르켐이 지적하듯이 소외는 사회 환경이나 분한 감정보다는 세속적이고 물질적인 세상에서 도덕적·종교적 전통이 상실된다는 사실에서 비롯된다.[49] 뒤르켐은 개인이나 집단이 오늘날과 같은 세상을 살아갈 때 겪게 되는 비합리적인 권태나 허무를 가리키기 위해 '아노미anomie'라는 용어를 만들었다.

어쩌면 트럼프가 급부상한 데에 아노미가 중요한 역할을 했는지도 모른다. 트럼프는 백인 복음주의 기독교도 같은 종교 집단이 미국의 도덕성을 시급히 회복시킬 필요성을 느끼고 있음을 전략적으로 이해했다. 《가디언》에서 해리엇 셔우드가 주장한 바에 따르면 우파 계열 종교인들은 성경 역사 속 인물이 죄인이었다가 종교 지도자가 되는 경우가 많은 것처럼, 트럼프 역시 상황을 바로잡기 위해 미국으로 보내진 "죄 많은 구원자"라고 여긴다.[50] 영리하게도 트럼프는 종교적 가치가 상실된 것은 아닌지 크게 염려하게 만드는 도덕 문제, 예컨대 낙태 문제를 입법 과정에서 다시 검토하겠다고 안심시킴으로써 우파 종교 집단의 편을 들어주었다. 진보적인 판결을 뒤집을 만한 대법관을 임명하겠다는 트럼프의 약속은 도덕이 바로 선 미국을 되찾겠다는 선거 구호나 다름없었다. 이런 맥락에서는 MAGA 슬로건을 "미국을 다시 올바르게" 만들자로 해석해도 무방하다. 실제로 수많은 복음주의교회 신도들은 무슨 일이 있어도 자신들의 보수적인 결의를 실현시킬 그릇으로서 트럼프를 바라본다. 이 화제는 3장과 7장에서 더 자세히 다루겠지만 간략히 줄이자면 핵심은, 트럼프가 권력을 얻기 전 대중매체에서 종교계 우파에게 거의 주의를 기울이지 못한 결과로 복음주의교회 신도들은 기자들이 진보주의자의 세속적인 원칙과 세계관을 편파적으로 비호한다는 인상을 갖게 되었다. 이렇듯 트럼프가 집권하기 전 트럼프 진영 사람들이 느낀 아노미와 소외감은 트럼프의 과거가 얼마나 방탕하든 그를 정신적 지주로서 받들게 만들었다.

온라인의 내부 냉전

마키아벨리는 또 다른 저서 《마키아벨리 전술론》에서 "분열시키고 정복하라."라는 표현을 사용한다. 사람들을 정복하는 가장 효과적인 전술은 적들의 힘을 분산시키고, 기존의 권력 구조를 해체하며, 민중 내에 대결 구도를 조성하는 것이라는 뜻이다.[51] 물론 이는 군사적인 방법으로도 가능한 일이다. 하지만 최선의 방법은 아마도 (마키아벨리 본인도 인정하듯이) 거짓말의 기술을 사용하는 것이다. 트럼프의 전술이 바로 그러했다. 분열을 조장하는 그의 언어('우리' 대 '그들')가 실효를 거두는 이유는 그것이 의식의 필터를 뚫고 은밀하게 정신 속으로 스며들어 "침입자"와 "이방인"의 이미지(트럼프가 바라보는 이민자의 이미지)를 구축하기 때문이다. 대선 중에 트럼프는 원치 않는 마찰이 생길까 봐 이민자들로 이루어진 군중을 피해 다니기 시작했다. 오히려 집회를 여는 것처럼 자신을 자기 진영 사람들 속에 집어넣음으로써 자신들과는 다른 존재들, 즉 미국의 "적들"에게 맞서야 한다는 구호를 충실히 이행했다. 그처럼 친밀한 분위기를 조성하자 미국에 해악을 끼치고 있는 진보주의자와 이민자를 '그들'로 분리하여 대놓고 비난할 수 있었다. 모든 것을 꿰뚫어 본 것처럼 조지 오웰은 다음과 같은 말을 남겼다. "누구든 적들이 악행을 저질렀다는 사실은 믿지만, 아군이 악행을 저질렀다는 사실은 믿지 않는다."[52]

트럼프 지지자들은 트럼프 진영에 확고히 발을 붙인 채 트럼프가 하는 말이라면 무엇이든 받아들이고자 한다. 진실이라고 믿기 때문이 아니라 "내부 냉전"에 참전하려면 반드시 따라야 하는 군사적 명령이라고 생각하기 때문이다. 저명한 기자 칼 번스틴은 트럼프로부터 비롯된 위태로운 정세를 이렇게 묘사한다. "미국은 지금 내부 냉전을 겪고 있다. 남북전쟁에서 게티즈버그 전투와 앤티텀 전투가 승리의 행방을 결정했듯이 내부 냉전의 행방은 바로 최근의 두 사건, 즉 뮬러 특검 수사 사건과 캐버노 대법관 지명 사건으로 결정될 것이다."[53] 벤 바고다가 지적했듯 내부 냉전이라는 명칭은 1950년에 《뉴욕타임스》 편집자 델버트 클라크가 매카시즘이 불러일으킨 두려움과 공포를 언급하기 위해 사용한 바 있다.[54] 오늘날의 내부 냉전은 주로 트위터나 선거 유세장에서 이루어진다. 인종, 민족, 윤리 문제를 향한 기존의 진보주의적 접근법에 불만을 품은 트럼프 지지자들은 이 전쟁을 도덕적 명예가 걸린 전쟁으로 바라본다. 따라서 정치인, 사업가, 극우 인사 등의 트럼프 진영 사람들은 내부 냉전에 참전한 이상 트럼프의 견해나 정책이 어떠하든 그것을 옹호할 수밖에 없음을 안다. 트럼프의 발언은 지지자를 응집시키는 신호, 상징적인 비유, 호전적인 구호 등 내부 냉전을 위한 수사적 전술로 가득 차 있다.

전쟁을 이기는 데 필요한 분열 및 정복 전략을 성공시키려면 트럼프는 지지자들로 하여금 자신의 말을 반복하게 만듦으로써 거짓말을 전쟁 구호로 탈바꿈시켜야 한다. 트럼프를 지지하는 대안 우파의 소셜 미디어 곳곳에서 그런 수사법을 발견할 수 있다. 설령 트럼프가 자기가 한 거짓말을 두고 또 거짓말을 하더라도, 지지자들은 그를 기만적인 거짓말쟁이가 아니라 용맹한 전사라고 인식한다. 적절하게도 데이비드 프럼은 트럼프를 이렇게 평가한다. "트럼프는 조금의 후회나 가책도 없이 거짓말을 일삼는다. 필요하다면 거짓말에 대해서도 거짓말을 한다."[55] 이러한 언어 전쟁은 적에게 반격한다는 느낌을 심어주어 적들을 무력화시킨다. "선수를 치자!"라는 표현은 1940~1950년대 할

리우드 카우보이 영화에 걸핏하면 등장하던 대사다. 이는 트럼프의 반격 전술에도 완벽히 들어맞는다. 트럼프는 공격을 받을 때면 언제나 상대방을 "문제 많은 범죄자"로 몰아붙이는 식으로 반격을 가한다. 이를 반복하면 할수록 지지자들의 신뢰를 얻을 가능성도 높아진다. 프랑스 작가 마르셀 프루스트의 말대로 "시간이 흐르면 흐를수록 점점 우리가 꾸며낸 이야기가 전부 진실로 변해간다."[56] 오늘날에는 사이버 공간이 사람들의 정신을 전례 없는 수준으로 장악하고 있다. 화면에 나타나는 내용이라면 고민과 비판을 거치지 않고 액면가 그대로 받아들여진다. 그 덕분에 트럼프의 끊임없는 말 뒤집기나 시치미 떼기를 외면하기도, 트럼프의 허풍을 수사적 전술로 받아들이기도 훨씬 쉬워졌다. 트럼프는 《타임》에 자신만큼 사진이 많이 실린 사람이 없다는 주장, 본인 취임식에 모인 군중 규모가 역대 최대라는 주장, 자신이 미국 역사상 가장 똑똑한 대통령이라는 주장 등 온갖 거짓 주장을 전쟁 구호처럼 끊임없이 반복해 자신의 이미지를 날조하고 사람들이 믿게 만든다.

미국의 저널리스트 월터 리프먼은 1922년 저서 《여론》에서 대중매체의 성장이 사람들의 정신과 행동에 강력한 영향을 미친다고 주장했다.[57] 리프먼의 주장은 특히 오늘날 더욱더 설득력을 가진다. 대중매체가 존재하지 않았다면 트럼프는 대통령이 되지 못했을 것이다. 내부 냉전은 실제 현장이 아니라 사이버 공간에서 이루어지기 때문이다. 전쟁을 이끄는 장교는 바로 보수 언론 인사들이다. 사이버 공간에서 일어나는 일들은 사람들을 강박적이거나 우울하게 만드는 등 감정적으로 심히 유해한 영향을 미치고 있다. 이를 일찍이 예측한 미국의 정치학자 해럴드 라스웰은 1927년 저서 《제1차 세계대전 속 프로파간다 기술》에서 대중매체를 통해 전달되는 담론이 사람들의 정치관, 가족 관계, 세계관에 영향을 미친다고 주장했다.[58] 전자 매체 시대가 도래하기 한참 전에 랠프 월도 에머슨 역시 이렇게 말했다. "진실을 위배하는 일은 거짓말쟁이의 자살 행위일 뿐만 아니라, 인간 사회의 건전성을 위협하는 행위이기도 하다."[59]

트럼프가 사람들의 정신 속에 드리우는 안개 역시 인터넷을 통해 퍼진다. 여기서 발생하는 모순 한 가지는 인터넷이 건설적인 변화를 이끄는 원동력인 동시에 진실을 보지 못하게 만드는 방해물이기도 하다는 점이다. 2000년대 초에 발생한 여러 사건이 증명하듯 인터넷 블로그는 사회적으로나 정치적으로 크나큰 힘을 갖게 되었다. 예컨대 2002년에 미 상원 다수당 대표 트렌트 롯이 어느 연회에서 스트롬 서몬드 상원의원을 옹호하는 발언을 하자 수많은 블로거가 비판을 가했다. 롯은 서몬드가 이상적인 대통령이 됐을 것이라고 주장했는데, 이는 묵시적으로 인종차별을 승인하는 것이나 다름없었다. 블로거들이 복원한 문서에 따르면 서몬드는 1948년 대선 중에 인종차별을 장려하는 행보를 보였다. 블로거들이 폭로하기 전까지는 어떤 주류 언론도 이 문제를 기사로 다룬 적이 없었다. 결국 롯은 대표직에서 물러났고, 이후로 소셜미디어는 줄곧 정치적으로나 사회적으로 강력한 영향력을 발휘해왔다. 중대한 이슈는 더 이상 신문의 사설란만이 아니라 블로그, 웹사이트, 트위터, 페이스북에서도 다뤄진다.

셰리 터클이 지적하듯, 미디어가 장악한 환경을 살아가는 우리는 얼굴을 마주 보고 나누는 대화가 여전히 가장 효과적인 담화 매체임을 망각하고 있다.[60]

우리는 기계를 가지고 대화하느라 무엇을 잊어버릴까요? 정치에서 얼굴을 맞대고 하는 대화, 모임, 훈계가 중요하다는 사실을 잊습니다. 정치적 변화가 대개 2보 전진을 위한 1보 후퇴라는 사실, 그 과정에 많은 시간이 소요된다는 사실을 잊어버리죠.

나 역시 첨언하자면, 정치적 활동은 말뿐인 구호로 나타나서는 안된다. 합리적인 추론을 거쳐 심사숙고한 끝에 나오는 현실 세계 속 행동으로 나타나야만 한다. 명확한 행동 없이는 거짓말쟁이 군주의 권모술수를 당해내지 못한 채 분노와 좌절을 느낄 수밖에 없다. 아리스토텔레스는 수사법을 "어떤 상황에서도 설득할 방법을 찾아낼 줄 아는 능력"이라고 정의한다.[61] 그의 주장에 따르면 수사법의 부정적인 영향을 막는 방법에는 크게 두 가지 있다. 바로 진실과 논리다. 진실과 논리만이 거짓말의 기술을 파훼할 유일한 해결책이다.

이어지는 장들에서는 거짓말의 기술이 과거부터 현재에 이르기까지 어떤 다양한 형태로 나타났는지 살펴봄으로써 이 기술을 낱낱이 파헤칠 것이다. 인터넷이 등장하기 전부터 작가 노먼 메일러는 다음과 같이 경고했다. "신문에서 내놓는 사소한 거짓말, 텔레비전에 나오는 자극적인 보도, 우리의 감정을 속이는 영화관 화면까지 매일 조금씩의 거짓말이 더해지고 또 더해져 우리가 머릿속에 가지고 태어난 씨앗을 좀먹는다."[62] 거짓말의 기술은 상대가 원하든 말든 내 의도대로 움직이게 하기 위해 고대부터 사용해온 강력한 기술이다. 사실 어떤 의미에서 역사란 이 기술을 자유자재로 다루는 거짓말 장인들이 세상에 어떤 결과를 초래했는지 서술한 내용이라고 봐도 무방하다. 좋은 쪽으로든 나쁜 쪽으로든 우리는 역사에 거짓말쟁이들을 위한 특별한 자리를 마련해두었다.

2장

대안 사실
거짓말쟁이의 말장난

누구든 자신만의 의견을 말할 권리를 갖지만,

자신만의 사실을 말할 수는 없다.

-대니얼 패트릭 모이니핸

오염된 언어

2017년에 가장 뜨거운 논란을 불러일으킨 발언을 하나 꼽자면 트럼프의 고문이자 열렬한 지지자인 켈리앤 콘웨이가 1월 27일 〈언론 대담〉과 인터뷰하면서 내뱉은 말일 것이다(이는 주류 언론을 타고 전국적으로 퍼져 하나의 밈이 되었다). 트럼프가 취임식 참석자 수를 거짓으로 부풀리고 이를 공보비서 숀 스파이서를 통해 반복해서 주장한 일에 대해 설명해달라는 요구를 받자, 콘웨이는 트럼프의 주장이 "대안적 사실"이라고 답했다. 콘웨이의 영악한 회피성 발언은 진보 언론으로부터는 신랄한 비판을 받았으나 극우 언론을 비롯한 트럼프 지지층에게서는 전통을 거스르는 트럼프 특유의 언어, 딥스테이트Deep State[정부의 심층부에 숨어 국가를 조종하는 기득권 배후 세력―옮긴이] 엘리트가 사용하는 PC적 언어에 대항하는 "대안적" 언어의 핵심을 담고 있다며 옹호와 찬사를 받았다.

자세히 들여다보면 콘웨이의 발언은 신어Newspeak의 교과서적 예시에 해당한다. 신어란 조지 오웰이 1949년에 출간한 소설 《1984》에 등장하는 용어로서, 암울한 전체주의 사회 "오세아니아"에서 의심과 불안을 유발하기 위해 사용하는 우회적인 언어를 가리킨다.[63] 콘웨이의 발언에서 확인할 수 있듯 신어의 핵심 특징은 단어나 문장의 의미를 정확히 짚어낼 수 없는 모호성이다. 통상적인 의미론에 따르면 언어 표현은 현실 세계에 바탕을 두고 있거나 현실 세계에서 기인한 경험 및 개념을 가리킨다. 반면 신어의 언어 표현은 정반대로 기능한다. 현실 세계와는 연결을 끊은 채 "대안 현실"을 불러내는 것이다. 결과적으로 특정한 언어 표현이 무엇을 의미하는지, 최악의 경우에는 사람들이 말하는 객관적인 현실이 존재하기는 하는지 전혀 알 수 없어진다. 말만 많을 뿐 의미가 없기 때문에 지배층은 사실상 무슨 말을 하더라도, 심지어 경험적으로 거짓임이 분명한 주장을 하더라도 책임을 지지 않을 수 있다. 오웰의 정의에 따르면 신어는 애매모호함을 전략 삼아 기존 어휘와 문법을 재구성한 언어다. 권력을 쥔 자들은 신어를 사용해 사람들의 정신 속에 뿌연 안개를 드리우며, 그 결과 사람들은 명료하게 사고하지 못하고 국가에 저항한다는 생각조차 갖지 못한다. 의미의 모호성은 착각을 유도하는 전략으로 사용될 수 있다. 모호성은 불확실함과 애매함을 불러일으켜 단어가 본래 지니고 있는 의미를 차단하거나 정반대로 왜곡한다. 모호성이 만들어내는 정신적 안개 속에서는 유연한 사고가 어려워진다. 오웰의 소설에서는 빅 브라더라고 불리는 관리 집단이 각각의 단어가 어떤 의미를 지니는지, 어떤 메시지를 구성할 수 있는지를 통제한다. 빅 브라더는 시민들의 말 하나하나를 감시하면서 신어의 규칙을 위반하지는 않았는지, 그리하여 소요나 반항의 조짐이 보이지는 않는지 확인한다.

결과적으로 "진실"은 언어라는 집을 빼앗긴 채 진실부 통제 아래 놓이게 된다. 진실부는 거짓말과 대안 사실을 꾸며내는 부서로, 지난 신문 기사들을 신어 언어로 새롭게 집필한 뒤 "기억 구멍" 속에 집어넣어 불태움으로써 자신들이 보여주고 싶은 "현실"을 창조해낸다. 요컨대 진실부는 당이 진실이라고 주장하는 진실만이 진실이 되도록 보장하

는 기관이다. 오웰은 오세아니아의 정세를 이렇게 묘사한다.**64**

자네는 현실이 외부 세계에 그 자체로서 존재하는 객관적인 무언가라고 믿고 있지. 하지만 윈스턴, 현실은 외부 세계에 존재하지 않아. 현실은 다른 어떤 곳도 아닌 인간의 정신 속에 존재하지. 물론 각 개인의 정신 속에 존재한다는 뜻은 아니야. 개인의 정신은 실수를 저지를 수도 있고, 결국 얼마 안 가 소멸할 테니까. 집단적이면서도 불멸하는 당의 정신 속, 오직 그 속에서만 현실이 존재한다네. 당이 진실이라고 본다면 그게 무엇이든 그건 진실이야. 당의 눈을 통해 바라보지 않는다면 결코 현실을 볼 수 없어.

콘웨이가 사용하는 언어가 일종의 신어이며 백악관이 진실부나 다름없다는 사실은 꽤나 명백하다. MAGA 서사는 트럼프와 그의 추종자들이 어떻게 진실을 날조했는지 보여주는 완벽한 사례다. 트럼프의 말이 무슨 의미를 담고 있는지 정확히 짚어낼 수 있는 사람은 아무도 없다. 오웰의 설명대로 트럼프가 하는 말은 그 자체로 외부 세계에 존재하는 객관적인 실체 같은 것이 아니다. 오히려 다분히 우회적이고 암시적이다. 사실 "가짜 뉴스"나 "민중의 적" 같은 트럼프 진영의 슬로건 전부가 그런 식이다. 트럼프는 그런 표현을 반복적으로 사용함으로써 자신만의 진실을 꾸며내고, 이에 이끌린 수많은 사람은 매일 조금씩 그들만의 대안 현실을 구축해낸다. 요컨대 신어 같은 언어는 거짓말의 기술을 구현하는 강력한 술책이다. 이를 통해 거짓말쟁이는 자신만의 현실을 창조하고, 그 현실 속에서 사람들은 거짓말쟁이가 조종하는 대로 생각하고 행동한다.

이번 장에서는 바로 이 언어적 술책에 초점을 맞춘다. 오웰은 확실히 눈치를 챘던 것 같지만, 일단 사람들이 대안 사실로 이루어진 언어를 진실에 바탕을 두었다고 받아들이면 기존의 일상적인 언어를 제대로 이해하고 사용하기가 어려워진다. 이는 심리학적으로 설명하기 힘든 특이한 현상으로, 이를 설명하려면 고대에 유행한 '뮈토스mythos'(직접 지칭하기보다는 에둘러 암시하는 방식으로 의사를 전달하는 언어)라는 개념을 다시 끄집어낼 필요가 있다. 뒤이어 논의하겠지만 대안 사실에 기반을 둔 언어는 인류의 뮈토스적인 사유 방식을 기발하게 이용한다.

거짓 등가성

먼저 짚고 넘어갈 점이 한 가지 있다. 콘웨이의 화법을 옹호하는 사람 중 일부는 콘웨이가 사용하는 난해하고 모순적인 언어가 아이러니하게도 진보 진영 엘리트 학자들에 의해 개발되었다고, 다시 말해 소위 "포스트모더니즘"에 뿌리를 두고 있다고 주장한다. 하지만 이는 거짓 등가성false equivalency[본질적으로 전혀 다른 두 대상이나 상황을 일부 유사점에 기대어 동일 선상에 놓고 비교하는 태도—옮긴이]에 기반을 둔 주장이다. 포스트모더니즘은 애초에 전제정치를 위해 언어를 재구성하려는 시도와는 전혀 관련이 없으며, 정치적 운동의 일환으로 진행된 담론도 아니었다. 포스트모더니즘은 오로지 지적 담론에 불과했으며 결국 일상 언어에 아무런 흔적을 남기지 못한 채 학문적 울타리 안에만 머물렀다. 따라서 신어를 집중적으로 파고들기 전에, 일단 포스트모더니즘 학자들에게 가해진 비난을 반박하는 시간을 가져보자.

신어의 유래를 포스트모더니즘에서 찾는 사고방식은 랠프 뱅코의 말에 잘 압축되어 있다.[65]

> 좌파는 트럼프와 트럼프 지지자들을 상대로 총력전에 돌입했다. 그들의 전략 중 하나는 "가짜 뉴스" 같은 발언을 공격하는 것이다. 저명하다는 기자들은 트럼프의 고문인 켈리앤 콘웨이가 트럼프 취임식 참석자 수에 관한 숀 스파이서의 발언을 변호하기 위해 "대안 사실"이라는 표현을 만들어낸 것을 두고 신나게 비난의 화살을 쏘아댔다. 본인들이 전파한 것을 이제 와서 비난하는 꼴이다. (……) 공교롭게도 "대안 사실"의 기틀을 마련한 것은 좌파였다. 대안 사실은 그들이 전파한 세계관의 산물로서 등장했다. 그럼에도 그들은 그런 표현이 보수주의자 입에서 나올 때만 유해하다며 정죄하고 있다. 대체 무슨 일이 벌어지고 있느냐고? 포스트모더니즘, 이 한 단어로 요약할 수 있다.

다시 한번 말하지만 포스트모더니즘은 학문 외적인 목적을 위해 인위적으로 시작한 담론도 아니었고, 주류 정치계에 지속적인 영향을 미친 사상도 아니었다. 기껏해야 일부 인문학자들 입에 오르내렸을 뿐이다. 아이러니하게도 포스트모더니즘이 지나치게 난해하고 제멋대로라며 끊임없이 비판한 사람들 역시 바로 그 인문학자들이었다. 콘웨이를 옹호하는 자들은 포스트모더니즘을 정치적 올바름과 혼동하고 있

거짓말의 기술

다(정치적 올바름에 대해서는 6장에서 자세히 다루겠다). 게다가 이 오해는 실수가 아니라 고의인 듯하다.

포스트모더니즘은 1980~1990년대의 여러 학문 분야, 특히 문학과 기호학과 대중문화이론에 토대를 두고 있다. 용어 자체는 1970년대 초반 건축가들이 기존의 모더니즘 양식을 탈피하려는 건축 흐름을 가리키기 위해 처음 사용하기 시작했다. 대표적인 모더니즘 건축물로는 아무 특색 없는 박스 모양의 고층 건물들이 있다. 모두 밋밋하고 단조로운 구조적 공식을 따른 결과물이다. 이러한 공식에서 벗어나기를 원한 포스트모더니즘 건축가들은 역사적 가치가 있는 건축 상징을 사용하는 것에 더해 개성 있고 복잡하고 특이한 디자인을 창조하려고 애썼다. 얼마 안 있어 포스트모더니즘은 널리 유행을 탔고, 여러 예술 및 인문학 종사자들이 이를 받아들였다. 지나치게 간추린 내용이기는 하지만 포스트모더니즘 운동이 어떤 목표를 가지고 등장했는지 대충은 이해했을 것이다.

포스트모더니즘이 일부 분야에서 인기를 끈 이유는, 기존 학계의 텍스트 중심 분석 이론이 지나치게 경직되어 있다고 느낀 학자들에게 대안이 필요했기 때문이다. 많은 이들이 이 새로운 형태의 "열린" 비판 이론이 기존의 경직된 방법론을 해소해주기를 기대했다. 하지만 앞서 언급한 몇몇 분야를 제외하고는 포스트모더니즘이 지배적인 이론으로 자리 잡은 경우는 거의 없었고 심리학과 사회학, 언어학 같은 분야에서는 그 모습을 찾아보기조차 힘들었다. 심지어 당시 포스트모더니즘에 호의적이었던 학자들조차 포스트모더니즘이 자기만족을 위한 헛소리로 끝날 때가 많다는 사실을 인정했다. 어떤 이들은 포스트모더니즘을 정치계의 신좌익New Left 운동과 연관 짓기도 한다. 하지만 이 역시 부정확한 설명이다. 신좌익 운동이 "새로운" 운동이라고 불린 이유는 마르크시즘을 따르던 "구좌익Old Left"에 비해 새로웠기 때문이다. 신좌익 학자들과 정치가들은 성별, 빈부, 인종, 계급에 따른 차별과 같은 불공정을 몰아내기 위해 제반 제도를 개혁할 필요가 있다고 주장했다. 특히 그들은 시민 불복종을 중시했으며, 때로는 이를 위해 권력을 쥔 당국과의 충돌도 감수해야 한다고 생각했다. 하지만 이런 사상은 결코 사회 전반에 퍼지지는 않았으며, 기존 정세를 뒤흔들 만한 실질적인 영향력을 발휘하지도 못했다. 무엇보다도 신좌익 운동은 일부 사람들의 주장과 달리 포스트모더니즘과 아무런 관련이 없었다.

포스트모더니즘의 목표는 "대안 사실" 같은 표현을 사용하는 사람들의 목표와는 명백히 달랐다. 사람들의 정신을 통제하거나 재구성하려는 의도가 전혀 없었다는 뜻이다. 오히려 정반대로 포스트모더니즘은 우리의 사고가 전통적인 굴레에 갇히거나 정해진 공식에 지나치게 의존하는 것을 막고자 했다. 포스트모더니즘은 지식과 언어의 본질 자체에 의문을 던지는 데는 성공했으나 주류 인문학이나 사회과학에 영구적인 족적을 남기지는 못했으며, 현재는 이전의 여느 지적 운동과 마찬가지로 수명을 다한 상태다. 따라서 진보 진영이 콘웨이를 비판하는 것을 두고 포스트모더니즘을 운운하는 것은 이미 지난 일을 끄집어내 억지를 부리는 것이나 다름없다.

이중 사고와 이중 언어

우리 각자에게는 정신 깊숙이 자리 잡은 고유한 믿음이 있어서, 대화 같은 사회적 상호작용 중에 얻은 정보를 바로 그 믿음이라는 색안경을 통해 인식하고 해석한다. 솔직히 말해 정보 속에 담겨 있는 "사실"을 아무 편견이나 고정관념 없이 객관적으로 받아들인다고 자신하는 사람은 없을 것이다. 그럼에도 우리 모두는 일상 언어를 처리하는 과정에서 늘 진실을 파악하려고 애쓴다. 물론 숙달된 거짓말쟁이는 정보가 담겨 있는 말의 의미를 재구성하여 우리의 인식을 쉽게 조작한다. 이미 설명하기도 했고 앞으로도 설명하겠지만 방법은 여러 가지다. 이 장에서 주의 깊이 살펴볼 방법은 언어 표현에 담겨 있는 의미를 규칙적이고 체계적으로 부정하는 전략이다. 콘웨이가 지어낸 "대안 사실"이라는 표현에는 아무 의미가 없다. 이 표현은 아무리 좋게 봐도 애매모호하고 심각하게 보면 기만적이기까지 하다. 그러나 일부 사람들은 콘웨이의 말장난이 그럴듯하다고 착각했고, 그 덕분에 콘웨이는 트럼프의 거짓 주장이 불러일으킨 논란을 영악하게 회피할 수 있었다.

　이것이 거짓말쟁이가 언어를 장악하는 대표적인 술책 중 하나다. 언어를 재구성해 사람들이 기존에 사용하던 언어 표현을 의심하고 불신하게 만들어 언어의 의미를 멋대로 통제하는 것이다. 트럼프 진영 사람들은 언론과 인터뷰할 때마다 이와 같은 언어 전략을 사용해 "화두"를 던져댄다. 영악하게 재구성한 언어 표현은 혼란을 불러일으키고, 그 혼란 속에서 피어오른 의심과 불신은 토론과 논쟁을 진행하는 과정에서 명료하게 생각할 수 없게 만든다. 핵심은 상대방의 말을 "기억 구덩이" 속에 집어넣어 불태우는 것이다. 콘웨이를 비롯한 트럼프 추종자들이 사용하는 언어는 이중 언어doublespeak의 완벽한 사례에 해당한다. 이중 언어란 불편한 사실을 받아들여야 하는 상황을 회피하기 위해 이중 사고doublethink를 불러일으키는 언어를 가리킨다. 이중 사고는 소설《1984》에서 유래한 개념으로, 신어를 사용한 결과로 갖게 되는 심리 상태다. 소설 속에서는 신어에 내재된 모순을 (비판은 고사하고) 알아차리기라도 하는 사람은 징계를 받는다.

언론 분석가 에드워드 S. 허먼은《위선의 이면》에서 이중 언어의 핵심 특징이 능숙한 거짓말이라고 지적한다.**66**

> 이중 언어의 세계에서 정말 중요한 것은 의식적으로든 무의식적으로든 거짓말을 하고 잘 빠져나가는 능력, 자신의 의도나 계획에 들어맞도록 필요한 사실만 취사선택하거나 사실을 날조하는 능력이다.

이중 사고는 모순적인 믿음이나 생각이 있음에도 모순을 알아차리지 못한 채 둘 다 그럴듯하다고 받아들이는 정신 태도를 가리킨다. 오웰이 설명하듯, 처음에는 터무니없어 보일지 모르나 이중 언어를 계속 사용하다 보면 나름의 설득력이 생겨서 여느 언어 체계만큼이나 타당하다는 느낌을 받는다. 오웰은 이런 현상이 발생하는 이유가 이중 언어 사용자 간의 사회적 압력 때문이라고 주장한다. 사실 트럼프 지지자들이 이중 언어에 몰두하는 이유 역시 그들의 결속력을 드러내기 위해서다. 따라서 이중 언어는 집단 구성원끼리 공유하는 암호 같은 역할을 한다. 저들의 "진실"을 우리의 "진실"로 대체하여 딥스테이트 엘리트로부터 스스로를 분리시키는 셈이다. 공교롭게도 '이중 언어'라는 표현은 오웰의 소설에는 등장하지 않는다. 이 표현은 소설이 출간된 뒤에 만들어진 용어로, 말의 의미를 고의로 위장하거나 왜곡함으로써 상대방의 수긍을 이끌어내는 언어를 가리킨다. 용어를 만든 인물은 허먼과 촘스키로, 정치적 이념을 관철시키기 위해 언어를 조작하는 행위를 언급하면서 처음 이 용어를 사용했다.[67]

말하자면 이중 언어는 정상적인 분자 화합물을 형성하지 못하는 "언어적 화학 물질" 간의 결합을 통해 만들어진 언어다. 의미를 왜곡하기 위해 "상반되는" 원소를 억지로 이어 붙인 결과물인 셈이다. "대안"이라는 원소와 "사실"이라는 원소는 일반적인 의미 구조상으로는 결코 결합할 수 없다. 하지만 둘을 끈질기게 이어 붙인 결과 듣는 사람의 정신 속에 안개(이중 사고)가 형성되어, 결국 "대안 사실"이라는 합성물 역시 허구적인 의미 구조를 획득하고 만다. 비유를 확장하자면 이중 언어에 능통한 달변가는 마치 언어라는 재료를 가지고 노는 연금술사와 같아서, 현실 세계에서 결코 양립할 수 없는 언어 표현들을 대안 현실이라는 환상 속에서 하나로 합쳐 진짜처럼 보이게 만든다.

오웰은 이중 언어가 전체주의국가에서 사용하는 대표적인 정신 통제 수단임을 파악했다. 이중 언어는 모순을 모순이 아닌 것처럼 들이밀고 객관적인 진리를 부정해 사람들의 정신을 약화시키고, 결과적으로 민중이 독재자(빅 브라더)의 사고방식에 순응하도록 만든다.

1930년 제16차 러시아공산당대회에서 스탈린이 연설한 내용을 살펴보면 이중 사고 이면에 깔려 있는 정치적 전략을 정확히 이해할 수 있다.[68]

> 우리는 국가의 해체를 지지합니다. 그와 동시에 독재 체제가 공고해지기를 기원합니다. 독재국가가 지금까지 존재한 모든 형태의 국가 중 가장 강력하고 강대한 국가이기 때문이지요. 국가 권력을 가장 높은 수준까지 끌어올리는 것, 그 힘을 바탕으로 국가 해체를 위한 환경을 준비하는 것, 이것이 바로 마르크시즘의 공식입니다. 이게 "모순적"이냐고요? 네, 물론 "모순적"이죠. 하지만 이 모순은 살아 움직이는 생명체와 같아서 마르크시즘의 변증법을 온전히 반영합니다.

에드워드 허먼의 통찰력이 돋보이는 책 《위선의 이면》에 따르면 인간의 정신은 노골적인 위협이나 반대보다는 앞서 언급한 언어적 연금술에 극도로 취약하다. 의미가 모호해지면 현실에 대한 기본적인 전제 자체가 흔들리거나 무너질 수 있기 때문이다. 그러고 나면 아무 단어끼리 마구 조합하고 의미를 왜곡해도 말이 되는 것처럼 느낄 수 있다.[69] 그와 같은 언어 조작이 특정 집단 내에 널리 받아들여지면 스탈린의 말대로 모순은 "살아 움직이는 생명체"가 된다. 오웰의 소설에서는 신어라는 언어가 빅 브라더가 원하는 사회적 질서를 확립하는 주된 수단이었다. 빅 브라더는 단어의 의미를 통제함으로써 자신들의 사상에 반대되는 사상이 형성되는 것 자체를 막았다. 트럼프의 세상에서도 신어와 유사한 언어를 사용해 지지자들이 동일한 사상을 갖도록 만든다.

이중 언어가 작동하는 한 가지 방식은 부정어와 관련된 규칙이나 표현을 제거하는 것이다. 사람들이 이중 언어 특유의 허구적 진실을 부정해서는 안 되기 때문이다. 따라서 "나쁘다"라는 표현은 "좋지 않다"라는 표현으로 대체되며, 유난히 나쁜 상황이라면 "심히 좋지 않다"라고 표현된다. 이는 국가에 대항하는 어떤 부정적인 발언이나 주장(또는 거부, 반박, 비판)도 원천 봉쇄하는 영리한 전략이다.

오웰 본인은 이중 사고를 다음과 같이 설명하는데, 여기에는 콘웨이가 사용하는 언어의 특징이 정확히 포착되어 있다.[70]

알면서도 모르는 척한다. 진실을 다 알면서도 세심하게 설계한 거짓을 말한다. 서로 상충하는 두 의견을 동시에 갖는다. 서로가 모순인 줄 알면서도 둘다 참이라고 믿는다. 논리를 거스르기 위해 논리를 사용한다. 도덕에 호소하면서 도덕을 부정한다. 민주주의가 불가능하다고 믿으면서 당이 민주주의의 수호자라고 생각한다. 필요하지 않을 때는 잊어버렸다가 필요할 때는 기억해낸다. 그랬다가 또다시 금세 잊어버린다. 무엇보다도 이 기억과 망각의 과정 자체를 필요에 따라 기억하고 망각하는데, 바로 이 지점이 굉장히 미묘하다. 의식적으로 무의식을 유도해놓고는 무의식을 유도한 행위조차 무의식 속으로 집어넣는다. 이중 사고라는 표현을 이해하는 데에도 이중 사고가 필요하다.

여러 번 언급했듯이 이중 언어의 최우선 목표는 "대안 사실"로 구성된 "대안 현실"을 구축하는 것이다. 스탈린을 비롯한 "정신 조종자"

들은 이중 언어가 여러 거짓말의 기술 중에서도 특히 강력한 술책임을 잘 알았다. 일례로 2018년 7월에 트럼프는 캔자스시티에서 연설을 하면서 이런 말을 남겼다. "여러분이 보는 것, 여러분이 읽는 것은 전부 현실이 아닙니다." 마치 오웰의 작품 속에 등장하는 정신 통제 비법을 그대로 빼다 박은 것만 같다. "당은 네가 눈으로 보고 귀로 들은 증거를 부정하라고 지시했지. 그게 가장 궁극적이고도 근본적인 명령이었어."[71] 진실은 단 하나의 출처, 즉 빅 브라더에게서만 나온다. 그 밖의 출처는 스탈린의 말대로 "민중의 적"이기 때문에 신뢰해서는 안 된다.

트럼프의 발언들을 살펴보면 취임식 참석자 수에 관한 거짓 주장 같은 이중 언어 사례가 넘쳐난다. 이를 통해 트럼프는 스스로를 민중의 이익을 대변하는 지도자이자 대중의 사랑을 받는 지도자로 내세운다. 진실을 말하는 사람들을 공격하는 것 역시 이중 언어 전략의 일환이다. 예컨대 트럼프는 툭하면 기후변화를 부인하면서 "진보 진영 엘리트"가 이기적인 목적으로 사람들을 속이고 있다고 비난한다. 이제 전형적인 사례를 하나 살펴보자. 특히 수십만 명에 달하는 사람들이 이 트윗에 "좋아요"를 눌렀다는 사실을 고려하면 이중 언어 전략이 얼마나 효과적인지 명확히 확인할 수 있다. 이중 언어는 사람들이 알아차리기도 전에 무의식을 파고든다.

Donald J. Trump ✓ @realDonaldTrump ︿

동부에서는 역사상 **가장 추운** 새해 전야를 보낼 수도 있다고 하는군. 그 잘나신 지구온난화, 이럴 때 좀 쓰면 안 되나? 다른 나라들은 쏙 빠진 채로 우리만 지구온난화를 막겠다고 **수조 달러**를 쓰고 있는데 말이야. 다들 옷 단단히 챙겨 입으라고!

2017.12.28. 오후 4:1

이중 언어는 언어의 의미 체계를 재구성함으로써 어떤 언어 표현이든 권력자가 의도한 목표를 수행하게 만든다. 오웰은 이중 언어의 어휘 목록을 세 범주로 분류한다. "A군 어휘"에는 "먹고 마시고 일하는 것"과 관련된 일상적인 단어나 표현이 들어간다. A군 어휘는 비교적 소수이며, 오로지 문자적인 의미 그대로 사용되어야 한다. 의미에 뉘앙스가 더해졌다가는 A군 어휘의 다양성이 폭발적으로 증가해 국가에 위협이 되기 때문이다. 이러한 어휘들은 문자적인 의미를 넘어서는 사상이나 감정을 불러일으키는 데 사용되는 일이 없도록 끊임없는 감시와 통제를 받아야 한다.

"B군 어휘"에는 정치적·이념적 사상을 담은 단어들이 포함되지만, 그 의미는 정부 지시에 순응하는 태도를 장려하는 방향으로 재단된다. 예를 들어 "정설"이라는 단어는 은연중에 언어 사용자로 하여금 자유를 제한받고 있는 것은 아닌지 의심하고 독립적인 마음을 갖게 만들 수 있다. 따라서 그 대신 거의 동일한 의미를 지니고 있는 "바른 생각"이라는 단어를 사용하게 함으로써 언어 사용자가 자신도 모르는 사이에 바르고 올바른 세상만 상상하도록 유도할 수 있다. B군 어휘에는 주로 복합어나 압축어가 들어 있는데, 이는 개념적 혼동을 주기 위함이다. 예컨대 "사고 감찰 경찰"은 "사고경찰"로 "애정 관리감독 부서"는 "애정부"로 줄이는 식이다.

"C군 어휘"는 과학 및 기술 분야와 관련된 단어들로 구성된다. 핵심 특징은 오직 각 분야 전문가만 해당 지식을 습득할 수 있도록 단어들을 취합했다는 점이다. 혹시라도 국가에 대항하는 수단으로 학문적 지식을 활용할지도 모르기 때문에 대중에게는 접근이 허락되지 않는다. 오웰의 설명대로 "학문"에 해당하는 단어는 존재하지 못한다. 그러한 단어는 얼마든지 새로운 이해와 발견이 가능하다는 세계관을 전제하기 때문이다.

요컨대 이중 언어의 어휘 체계는 비판적 사고, 명료한 사고, 합리적 사고를 가로막는 방향으로 설계되어 있다. 거짓말쟁이 군주가 사용하는 또 다른 핵심 전략은 대중이 열린 해석의 가능성을 배제한 채 특정 의미만을 기억하도록 유행어와 슬로건을 반복적으로 들이미는 것이다. 트럼프가 "위대한", "슬픈", "틀린", "진심으로 말하는데" 같은 표현을 반복적으로 사용하는 이유 역시 합리적인 반박의 여지 자체를 주지 않기 위해서다. 당연히도 무솔리니 역시 감정을 잔뜩 실은 연설을 할 때면 "국유國有", "무정부주의", "상대주의" 같은 판에 박힌 표현을 입버릇처럼 사용했다.[72]

국가의 소유권! 그것은 불합리하고 흉측한 결과를 낳을 뿐입니다. 국가가 소유권을 갖는다는 것은 일당과 그 당원들의 주도하에 국가가 모든 것을 독점

한다는 뜻이지요. 국가가 모두를 파멸과 파산에 이르게 만든다는 뜻입니다.

무정부주의자는 모두 실패한 독재자입니다.

상대주의가 곧 고정된 범주를 싫어하는 것, 객관적이고 영구적인 진리가 존재한다고 믿는 사람을 싫어하는 것을 의미한다면 파시즘적인 생각과 행동만큼 상대주의적인 게 없습니다. 모든 이념이 동등한 가치를 지닌다는 사실을 바탕으로 우리 파시스트는 우리에게 우리만의 이념을 창조할 권리, 그 이념을 온 힘을 다해 실행할 권리가 있음을 확신합니다.

무솔리니의 집회에 자주 참석하는 사람들은 그가 외치는 슬로건에 현혹된 채 로봇처럼 일제히 고함을 외치며 동의를 표했다. 1984년 1월 22일 제18회 슈퍼볼 중에 TV에서 방영된 리들리 스콧 감독의 애플 광고는 무솔리니의 집회가 어떤 모습이었을지 완벽히 포착해냈다. 이 광고는 한 번에 두 가지 목표를 달성했다. 신형 맥 컴퓨터를 소개한 것은 물론, 구호와 슬로건을 언어 삼아 굴러가는 《1984》식 전체주의 사회의 위험성까지 보여줬으니까.

리들리 스콧은 TV 광고라는 매체를 영리하게 사용해 이중 사고에 대한 경각심을 일깨웠다. 광고가 시작되면 화면에 "1984"라는 숫자가 등장하면서 민머리에 죄수복 같은 복장을 입은 남자들이 거대한 스크린을 향해 뚜벅뚜벅 행진한다. 스크린에서는 빅 브라더가 아무 의미 없는 진부한 신어를 크게 외친다. 남자들은 좀비처럼 아무런 의지 없이 스크린만 뚫어져라 바라본다. 그때 갑자기 금발에 다부진 몸매를 가진 매력적인 여성이 흰색 운동복에 빨간색 반바지 차림으로 남자들을 향해 달려가고, 한 무리의 돌격대원이 그 뒤를 우르르 쫓는다(누가 봐도 나치 독일의 비밀경찰이 떠오른다). 여자가 방으로 들어와 커다란 망치를 집어던지자 스크린이 터지고, 입을 벌린 채 멍하니 앉아 있는 남자들은 혼미함에서 깨어날 준비를 한다.

광고의 목표가 새로운 맥 컴퓨터를 소개하는 것이기는 하지만, 그 속에 들어 있는 사회적 상징과 함의는 분명했다. 이중 사고가 유발하는 순응적인 태도를 깨부술 유일한 방법은 사람들을 정신적 구속으로부터 해방시킬 "여신"의 지도력이라는 점이다(이 주제는 마지막 장에서 자세히 다루겠다). 이에 대해 아서 아사 버거는 다음과 같은 통찰을 내놓는다.[73]

따라서 금발의 여주인공은 선악에 관한 지식을, 좀 더 함축적으로는 현실에 관한 지식을 수감자들에게 전해주는 이브와 같다. 물론 빅 브라더가 파괴된 이후 그들이 어떤 변화를 겪었는지는 볼 수 없다. 실제로 그들이 보이는 즉각적인 반응은 놀람과 허망함이다. 하지만 결국 무슨 일이 벌어져 그들이 해방될 것임은 쉽게 예측할 수 있다.

여성의 형상은 주체 의식이 없던 사람들을 "인간화"한다. 그들은 눈을 뜨고 정신적 고치 밖으로 나온다. 빅 브라더와 그의 정신 통제 능력에 대항하는 데에는 여신 같은 존재가 생과 자유의 감각을 되살려주는 것만큼 좋은 방법이 없는 듯하다. 마지막 장에서 다시 다루겠지만, 이를 위해서는 가이아 개념과 같은 고대의 신화적인 개념을 되짚어볼 필요가 있다.

대안 역사

모든 사회에는 각 사회의 역사적 기원을 설명하는 이야기가 존재한다. 이는 집단 구성원들이 자기 사회의 제도, 신념, 법 등이 존재하게 된 이유를 이해하도록 돕는다. 따라서 역사가들은 뛰어난 "의미 제작자"라고 말할 수 있다. 역사적 "사실"을 취합해 하나의 서사를 구성함으로써 사회 구성원들이 과거 사건과 의미 깊은 관계를 가지도록 만들기 때문이다. 따라서 역사가 기록되거나 전승되는 방식은 사람들이 과거 사건을 바라보는 관점 자체를 틀 잡을 수 있다. 《1984》에서 당의 세계관에 사실을 끼워 맞추는 역할을 하는 진실부가 역사 서술을 엄격히 통제하는 것도 당연한 일이다. 오세아니아에서 역사는 이중 언어로 기록되어 있으며, 따라서 사실이 아니라 대안 사실에 기반을 두고 있다. 말하자면 그곳의 역사는 "대안 역사"인 셈이다. 결국 대안 역사란 이야기라는 매체를 사용해 대안 사실을 정당화하는 역사라고 정의할 수 있다. 아무 근거 없는 음모론은 모두 대안 역사에 해당한다.

　《1984》의 주인공인 윈스턴 스미스는 진실부의 기록 부서에서 일한다. 그가 맡은 직무는 역사 기록을 당의 방침에 맞게 수정하는 것이다. 그러기 위해서는 국가에 대항한 자들이자 "증발" 절차를 통해 흔적을 지워야 하는 자들, 즉 "무인"이 남기고 간 불편한 사실들을 삭제해야 한다. 핵심은 실제 일어난 사건들을 사람들의 기억 속에서 모호하게 만드는 것이다. 여기에는 개인의 역사도 포함된다. 스미스의 생일에 관한 묘사가 이를 잘 보여준다. "4월의 어느 쌀쌀하고도 맑은 날이었다. 시계는 13시를 알리고 있었다."[74] 스미스의 정신이 안개에 가려져 정확한 날짜 자체를 알지 못함을 암시한다. 이외의 역사적 사건을 서술할 때도 동일한 불확실성이 나타난다. 진실부는 역사를 의도적으로 모호하게 에둘러 표현해 사람들이 과거 사건을 이해하는 방식을 통제한다. 오웰의 묘사에 따르면 대안 역사는 전체주의 정권이 반대를 차단할 음모론을 꾸며내도록 돕는다. 차임 시나르가 지적하는 대로 스탈린이 바로 이 전략을 사용해 사람들을 두려움과 불확실함 속으로 몰아넣고 반대를 잠재웠다. 블라디미르 푸틴 역시 러시아의 사명과 목표에 반대하는 세력이 러시아를 겨냥해 세계적인 음모를 꾸미고 있다는 둥 동일한 전략을 사용해 권력을 유지하고 있다.[75]

대안 서사를 꾸며내는 것은 트럼프가 사용하는 거짓말의 기술에서도 핵심 전략이다. 대표적인 사례가 딥스테이트 슬로건이다. 이는 트럼프가 집권하기 전에 정권을 잡고 있던 무리가 무대 뒤에 숨은 채 정체가 탄로 날까 전전긍긍하면서 트럼프를 끌어내릴 모의를 꾸미고 있다는 듯한 인상을 전달한다. 이렇듯 "가짜 미국인"인 진보주의자들이 미국을 장악했다는 "진짜 이야기"에 수많은 사람이 넘어간다. 음모론이 효과를 거두는 이유는 그것이 대안 사실을 재료 삼아 끊임없이 현실 같은 허구를 꾸며내기 때문이다. 마피아 같은 범죄 집단 역시 신화에 가까운 탄생 이야기를 꾸며내 자신들의 존재에 정당성을 부여한다 (이에 대해서는 다시 언급하겠다).[76]

고대 그리스인들은 언어를 (역사 기록에 사용되는 언어를 포함해) 크게 두 부류로 나눴다. 바로 '로고스'와 '뮈토스'이다. '로고스'는 실제 사실을 취합해 과거에서 현재로 이어지는 연속적인 이야기를 구성한 것을 가리킨다. 반면 '뮈토스'는 사실이 아니라 믿음에 기반을 두고 있으며, 시간적 흐름이 아니라 언제 어디에나 편재하는 사건들을 중심으로 서술되는 이야기를 가리킨다. 로고스 기반의 역사는 사건에 대한 합리적인 이해를 제공하기 위해 힘쓰는 반면, 뮈토스 기반의 역사는 신념을 전파하기 위해 애쓴다.

'뮈토스'라는 표현은 아리스토텔레스가 비극의 서사적 특징을 설명하기 위해 만든 단어로, 대략적으로는 비극에서 반복되는 주제나 줄거리를 뜻한다. 신화적인 역사는 비극의 줄거리가 전개되는 방식과 거의 동일한 방식으로 전개된다. 따라서 초창기에 형성된 대부분의 신화는 중요한 역사적 기능을 수행한다. 인간의 삶에 반복해서 등장하는 주제인 선과 악의 대립, 삶과 죽음의 대립 등이 어떤 의미를 지니고 있는지 가르쳐주는 기원 서사 역할을 하는 것이다. 인간은 이러한 주제들을 끊임없이 정신에 되새기면서 굳건한 신념을 발전시킨다.[77] 아리스토텔레스의 주장에 따르면 뮈토스는 사람들의 머릿속에 공상적인 줄거리를 떠올리게 할 뿐이며, 이는 진정한 이해를 가로막는다.[78] 하지만 합리적인 이해보다 신화적인 믿음에 바탕을 두고 있는 만큼 뮈토스는 인간의 내면을 조종하는 강력한 힘으로 작용할 수 있다. 뮈토스의 심리적 작동 원리는 진보주의자들이 정치적 올바름을 무기 삼아 미국을 망치고 있다는 딥스테이트 음모론에 잘 드러나 있다. 딥스테이트 음모론은 객관적인 방식으로는 결코 진실임을 증명할 수 없다. 신화를 믿 듯 믿는 수밖에 없다. 이와 같은 신화적 이야기를 이용한 사람 중에는 무솔리니도 있다. 그의 이야기 속에서 진보주의자와 지식인들은 당대 이탈리아 사회를 좀먹는 골칫거리로 그려진다. 능수능란한 거짓말쟁 이가 풀어놓는 신화적인 서사에서는 상대가 악당으로 묘사되기 때문 에 그들이 주장하는 내용 역시 무력화된다. 트럼프 역시 미국 주류 언 론을 "민중의 적"이라고 칭함으로써 스탈린과 닉슨이 애용하던 음모 론에 다시 생기를 불어넣었다. 오웰의 말대로 "사람들이 믿는 한 신화 는 현실"이 된다.[79]

대안 서사는 여느 기원 신화와 마찬가지로 두려움을 원동력 삼아 존재하기 때문에 사람들의 정신을 통제하는 강력한 수단이 된다. 대안 역사를 믿는 사람들은 그것이 거짓이라는 증거를 마주하더라도 오히 려 진실임을 뒷받침하는 증거라고 해석하기 때문에 어떠한 반박에도 꿈쩍하지 않는다. 마이클 바컨의 설명에 따르면 음모론은 뮈토스의 세 가지 기본 원칙에 호소한다. 첫째, 우연히 일어나는 일은 없다. 둘째, 실 상은 겉으로 보이는 것과 다르다. 셋째, 모든 일은 연결되어 있다.[80] 이 러한 사고방식은 "증거보다는 신념"에 기대고 있기 때문에 결코 논박 할 수 없이 닫혀 있다.[81]

대안 역사는 전달 과정에서 은유를 활용하기 때문에 감정을 자극 하는 힘을 지니고 있다. 2016년 대선 당시 트럼프가 러시아 측과 결탁해 대선 결과에 영향을 미쳤다는 의혹이 불거지고 수사가 진행되자 트럼프는 "마녀사냥"이라는 비유로 응대했다. 이러한 표현은 대중에게 1692~1693년 매사추세츠 식민지에서 벌어진 세일럼 마녀재판 같은 비극적인 역사를 넌지시 암시했다. 마녀재판은 제대로 된 재판이라기보다는 처형식에 가까웠다. 트럼프는 자신이 당한 기소가 터무니없다는 인상을 불러일으키려 한 것이 분명하다. 트럼프 신봉자들 눈에는 수사에 의해 제기된 어떤 기소도 딥스테이트가 꾸며낸 공작 행위로 보일 뿐이었다.

대안 서사는 끊임없는 반복을 통해 점진적으로 신빙성을 얻는다. 소셜미디어 플랫폼은 대안 서사를 전파하는 주된 통로로 자리 잡았다. 마녀사냥 신화 역시 극우 소셜미디어 창구가 존재했기에 정치 연대기 수준으로 발전해 신빙성을 얻었다. 로고스에 바탕을 둔 합리적인 논증으로는 결코 대안 서사가 지닌 개연성을 반박할 수 없다. 마녀사냥의 피해자인 트럼프는 딥스테이트 세력에게 박해 받는 순교자로 비춰졌다.

여담이지만 뮈토스 자체는 나쁜 것이 아니다. 뮈토스는 오늘날까지도 동화, 우화, 전설 등에 사용되며, 어른들은 이처럼 신화적 정신에 깊이 자리 잡은 이야기를 통해 특정한 윤리나 도덕이 어떤 의미를 지니고 있는지 전달한다. 대안 서사에서 문제가 되는 것은 뮈토스 자체가 아니라 뮈토스를 조작하는 행위다. 미국이 난폭한 이민자 무리로부터 "침략"을 당하고 있다는 트럼프의 음모론이 그러한 조작 행위의 한 예다. 앞서 언급한 마녀사냥 음모론처럼 이민자 음모론 역시 사람들의 두려움을 자극해 모든 이민자가 침입자이며, 따라서 혹독하게 처벌해야 한다는 믿음을 갖게 만든다. J. L. 린스트로스가 지적하듯이 트럼프는 미국의 오랜 토착주의 신화, 즉 이민자들이 "토착" 미국 문화에 위협을 가하고 있다는 서사를 적극적으로 활용하고 있는 것이다.**82**

19세기 말을 지나 20세기에 접어들면서 미국에서는 외국인이 아니라 백인이 양질의 일자리를 차지해야 한다는 백인 중심의 미국 부흥 운동인 "토착주의 Nativism"가 성행했다. 역사적으로는 "제2차 산업혁명", "도금 시대", "진보 시대"라고 불릴 만큼 산업화와 도시화로 인한 경제적 변화가 눈에 띄게 일어나던 시기였다.

거짓 신화는 특히 마음속에 분노를 품고 있는 사람에게 큰 영향력을 발휘한다. 예를 들자면 오바마 정권이 서민을 배척한 엘리트 중심적인 정권이라고 생각하는 사람들이 있을 것이다. 트럼프 지지자 중 어느 권위자는 대선 중에 TV 전국 방송에 나와 한 가지 흥미로운 말을 남겼다. 내 기억으로는 다음과 같다. "우리는 더 이상 배제당하지 않을 것입니다. 인종 문제를 언급했다고 인종차별주의자로 몰렸습니다. 이민 문제를 언급했다고 외국인혐오주의자로 몰렸습니다. 트럼프가 집권하는 한 더 이상 그런 일은 없을 것입니다." 거짓말쟁이 군주에게 가장 값진 성공은 사람들에게 자신만이 딜레마를 해결할 유일한 길이라고 믿게 만드는 것이다. 트럼프 역시 스스로를 고대 신화 속 주인공처럼 온갖 결점을 극복하고 세상의 문제를 바로잡을 영웅으로서 제시한다. 침입자 신화를 통해 트럼프는 현실 자체를 주무를 힘을 얻었다. 추종자들 입장에서는 트럼프가 그렇다고 하는 한 그의 말이 전부 진실이다. 대안 역사가 드리우는 뿌연 안개 속에서는 오직 트럼프만이 뚜렷이 돋보인다. 그 외에는 누구도, 또는 무엇도 형체를 알아볼 수 없다.

앞서 여러 번 언급했지만 오늘날 음모론적인 대안 역사는 사이버 공간 덕분에 더욱 활개를 치고 있다. 이제는 인터넷이 신화와 전설을 퍼뜨리는 이야기꾼 같은 존재가 되었다. 의견은 더 이상 활자나 입소문을 통해 퍼지지 않는다. 인터넷 밈이나 영상을 통해 퍼진다. 인터넷이 등장하기도 전에 '밈meme'이라는 용어를 만든 리처드 도킨스는 밈이 마치 유전자처럼 타인에게 전달될 수 있다고 주장했다.[83] 신화적인 혹은 음모론적인 서사로 이루어진 밈은 특히 감수성이 예민한 사람들에게 큰 효과를 발휘한다.[84] 사이버 공간과 밈 특유의 구조는 인간의 이해, 즉 로고스를 변화(또는 변이)시켜 뮈토스 형태의 의식을 갖게 만든다. 여기에 영향을 받은 사람들은 신화적인 형태로 나타나는 이야기라면 사실이든 거짓이든 믿고자 한다.

로버트 팩스턴이 《파시즘》에서 지적하는 것처럼 음모론의 주된 목표는 사람들의 "감정을 동원"하는 것이다.[85] 이때 주로 동원되는 감정은 본래의 "순수한 사회"가 외부 세력의 공격으로 쇠락할지도 모른다는 위기감이다. 트럼프가 스스로를 감상적이고 나약한 민주당 정치인보다 강력한 지도자라고 부각시킬 수 있던 것도 침입자 서사가 사람들의 두려움을 자극했기 때문이다. 팩스턴의 설명에 따르면 이와 같은 침입자 서사는 사실상 모든 파시즘 및 전체주의 정권에서 찾아볼 수 있다. 예컨대 히틀러가 본인에게 세계를 지배할 권리가 있음을 끊임없이 공언할 수 있던 까닭은 오로지 아리아 민족만이 아무 제약 없이 다른 민족을 지배할 운명을 타고난 선택받은 민족이라는 아리아인 신화 덕분이었다(아리아인 신화에 대해서는 다음 장에서 자세히 다루겠다).

거짓말 장인은 대안 서사를 구축해 자기 문제를 "타인"의 탓으로 돌리고 자기 이야기에 정당성을 부여한다. 이기적이면서도 파괴적인 심리투사[스스로 받아들이기 힘든 욕망이나 특성을 타인에게 전가하는 방어기제—옮긴이]가 이루어지고 있는 셈이다. 결국 세계 곳곳의 윈스턴들은 파시즘 정권하의 이탈리아가 그랬고 히틀러 정권하의 독일이 그랬듯, 진짜 현실이 무엇인지 알아차리고 말 것이다.

어휘집 재구성하기

오웰의 《1984》에서 배울 수 있는 핵심 교훈은 인간의 정신을 조종하는 일이 상상 이상으로 쉽다는 점이다. 언어 표현의 의미를 독창적으로 조작하고 신화적인 서사를 꾸며내는 것만으로도 충분히 목표를 이룰 수 있다. 이 과정에서 특히 중요한 일은 앞에서 다룬 것처럼 어휘 목록을 재구성하는 것이다. 흔히 하는 말대로 "말이 정말 중요"하다. 우리가 언어의 의미를 이해하는 과정은 무의식적인 차원에서 일어나므로, 《1984》에서 확인할 수 있듯 언어 표현과 의미가 맺고 있는 관계를 조작하면 사람들의 이해 역시 통제할 수 있다.

오웰이 경고하듯 전체주의 정권은 군사 작전 같은 강경한 행동을 취했을 때보다도 언어 표현의 의미를 독재자의 의도에 맞게 왜곡시켰을 때 가장 강력한 힘을 얻는다. 오웰이 신어를 소개한 이유 역시 전체주의 정권이 얼마나 쉽게 국가를 장악할 수 있는지 보여주기 위해서였다. 어휘집을 재구성하고 단어의 의미를 통제하는 것만으로도 자유로운 사고 활동 자체를 억압할 수 있다.

트럼프 역시 대안 사실에 신빙성을 더하기 위해 특정 단어나 표현에 의미와 의의를 부여함으로써 일종의 "의미 통제"를 해낸다. 앞서 살펴본 것처럼 이는 트럼프가 트위터나 집회에서 끊임없이 쏟아내는 대안 서사에서 특히 잘 드러난다. "딥스테이트"나 "MAGA" 같은 슬로건은 트럼프에 대항하는 세력을 영웅 서사 속의 악당으로 규정한다는 점에서 트럼프가 신어 방식으로 의미를 통제할 수 있도록 돕는다.

이러한 슬로건들은 사실상 진실부의 술책이나 다름없어서, 트럼프를 비판하는 진보 진영과 언론이 미국 사회를 몰락시켰다는 믿음(딥스테이트 슬로건)과 트럼프만이 그들을 끌어내려 미국을 이전의 낙원으로 되돌릴 수 있다는 믿음(MAGA 슬로건)을 부추긴다. 이처럼 전략적으로 설계된 언어는 사람들의 공포와 분노를 끌어내고, 트럼프는 비유와 구호를 반복적으로 활용해 그러한 감정을 제멋대로 쥐고 흔들면서 사람들을 일종의 최면 상태에 빠뜨린다. 결과적으로 사람들의 정신 속에는 대안 역사가 구체적인 실체를 지닌 신념으로 자리 잡는다. 진실부가 하려고 했던 일이 현실 세계에서 똑같이 벌어지고 있는 셈이다.

거짓말쟁이 군주는 그처럼 언어를 이용해 사람들의 정신을 통제함으로써 반대 의견을 묵살하는 것은 물론 그가 거짓말 중이라는 증거도 무력화한다. 반대 의견은 그 주장과 논거가 합리적일지라도 어차피 "적"에게서 나온 말로 여겨지기 때문에 아무런 효력이 없으며, 오히려 음모론 취급을 당한다. 거짓말쟁이 군주는 자신이 언어를 통제하는 한 지지자들이 온갖 반대로부터 자신을 기계처럼 보호하고 두둔하리라는 것을 잘 알고 있다. 이는 1608년에 프랑스 작가 장 드 라브뤼예르가 말한 부족적인, 또는 전형적으로 부락적인 정신 상태에 해당한다.[86]

> 도시는 여러 집단으로 나뉘는데 각각의 집단은 조그마한 나라와 같아서 집단마다 고유한 법률과 관습과 용어와 농담이 있다. 물론 집단끼리 연합해 공유하는 풍습도 있겠지만, 사람들은 자기 집단 구성원의 말이나 행동만을 제대로 인정할 뿐 다른 집단에서 나온 말이나 행동은 좋게 봐주지 않는다. 심지어 자기 집단 신화에 길들여지지 않은 사람을 경멸하기까지 한다.

올더스 헉슬리가 지적하듯이 내집단이 공유하는 지식은 우리가 하는 행동의 중요한 원동력으로 작용한다. "비슷한 생각과 목표를 가진 사람끼리 모여 작은 집단을 구성하는 일은 대다수의 사람들에게 탁월한 심리적 만족감을 가져다준다. 여기에 배타성이 더해지면 즐거움은 더욱 커지고, 자신들만의 비밀까지 공유하기 시작하면 거의 극한에 다다른다."[87] 무슨 수를 써서라도 지도자를 지켜내야 한다고 세뇌당한 사람들이 대안 사실로 이루어진 언어마저 공유하기 시작하면 단결력은 한층 강화된다. 지도자를 공격하는 구성원이 있다면 라브뤼예르의 말대로 경멸의 눈초리를 보낸다.

마피아 사회에서는 그와 같은 배신자에게 "쥐새끼"라는 딱지가 붙는다. 트럼프가 자신의 변호사였던 마이클 코언을 "쥐새끼"라고 칭한 것 역시 일종의 마피아식 은어를 사용한 것이다. 2019년 초에 트럼프와 그의 개인 변호사 루돌프 줄리아니는 드위터로 코언의 장인과 아내가 과거에 저지른 불법 행위를 폭로하겠다고 협박하면서 코언이 의회 청문회에서 공개적으로 증언하지 않도록 막으려 했다. 에밀 뒤르켐이 설명하는 것처럼 이러한 종류의 발언이 활용되는 이유는 집단 내의 "기계적 연대"를 확립하기 위해서다.[88]

어휘 재구성은 다양한 방식으로 이루어질 수 있다. 이미 몇몇 방식을 소개했지만 이제부터 다른 방식들 역시 자세히 분석해보자. 몇 가지 사례를 살펴보는 것만으로도 어휘 재구성이 어떤 식으로 작용해 정신을 통제하는지 파악할 수 있다.

"찌질이 보수cuckservative"라는 표현은 '커콜드cuckold[아내가 다른 남자와 바람이 나도 아무 대응도 못 하는 힘없는 남편—옮긴이]'와 '보수주의자conservative'를 합친 단어로, 주로 극우 언론인이 트럼프를 지지하지 않는 보수주의자들을 비난하기 위해 사용한다. 신어의 B군 어휘처럼 이 경우에도 복합어를 만드는 것이 주된 전략이다. 기존 단어의 의미를 잘게 쪼갠 다음 보수 진영에 유리하게 작용하는 암묵적인 규칙에 따라 새로운 표현을 만들어내는 것이다.

"완전한 패배자"라는 말은 트럼프가 자신의 의견에 동조하지 않는 사람이나 자신에 대해 부정적인 말을 하는 사람을 공격하기 위해 즐겨 쓰는 표현이다(이러한 공격 전략에 대해서는 나중에 더 자세히 다루겠다). 이와 같은 표현은 반론의 여지 자체를 차단함으로써 대화의 흐름을 통제하는 힘을 가진다. "패배자"처럼 모호하고 암시적인 표현은 어떤 의미든 지닐 수 있어서 직접적으로 반박하기가 까다롭기 때문이다. 또한 이런 표현은 상대가 방어적인 자세를 취하게 만듦으로써 재치 있게 대처하기 어렵게 만들기도 한다.

"나쁜 놈들bad hombres"은 트럼프가 멕시코 불법 이민자들을 겨냥해서 입버릇처럼 쓰는 표현이다. 예컨대 트럼프는 대선 중에 이렇게 말했다. "여기 미국에 나쁜 놈들이 들어와 있습니다. 저희가 그들을 쫓아낼 겁니다." 이 표현은 스페인어를 섞은 영악한 말장난인 데다가 히스패닉 이민자를 악당, 약탈자, 괴한 이미지와 결부시키는 효과까지 가지고 있다.

상대 입장에서는 트럼프가 쓰는 언어가 그저 상식을 벗어난 터무니없는 표현으로만 보일지도 모른다. 하지만 트럼프 지지자들에게는 그런 표현들이 진보 정권을 향한 적의와 분노를 제대로 건드리는 일종의 브리콜라주 역할을 해낸다. 트위터, 온라인 토크쇼, TV 방송 등을 통해 트럼프의 언어를 접하는 미국 곳곳의 윈스턴 스미스는 그의 발언을 뒷받침할 경험적 증거가 전혀 없음에도 대안 사실을 진실로 받아들인다.

전체주의적인 방식으로 어휘를 재구성하면 내집단의 신념이 강화될 뿐만 아니라 "적"의 전투 의지 역시 약화된다. 멕시코 불법 이민자를 막을 "장벽"을 세우겠다는 트럼프의 고집 때문에 2018년 12월부터 2019년 1월까지 미국 연방 정부가 폐쇄된 사건 역시 동일한 효과를 거뒀다.

당시 민주당에서는 "나라를 인질로 잡고 있"다고 비판했으나 극우 유명인들은 트럼프의 행동을 이민자 "침입" 문제를 해결할 현명하고도 시기적절한 판단이라고 평했다. 장벽을 세우겠다는 해법을 도덕적이고 정의로운 일인 것처럼 묘사함으로써 이민자 문제를 부도덕한 딥스테이트를 타도하자는 거대한 대안 서사로까지 확장시킨 셈이다. "장벽"이라는 표현은 미국을 다시 위대하게 만들자는 대안 서사에도 잘 어울리는 효과적인 비유였다. 트럼프는 멕시코 국경에서 벌어지는 이민 문제가 "인도적 위기"라고 주장하면서 장벽의 필요성을 뒷받침하는 통계 수치를 끊임없이 꾸며냈다.

장벽 비유가 없었다면 트럼프의 이민 정책이 무의미하다는 사실 역시 금방 까발려졌을 것이다. 하지만 트럼프는 표현을 반복하는 것만으로도 지지자들의 확신을 강화시킬 수 있음을 잘 알고 있었다. 히틀러 역시 《나의 투쟁》에서 이렇게 말한다. "대중은 지능이 낮아서 무엇이든 금방 잊어버린다. 따라서 그들에게는 같은 말을 천 번이고 반복해서 말할 필요가 있다."[89] 이와 같은 대안 서사를 뉴스 형식에 끼워 맞추면 그 가치와 영향력은 한층 커진다. 미디어 학자 프란체스코 만자파네의 설명에 따르면 이때 추종자들은 대안 서사를 고정적이면서도 구체적인 방식으로 받아들인다.[90]

그와 같은 뉴스 사이트에서 독자에게 기사를 비판적으로 해석하기 위해 노력하라고 촉구하는 게시물은 거의 찾아볼 수 없다. 옛날 아침 드라마에서처럼 해석의 여지가 있는 모호한 내용은 등장하지 않으며, 독자들은 논란의 여지가 없는 예측 가능한 시나리오에 따라 기사를 안내받는다.

어휘 재구성은 예전부터 프로파간다를 퍼뜨리는 주된 전략 중 하나로 사용되었다. 사실 '프로파간다'라는 용어 자체가 1622년에 교황 그레고리우스 15세가 포교 활동을 관리하기 위해 설립한 추기경 집단 '포교성성Congregatio de Propaganda Fide'에서 유래했다. 시간이 지나면서 프로파간다는 특정한 종류의 신념을 전파하는 온갖 종류의 노력을 포괄하게 되었고, 제1차 세계대전 이후로는 정치적 의미를 얻었다. 전쟁 중에 선동가들이 사용한 기만적이고도 효과적인 선전 기술을 기자들이 까발린 덕분이었다.

1900년대 초반에 러시아의 공산혁명을 이끈 블라디미르 레닌은 프로파간다가 성과를 거두는 이유가 복잡한 사상을 이해할 능력이 없는 대중에게 교묘한 거짓말과 슬로건이 잘 먹히기 때문이라고 주장했다. 대중을 바라보는 레닌의 시선은 히틀러의 그것과 유사하다. 당연하게도 1922년에 무솔리니 역시 동일한 기술을 사용해 "정말 그런 것처럼 말"함으로써 이탈리아에 파시스트 독재 정권을 확립했다.

예컨대 무솔리니는 조소를 담아 이렇게 말했다. "나라에 스파게티 먹는 사람들이 바글거려서는 로마 문명을 재건할 수 없다."[91] 교육과 관련해서는 이런 말을 남겼다. "파시스트 교육은 도덕 교육이자, 신체 교육이자, 사회 교육이자, 군사 교육이다. 이는 조화롭게 성장한 완전한 인간, 파시스트적인 인간을 창조하는 것을 목표로 한다."[92] 한편 1920년대 후반에 소련을 이끈 스탈린은 프로파간다를 이용해 모든 반대를 묵살했다. 1933년에 히틀러는 연설을 통해 인종차별적인 프로파간다를 퍼뜨림으로써 사람들의 편견에 불을 지폈고, 결국 독일에 나치 독재 정권을 세웠다.

물론 민주 정부 역시 프로파간다를 사용해왔다. 다만 그것을 히틀러나 스탈린이나 무솔리니가 사용한 프로파간다와 동일 선상에 놓는 것은 거짓 등가성에 기대는 태도이므로 주의해야 한다. 예를 들어 1953년에 미국 정부는 대외 정책을 밀어붙이기 위해 미국공보국USIA을 설립했다. USIA에서 내보낸 라디오방송 〈미국의 목소리〉에서는 오락물, 뉴스, 선전물 등을 세계 곳곳으로 송출했다. 미국의 중앙정보국 CIA은 미국에 비우호적인 정부들, 예컨대 소련 정부나 동부 유럽의 공산국가 정부들을 겨냥해 그들에게 불리한 프로파간다를 은밀하게 퍼뜨렸다. CIA는 공산국가에 선전 방송을 내보낼 수 있도록 자유유럽방송Radio Free Europe이나 자유라디오Radio Liberty 같은 라디오방송국 설립에 자금을 지원하기도 했다.

이런 종류의 프로파간다가 어떤 정치적 동기를 가지고 있었는지 자세히 들여다보기보다는, 어떤 경우든 어휘집을 재구성하여 의미를 통제하는 것이 핵심 전략이었다는 점을 기억하는 것이 중요하다. 이는 특정한 언어적 술책을 통해 이루어졌으며, 그중 일부는 이미 이 장에서 간략히 다룬 바 있다. 어쨌든 요지는 의미를 통제하지 않고서는 정신을 통제할 수 없다는 점이다.

믿음이 가진 힘

앞서 잠깐 언급한 것처럼 인류 문화 초창기에는 신화가 세계와 세계의 기원을 설명하는 틀로서 기능했다. 예컨대 북아메리카의 주니 부족민들은 자신들이 땅속의 신비로운 구멍에서 생겨났다고 주장함으로써 땅과 연대 의식을 맺었다. 로마를 건국했다는 로물루스는 갓난아기 시절 늑대의 젖을 먹고 자란 것으로 알려져 있는데, 로마 사람들은 자신들의 타고난 맹렬함이 바로 여기에서 기인했다고 믿었다. 이런 식의 신화는 그 밖에도 수두룩하다. 이렇듯 신화는 특정 사회의 종교나 가족제도의 근간을 이루는 신념 체계를 제공한다. 심지어 오늘날에도 우리는 가치관이나 도덕과 관련된 지식을 아이들에게 처음 전해줄 때면 신화적인 이야기에 기대고는 한다.

뮈토스를 연구할 때 우리는 사람들이 어떻게 특정 세계관을 발달시키는지 배울 수 있으며, 따라서 그들을 하나의 집단으로 묶어주는 가치관이나 신념에 대해서도 더 잘 이해할 수 있다. 이 분석 과정에서 특히 주목할 부분은 세상의 종말을 설명하는 이야기인 종말론적 신화다. 온 지구가 불타버린다든가 세계 전쟁으로 대재앙이 터진다는 식의 종말론은 신화 중에서도 감정적으로 가장 강력한 힘을 발휘한다. 종말론을 상쇄하기 위해 여러 문화에서는 '문화 영웅'이라고 불리는 구세주가 나타나 종말을 막아줄 것이라고 믿기도 한다.

수많은 복음주의교회 신도들이 트럼프의 화려한 여성 편력에도 불구하고 트럼프를 지지하는 이유 역시 종말론적인 관점에서 그를 바라보기 때문이다. 다시 말해 트럼프를 세상을 바로잡기 위해 내려온 문화 영웅으로서 인식한다는 뜻이다. 2018년에 CNN에서 진행한 인터뷰를 보면 이 이론에 한층 설득력이 더해진다. 당시 CNN에서는 복음주의교회 여신도들에게 어째서 내선에서 트럼프를 선택했고 지금도 트럼프를 열렬히 지지하는지 물어보았다. 그들은 하나같이 벽난로 위에 종교적 상징처럼 눈에 띄게 걸려 있는 트럼프의 사진을 가리키면서 그가 "하느님의 선물"이라는 답변을 내놓았다. 그들에게 트럼프란 "하늘에서 내려온" 문화 영웅으로서, 신앙을 저버린 채 사회의 도덕 체계를 무너뜨리고 있는 지식인과 정치인을 무찌를 인물인 것이다. 거짓말쟁이 군주답게 트럼프는 기회를 놓치지 않고 우파 종교인들의 신념을 독려했다. 이를 위해 그는 다양한 정책을 내놓았을 뿐만 아니라 (아직 태어나지 않은) "생명", "가족", "종교적 자유" 같은 키워드를 반복적으로 사용하기도 했다.

트럼프 진영에 속하는 극우 종교인들은 트럼프가 상대주의와 진보주의에서 비롯된 도덕적 혼란을 끝내고 질서를 회복하기 위해 이 땅에 왔다고 진심으로 믿는다. 기원전 8세기의 그리스 시인 헤시오도스의 〈신통기〉에 따르면 혼돈은 땅을 낳았고, 그로부터 별과 구름으로 가득 찬 천상이 떠올랐다.[93] 이후에 등장한 신화에서도 혼돈은 우주를 생성한 무형의 질료로써 그려진다. 어느 쪽이든 고대인들이 혼돈에서 질서가 생겨났다고 생각한 것은 틀림없다. 감정적인 차원에서는 일부 종교인들 역시 트럼프가 권력을 쥐는 일을 "신통기적"인 운명을 충족하는 것으로 이해하는 듯하다.

트럼프가 진보주의자들이 야기한 혼돈을 파괴함으로써 질서를 회복하리라고 믿는 것이다. 이 신화적인 서사 아래에 깔려 있는 전제는 설령 그 자신이 죄인일지라도 오직 파괴자만이 도덕적 질서를 회복시킨다는 것이다. 이러한 믿음은 신이 보냈지만 불완전한 인물인 영웅이 자신이 지닌 파괴력을 사용해 구원을 이뤄내고야 마는 일부 고대 재난 신화와도 일맥상통한다.

그러므로 일부 집단이 트럼프를 전설적인 문화 영웅으로 바라보는 것도 전혀 놀랄 일이 아니다. 바로 이 사실 때문에 그들은 트럼프가 추잡한 행동을 저지르든 상스러운 말을 내뱉든 상관하지 않고 그의 리더십을 끊임없이 지지한다. 그들이 보기에 트럼프는 천명을 이루기 위해 이 땅에 온 죄 많은 구원자임으로 사실상 어떤 잘못도 저지를 수 없다. 트럼프 본인도 이 사실을 잘 알고 있기 때문에 대선 중에 이런 주장마저 내뱉었다. "저는 뉴욕 5번가 한복판에 서서 누군가를 총으로 쏴도 유권자를 잃지 않을 겁니다." 트럼프가 권력을 잃고 나서 자신을 지키기 위해 칼을 뽑아 들라고 선동한다면 트럼프의 열렬한 지지자들은 기꺼이 (냉전은 물론) 물리적인 전쟁마저 치르고 말 것이다.

여담이지만 대부분의 종교 집단은 이런 식으로 생각하지 않는다는 점을 강조할 필요가 있다. 물론 "도덕성 회복"이라는 트럼프의 명분 자체는 지지할지도 모르나 트럼프를 구세주로 본다거나 트럼프의 인종차별적인 발언, 저속한 언어, 문란한 사생활까지 받아들이지는 않는 사람들이 대부분이다. 따라서 종교 '자체'를 믿는 사람들이 트럼프를 지지한다기보다는, 종말론적인 신념 체계를 가지고 있어서 트럼프의 거짓말에 쉽게 휘둘리는 사람들이 그를 지지한다고 보는 편이 타당하다.

무솔리니 역시 당대 종교인들이 타락, 일탈, 죄악의 징후로 여겼던 술집이나 클럽을 폐쇄하는 등 도덕적인 명분을 영악하게 내세웠다. 또한 그는 남편이 밖에서 일하는 동안 아내가 집에서 가정을 돌본다는 기독교적인 가족상을 옹호했다. 심지어 피임을 반대하고 이혼을 금지하려고까지 했다. 이런 전략을 통해 무솔리니는 열성적인 종교인들을 자기 진영으로 끌어들였다. 트럼프가 여성의 역할이나 낙태에 대해 어떤 입장을 취하고 있는지 생각해본다면, 그리고 그가 수많은 종교 집단으로부터 미국 사회의 도덕적 질서를 바로잡을 핵심 인물로 추앙받는다는 점을 생각해본다면 트럼프와 무솔리니가 얼마나 닮아 있는지 놀라울 따름이다.

트럼프가 무솔리니처럼 이기적인 목적으로 종교를 이용할 뿐인 거짓 신자라는 점이 여러 증거에서 드러남에도, 사람들은 여전히 그를 문화 영웅으로 바라본다(이 주제는 이어지는 장들에서 더 자세히 다루겠다). 심리학자 프레더릭 런드는 어째서 믿음을 깨뜨리기가 그렇게나 어려운지 논문 초록에서 이렇게 설명한다.[94]

믿음은 상당 부분 감정으로 이루어져 있다. 대학생들에게 믿음의 정도에 따른 일련의 명제들을 제시한 뒤 평가를 부탁한 결과, 믿음과 욕구 사이의 상관관계는 +0.88로 나타났다. 이는 믿음과 동기의 바탕에 감정과 본능이 존재한다는 정신분석학과 역동심리학의 주장을 어느 정도 확증하는 근거다. 또한 인간이 합리적인 원칙을 이상화하고 합리적인 요인이 믿음을 결정짓는 데 있어서 가장 중요하고 유효하다고 인식하는 뚜렷한 경향이 있음에도, 비합리적인 요인이 우리의 믿음을 조건화하는 데 더 큰 영향을 미친다는 사실 역시 드러났다. 일단 믿음이 형성되고 나면 그 믿음을 쉽게 포기할 수 없다는 사실은 우리가 처음으로 접한 입장, 처음으로 받은 영향이 믿음을 결정짓는 데 가장 큰 영향을 미친다는 사실과 인과관계까지는 아닐지라도 상관관계를 맺고 있음이 분명하다. 그 관련성이 어찌나 높은지 설득 과정에서 초두효과가 작용한다고 주장할 수 있을 정도다. 뜨거움과 차가움이라는 양극단 사이에 온도가 존재하는 것처럼 심리적 내용물인 믿음 역시 지식과 의견이라는 범위 사이에 존재한다. 다시 말해 믿음은 그 강도가 동일하다기보다는 의심이 어느 정도 섞여 있는지에 따라 다양하게 존재한다.

고대 그리스 철학자들은 믿음을 '피스티스pistis'와 '독사doxa'로 구분했다. '피스티스'는 대상을 향한 믿음을 뜻하는 반면, '독사'는 실제 사실과는 무관하게 우리의 행동과 행위를 조종하는 믿음 체계를 뜻한다. 믿음은 양자택일이다. 참이거나 거짓이거나, 옳거나 그르거나, 도덕적이거나 비도덕적이다.

미국 실용주의 철학자 찰스 S. 퍼스의 논문 모음집 《과학 논리의 예증들》에 담긴 설명에 따르면 믿음은 단지 심적 상태에 불과한 것이 아니라 인간이 특정한 행동을 하도록 만드는 압력에 해당한다.[95] 벗어나려고 아무리 발버둥을 쳐도 결국 의심(믿음의 반대)을 상쇄하기 위해 채택할 수밖에 없는 행동 법칙이자 습관이라는 뜻이다. 다시 말해 믿음이란 의심의 부담감을 떨치기 위해 인간이 사용하는 감정적 전략이다.

그리고 바로 이 믿음을 확립하고 강화하는 수단이 신화적 언어다. 앞서 CNN에서 인터뷰한 여성 등 무언가를 열렬히 믿는 사람들의 이야기를 주의 깊게 들어보면, 문자 그대로 그들의 말에서 믿음이 쏟아져 나오는 것을 확인할 수 있다.

거짓말의 대가

과거 마틴 루서 킹은 자신을 향한 온갖 거짓 비난에 이렇게 대응한 적이 있다. "어떤 거짓말도 영원할 수는 없습니다."[96] 그의 말을 증명이라도 하듯 독재 정권은 나타났다가도 결국 사라지고는 한다. 소련의 공산주의, 이탈리아의 파시즘, 독일의 나치즘이 뿌리를 내리고 있던 거짓은 객관적인 사실과 진실의 힘에 정체를 드러내고 말았다. 킹의 격언에 담겨 있는 함의는 거짓말쟁이 군주가 기회주의적인 이유로 내뱉는 거짓말이 결국 힘을 소진하고 만다는 점이다.

참된 정치적 담론은 신념이나 의견(뮈토스)만이 아니라 합리적인 주장과 주장을 뒷받침하는 근거(로고스)에 기반을 둔다. 이번 장의 서두에서 인용한 패트릭 모이니핸의 경고를 다시 한번 기억하자. "누구든 자신만의 의견을 말할 권리를 갖지만, 자신만의 사실을 말할 수는 없다."[97]

러시아의 2016년 미국 대선 개입 사건은 사람들이 이중 언어와 대안 사실에 얼마나 쉽게 속아 넘어가는지 드러내는 장을 마련했다.[98] 인종, 경제, 법과 질서, 이민 문제 등을 겨냥한 음모론적인 서사는 일종의 신화로서 점진적인 영향력을 발휘해, 사람들로 하여금 도널드 트럼프의 주도하에 미국 민주주의의 근간을 뒤엎을 필요가 있다고 촉구하게 만들었다. 하지만 마틴 루서 킹이 지적하듯이 트럼프의 거짓말 역시 결국 무너지고 말 것이다. 비록 사람들의 정신에 자리 잡을 때까지 시간이 걸릴지언정, 진실은 거짓을 해독하는 가장 강력한 치료제이기 때문이다.[99]

이 원칙에 기반을 둔 대표적인 이솝 우화 하나가 바로 〈거짓말쟁이 소년〉 이야기다. 이 이야기에서 소년은 관심을 끌기 위해 계속해서 늑대가 나타났다는 거짓 경고를 외친다. 그러던 어느 날 실제로 늑대에게 위협을 받게 된 소년이 다시 늑대가 나타났다고 소리치지만, 또 거짓말을 하는 것이라고 생각한 마을 사람들은 아무도 소년의 말을 믿지 않는다. 트럼프의 대안 사실 전략을 지지하는 대안 우파 언론도 비슷한 반응을 맞이할지도 모른다. 데이비드 프럼은 폭스뉴스를 겨냥해 이렇게 주장한다.[100]

폭스뉴스 앵커들이 꾸준히 내뱉는 "대안 사실"은 언론사의 경영 자체에 심각한 대가를 초래하고 말 것이다. 2017년 5월에 폭스 채널은 주중 황금 시간대에 가장 중요한 시청자 층인 25~54세 시청률 3위를 기록했다. 고정 시청자들은 자신들의 편견을 인정받기 위해 계속해서 폭스뉴스를 시청하겠지만, 수많은 유동 시청자들은 국내에서 가장 뜨거운 뉴스 소재들을 왜곡하거나, 오도하거나, 대놓고 외면하는 뉴스 채널의 행태에 참을성을 잃고 말았다.

신기하게도 이는 무솔리니가 몰락하기 직전의 시기와 닮아 있다. 당시 라디오 언론에서는 무솔리니가 나치 독일과 손을 잡은 것, 지나친 긴축 정책으로 이탈리아의 경제적·정신적 복지에 타격을 입힌 것을 비판하기 시작했디. 거짓말쟁이 지도자 입장에서는 말 그대로 "벽 위에" 불길한 문구가 새겨지고 있었다. 성경의 다니엘서를 보면 벨사살 왕의 연회 중에 웬 손이 나타나 벽에 아람어로 "메네, 메네, 테켈, 파르신"이라는 글씨를 새긴다. 직역하자면 "세었다, 세었다, 재었다, 나뉘리라."라는 뜻이다. 다니엘은 이것이 바빌론제국의 몰락을 가리키는 경고라고 해석한다. "때가 얼마 남지 않았다."라는 영어 표현 역시 바로 이 불길한 경고에서 비롯했다. 어쨌든 핵심은 거짓말쟁이 군주가 자신의 날이 얼마 남지 않았다는 벽 위의 글씨를 마주할 것이라는 점이다.

믿음 체계는 한 덩어리로 이루어져 있지 않다. 다시 말해 우리는 정도나 상황에 따라 서로 모순을 일으키는 믿음들을 동시에 가지고 있을지도 모른다. 과학자이면서도 열렬한 신자인 사람을 찾기는 그리 어렵지 않다. 인간의 정신은 놀라울 만큼 "혼재"된 기관으로, 그와 같은 모순을 얼마든지 공존시킬 수 있다. 각각의 믿음이 구획으로 나뉘어 있어서 어떠한 인지부조화도 없이 상황에 맞춰 이 믿음에서 저 믿음으로 옮겨 다닐 수 있다는 뜻이다. 숙달된 거짓말쟁이는 믿음의 경계를 허물어 혼란을 초래함으로써 그 무엇도 믿을 수 없는 상태를 만들 줄 안다. 바로 이것이 오웰이 통찰한 이중 사고의 작동 원리다.[101]

알면서도 모르는 척한다. 진실을 다 알면서도 세심하게 설계한 거짓을 말한다. 서로 상충하는 두 의견을 동시에 갖는다. 서로가 모순인 줄 알면서도 둘 다 참이라고 믿는다. (……) 필요하지 않을 때는 잊어버렸다가 필요할 때는 기억해낸다. 그랬다가 또다시 금세 잊어버린다. (……) 바로 이 지점이 굉장히 미묘하다. 의식적으로 무의식을 유도해놓고는 무의식을 유도한 행위조차 무의식 속으로 집어넣는다. 이중 사고라는 표현을 이해하는 데에도 이중 사고가 필요하다.

사실 모순적인 생각을 동시에 품는 정신 능력은 가정이나 조건을 고려할 때 꼭 필요한 능력이다. F. 스콧 피츠제럴드 역시 이를 독특한 지적 능력으로 묘사한다. "최상급 지성을 가지고 있는지 판가름하는 기준은 머릿속에 서로 상충하는 두 생각을 동시에 지니면서도 정상적으로 기능할 수 있는가이다."[102] 소크라테스의 대화법 역시 모순에 기반을 두고 있다. 이 대화법은 우선 특정 믿음에 대한 의견 충돌을 불러일으킨 다음 대화 상대를 통해 이 충돌을 논리적으로 해소해나간다. 뮈토스에서 로고스로 넘어가되, 그렇다고 뮈토스를 손상시키지는 않는 셈이다.

가장 전형적인 해결책은 상대가 모순을 깨우칠 때까지 다른 믿음을 고려하도록 이끄는 것이다. 반면 이중 사고는 어떠한 가정도 반복도 존재하지 않는 정신 상태를 가리킨다. 그 속에는 조작된 믿음만 가득할 뿐이다. 앞서 인용한 오웰의 글에 암시되어 있는 것처럼 이중 사고는 정신적 혼란에 기반을 둔다. 이중 사고에 빠진 사람은 순환적인 논리에 갇혀 어떤 결론에도 이르지 못하며, 따라서 거짓말쟁이의 조종에 취약하다.

마틴 루서 킹의 말대로 거짓이 결국 무너질 수밖에 없는 심리학적인 이유는 모순이 해소되지 않는 이상 서로 모순되는 믿음이 영원히 공존할 수는 없기 때문이다. 마지막 장에서 다루겠지만 심리학자늘은 이 해소 과정을 인지부조화의 해소라고 부른다. 사실 대안 사실이나 대안 서사의 목표도 바로 이 인지부조화를 만들어내는 것이다. 인지부조화가 사라지면 거짓 역시 알아서 와르르 무너져 내리고 만다.

3장

작화
기억을 왜곡하는 '나쁜' 이야기

과거를 기억하지 않는 자는
똑같은 실수를 반복한다.

-조지 산타야나

날조된 주장, 조작된 역사

우리 모두는 자신에 관해 하얀 거짓말을 한다. 그 대상은 다른 사람일 수도 있고 자기 자신일 수도 있다. 때로는 인생 이야기를 미화하고, 때로는 자기 경험을 대화 상황에 끼워 맞추고, 때로는 허세도 약간 섞는다. 우리는 이런 종류의 "자전적인 하얀 거짓말"을 사교 활동의 일환으로 묶인하며, 그 안에 어느 정도의 진실이 담겨 있음을 알기에 대수롭지 않게 생각한다. 어차피 거짓말 이후에 이어지는 접촉, 대화, 경험, 상호작용을 통해 대부분은 진상이 밝혀질 것이기 때문이다. 본인에게 유리하게 각색한 자전적인 이야기는 과거에 실제로 일어난 일을 반영할 뿐만 아니라, 상대에게 들려주고 싶은 주관적인 생각과 해석 역시 포함하고 있다. 페이스북 같은 소셜미디어 플랫폼에서도 진실과 창작이 뒤섞인 하얀 거짓말을 쉽게 찾아볼 수 있다. 요컨대 우리가 다른 이들에게 내보이는 사회적 인격인 '페르소나persona'는 상당 부분 "작화作話"를 통해 구성된다. 회상, 약간의 허구, 과장이 얽히고설켜 만들어진다는 뜻이다. 작화는 자기 자신을 타인에게 제시하는 데 있어서 강력한 영향력을 발휘한다. 작화는 기억의 재해석과 재창조에 바탕을 둔 자전적인 이야기로 정의할 수 있다. 여기에는 미세한 변화 혹은 노골적인 날조가 곁들여진다.

일부 심리학자들의 주장에 따르면 일상적인 작화 행위는 근본적으로 무해하며 보편적으로 이루어지기 때문에 "이상적인 자아"를 구축하는 과정 중 하나로 여겨질 뿐이다.[103] 하지만 작화는 개인적 차원에서만 나타나지는 않는다. 특정 사회나 문화가 공유하는 인식 속에서도 쉽게 나타난다. 이 경우 과거에 관한 이야기는 완전히 날조된 허구이거나, 거짓말쟁이에게 유리한 방식으로 진실을 조각조각 짜깁기한 모습이다. 교활한 거짓말쟁이 군주는 이와 같은 작화를 통해 사람들이 과거를 인식하는 방식을 조작하고, 그들이 자신의 목적에 따라 움직이도록 만든다. 작화된 역사는 병적인 거짓말쟁이, 사기꾼, 협잡꾼, 범죄자, 거짓말쟁이 군주 등 모두가 애용하는 거짓말의 기술이며, 이야기의 구체적인 내용은 상황이나 필요에 따라 얼마든지 바뀔 수 있다. 이번 장의 목표는 (부분적으로든 전체적으로든) 거짓인 이야기의 본질을 탐구하는 것이다. 거짓 역사는 사람들을 선동해 허울뿐인 이상을 좇도록 만들거나 거짓말쟁이 군주를 지지하게 만든다. 바로 이 거짓 이야기를 가리키기 위해 이 장에서는 '작화'라는 표현을 사용할 것이다. 요컨대 거짓말쟁이 군주는 단어의 마술사일 뿐만 아니라 숙련된 이야기꾼이기도 하다. 그는 스스로를 "슬기로운 원로" 자리를 차지할 사람으로 내세우면서 사람들이 자신을 신뢰하게 만들고, 자신이 이야기하는 역사만이 진실이라고 주장한다.

작화에는 크게 두 종류가 있다. 과거사를 부분적으로 날조하는 경우와 통째로 날조하는 경우다. 전자는 전통적인 역사에 나오는 실제 사건을 작화된 서사에 통합시키는 방식으로 만들어진다. 과거에 대한 확고한 신념을 바탕으로 실제와 허구를 융합해 하나의 줄거리를 창조하는 셈이다. 이런 식으로 작화된 이야기는 시간이 지남에 따라 신빙성을 획득하기 때문에 점점 반박하기가 어려워진다. 한편 과거를 통째로 날조하는 식의 작화는 일종의 신화를 만들어낸다. 이런 종류의 작화는 정치적인 차원에서 극도로 심각한 결과를 초래할 수 있다. 극악무도한 거짓 서사들은 실제로 인류에 어마어마한 피해를 입혔다. 대표적으로 아돌프 히틀러의 "지배자 민족" 신화가 있다. 코카서스(백인) 인종의 유사 분류인 고대 "아리아 인종"이 인류의 발전을 이끄는 핵심 민족이라는 거짓 서사가 19세기 후반에 등장했는데, 지배자 민족 신화 역시 여기에 뿌리를 두고 있다. 이것이 작화된 서사임은 딱 봐도 분명해 보였다. 1888년에 언어학자 막스 뮐러는 누구든 "아리아계 인종, 아리아계 혈통, 아리아계 눈과 머리에 대해 이야기"하는 사람은 "언어학자로서는 심각한 죄인"이나 다름없다고 말하기까지 했다.[104] 히틀러는 아리아인 신화를 사용해 제국주의적인 반유대인 정서와 백인우월주의적인 편협함을 드러냈을 뿐만 아니라 "지배자 민족"이 세계를 지배할 인종적 정당성 역시 확보했다. 무솔리니 역시 아리아인 신화를 받아들였다. 1921년 볼로냐에서 발표한 연설에서 그는 파시즘이 "우리 아리아 인종과 지중해 인종의 심오하고도 오랜 필요"에서 탄생했다고 주장했다.[105] 물론 무솔리니는 적어도 사적인 대화에서는 생물학적으로 순수한 인종이 존재한다는 개념을 부정한 것으로 알려져 있다.

한마디로 거짓말쟁이 군주의 작화는 인류에게 해로운 결과를 초래할 수 있다. 현재 세계의 수많은 지역에서 아리아인 신화와 다를 바 없는 신화들이 다시 추악한 고개를 쳐들고 있다. 예컨대 미국에서는 지배자 민족 신화가 백인우월주의 정서와 네오나치즘 운동을 부추기는 중이다. 도널드 트럼프는 신화에 대해 아무것도 모르는 척하면서도 본인의 서사에 거짓 신화가 개입하는 것을 묵인하는 등, 신화적 작화에 있어서 의도적으로 모호한 태도를 취한다. 하지만 트럼프의 MAGA 서사는 "순수한 (백인) 인종"이 건국한 미국이 진보주의 때문에 몰락했다는 암묵적인 전제가 미묘하게 깔려 있다는 점에서 작화의 영역에 들어간다. 말하자면 MAGA 슬로건 자체는 백인이 미국의 중심이라고 작화된 서사의 "표지 제목"인 셈이다. 이는 역사적 사실을 본인에게 유리한 방식으로 조작해 거짓 역사를 완성함으로써 비슷한 생각을 가진 사람들을 하나로 단결시키는 것을 핵심 목표로 한다. 이러한 유형의 작화는 딥스테이트가 진실을 숨겼다고 생각하는 사람들의 머릿속에 잠들어 있는 "사실"(대안 사실)을 일깨우는 등 사람들의 잠재의식 차원에서 작용하기 때문에 특히 더 효과적이다.

작화의 본질

인간은 역사성을 지닌 종이다. 다시 말해 인간은 생물학적으로 진화할 뿐만 아니라 문화적으로도 진화한다. 인간은 바로 그 문화적 발전 과정을 이야기로 기록하여 시대와 시대 사이에 연속성을 부여하고 자신이 속한 사회를 정의한다. 앞 장에서 언급한 것처럼 역사는 인류나 특정한 민족이 존재하게 된 경위를 설명하는 기원 신화로부터 출발하며, 이후로 영웅의 전설적인 행적에 관한 이야기가 더해진다. 영국에는 부유한 자들의 재산을 빼앗아 가난한 자들에게 나눠준 로빈 후드 이야기가 있고, 스위스에는 독재에 저항하고 오스트리아로부터 해방되는 데 지대한 역할을 한 빌헬름 텔 이야기가 있다. 미국에는 텍사스를 멕시코로부터 독립시키기 위해 1836년 알라모 전투에서 용맹하게 싸우다가 장렬히 전사한 데이비 크로켓의 이야기가 존재한다. 영국, 스위스, 미국은 이 영웅들에 관한 이야기를 기원 서사의 일부로 포함시켰다. 이러한 이야기는 각 사회가 발전하는 데 영웅들이 기여한 바를 기리는 의미에서 지금까지도 전해진다. 우리가 학교에서 배우는 역사, 즉 날짜, 사건, 인물 등을 연대기적으로 엮는 작업은 엄밀히 따지면 사료 편찬에 가깝다. 과거에 어떤 사건이 있었는지, 그 사건이 현재와 어떤 연관성이 있는지, 그 사건이 미래에 어떤 영향을 미칠지 차곡차곡 기록한 내용인 셈이다.

인류의 역사는 백인의 자전적 소설이라고 불릴 정도로 거짓으로 가득 차 있다. 어느 정도 진실도 들어 있겠지만, 이야기가 나름의 일관성과 의미를 지닐 수 있도록 입맛에 맞게 수정되어 있다는 뜻이다. 게다가 우리가 개인 프로필을 작성할 때처럼 역사 역시 특정한 경험이나 관점에 따라 주관적인 해석을 거친다. 결국 역사를 결정하는 것은 실제 "연대기상의 사실" 자체가 아니라 그 사실들이 인위적으로 엮이는 방식이다. 문장을 해석할 때 해당 문장을 구성하는 단어들의 의미만 가지고는 제대로 된 해석을 할 수 없으며, 반드시 그 단어들을 하나로 연결하는 통사론적·의미론적 지식이 필요한 것과 같다. 심리학적인 관점에서 설명하자면 나에 관한 이야기에는 내 인생 곳곳에 놓인 점뿐만 아니라 그 점들을 잇는 이야기의 형식 역시 필요하다. 마찬가지로 특정한 사회나 문화 역시 그 구성원들에게 의미 있는 사건들을 연속적인 기록으로 남기고 싶다면 점들을 하나로 연결할 필요가 있다.

지극히 특수한 이유로 탄생한 탓에 기존의 전통적인 사료 편찬 과정에 편입될 수 없는 집단이나 사회라면 그 기원이나 발달 과정에 관한 이야기를 꾸며냄으로써 나름의 정당성을 확보하려 한다. 그러기 위해서는 작화에 기댈 수밖에 없다. 예를 들어 마피아, 야쿠자, 삼합회 같은 범죄 집단은 본인들이 평범한 건달패거리가 아니라 나름의 역사적 정당성을 가지고 있는 집단임을 증명하기 위해 기원 서사를 새롭게 만들어냈다.[106] 범죄 집단이 작화한 역사도 고대의 건국 신화나 기원 설화처럼 그 기원을 의미 있는 사건에서 찾는다. 이 사건은 해당 집단의 신구 구성원들이 자신들이 존재해야 할 정당한 이유가 있다고 느끼게 만든다. 그들이 저지르는 행위도 타고난 역사적 운명이기 때문에 정당해진다. 사실상 마피아 같은 범죄 집단은 근거 없는 기원 서사를 꾸며냄으로써 역사적 타당성을 획득하는 것은 물론, 구성원들이 동일한 목적을 공유하는 가운데 하나로 이어져 있다고 느끼게 만든다.[107] 사실 이탈리아 남부에 마피아라는 범죄 조직이 형성된 것은 과거의 착취적인 봉건제도가 남긴 흔적에 불과했다. 그러나 마피아는 과거 사실들을 그럴듯하게 이어 붙여 역사를 새롭게 작화함으로써 자신들의 탄생에 나름의 목적이 있다는 의미를 부여했다.

이것이 무슨 말인지 설명하기 위해 잠깐 옆길로 벗어나서 마피아의 기원 서사가 어떻게 작화되었는지 알아보도록 하자.[108] 봉건제 당시 시칠리아의 부재지주[토지의 소재지에 거주하지 않는 소유주―옮긴이]들에게는 거주민들이 토지를 훼손하거나 강탈하지 못하도록 강압적인 수단을 사용해서라도 토지를 관리할 힘 있는 남성들이 필요했다. 따라서 그들은 지역 폭력배를 개인 경호원이자 토지 관리인으로 고용했다. 시간이 지나면서 봉건제는 쇠퇴했으나 폭력배는 오히려 하나의 집단을 형성하여 강력한 힘을 얻었다. 당시 정부 관료들은 나태했고 법적 절차 역시 느슨한 허울뿐이었기 때문에 주민들은 오히려 건달 출신 관리인들을 신임했다. 협박이나 갈취를 당한다 해도 어쩔 수 없었다. 부정부패가 그야말로 미쳐 날뛰는 시대였기 때문이다. 판사들은 돈을 주고 자리를 샀고, 변호사들은 수임료로 폭리를 취했으며, 경찰들은 대부분이 부도덕해서 신뢰할 수 없었다. 정부 당국에 의지할 수 없던 서민들은 "관리자"들에게 보호를 요청할 수밖에 없었다. 사실상 도적질이 보호 사업으로 둔갑한 셈이다. 19세기 즈음에는 폭력 조직이 시칠리아 전역으로 퍼졌다. 1848년에 부르봉 왕가를 상대로 반란이 일어나자 건달들 역시 주세페 가리발디(1860년 이탈리아의 통일에 기여한 애국심 투철한 장군)의 아군임을 자처하면서 봉기에 가담했고, 결과적으로 건달들에게 더 큰 정당성과 권력이 주어졌다. 정부 당국이 또다시 부정부패에 빠지면서 이런 흐름은 한층 심화되었다. 범죄 역사 전문가 폴 룬드가 지적하는 것처럼 "국가 기관을 향한 시칠리아 사람들의 오랜 불신"이 "마피아가 성장할 환경"을 제공하고 말았다.[109] 이후로도 상황은 달라지지 않았다.

어느 범죄 집단에서든 작화된 역사를 쉽게 찾아볼 수 있다. 작화가 단지 몇 개의 사소한 점(사건)을 연결하는 것만으로도 그럴듯한 현실감을 자아낼 수 있는 강력한 거짓말의 기술이라는 증거다. 진짜 역사는 특정 사회의 세계관을 반영하거나 강화하는 역할을 한다. 하지만 작화된 역사는 사회 구성원들의 정신 속에 세계관을 강제로 주입하여 특정 개인이나 집단에게 정당성을 부여한다. 그러한 역사가 없다면 범죄 집단은 참혹한 범죄 행위를 저지르는 것 외에 딱히 존재 이유가 없는 폭력배일 뿐이다. 흥미롭게도 마피아는 본인들 나름대로 작화한 역사를 따로 제시한다. 두 권의 중세 고서《익명의 카시노 사람이 쓴 짧은 역사》(1185)와《포사노바의 역사》(1186)에는 '벤디코시'(복수하는 자들)라는 비밀 조직이 등장하는데, 이들은 갖가지 범죄를 저질렀다는 혐의로 시칠리아 왕에게 극심한 형벌을 받거나 교수형을 당했다. 하지만 왕이 이 조직을 박멸하려 한 진짜 이유는 자신의 권력에 큰 위협이 되었기 때문이다. 자신에게 적대적인 귀족들이 길거리 조폭들로 이루어진 "결사대"를 고용할지도 모르는 일이었다. 1784년에 작가 페데리코 뮌터는 시칠리아를 방문한 뒤 16세기 카를 5세 집권기에 창설된 성 바울 결사대에 관한 기록을 남겼다. 이들은 겉으로는 부모를 잃은 고아와 억압받는 서민을 보호한다는 명분을 내세웠으나 실상은 전혀 달랐다. 대가만 치른다면 누구든 보호해줬다. 바로 여기서 '베아티 파올리[중세 시칠리아와 몰타에 존재했다고 전해지는 비밀 기사단—옮긴이]' 전설이 탄생했다. 일각에서는 바로 이 조직이 마피아의 전신이었다고 주장한다. 마피아의 역사를 새롭게 작화하기에 이만큼 좋은 전설은 없었다. 스스로를 억압에 맞서 싸우는 사명을 지닌 조직으로 미화할 수 있었기 때문이다. 이 이야기는 1909년부터 1910년까지 루이지 나톨리라는 작가가 팔레르모의 어느 일간지에 소설 형태로 연재한 덕분에 대중의 뇌리에 더욱 깊이 자리 잡았다. 바로 이 소설이 마피아의 신화적인 기원을 증명하는 기준점이 되었다.[110] 소설 속에서 귀족 출신 주인공 코리올라노 델라 플로레스타는 오랜 억압으로 정부 당국을 신뢰하지 못하는 평민들을 위해 새로운 사법제도를 구축한다.[111]

범죄 조직이 작화한 역사를 살펴보는 가운데 우리가 주목해야 할 부분은 바로 작화의 목적이다. 그들은 작화를 통해 스스로를 정의를 위해 싸우는 기사단으로 미화한다. 자신들의 악행을 상징적인 방식으로 정당화하는 것이다. 수많은 범죄 조직이 정의로운 결사대를 계승한다고 자처함으로써 스스로를 평범한 시정잡배와 구분 짓는다. 작화된 전설 속에서 조직 구성원들은 용맹하고 정의로운 전사나 영웅으로 그려진다. 범죄 분석가 존 레이놀즈는 이렇게 말한다.[112]

셔우드숲의 도적단처럼 시칠리아의 폭력배 역시 자신들만의 영웅을 창조하여 자신들의 무공과 업적을 용맹함의 상징으로 떠받들었다. 그중에서도 가장 많은 예찬을 받던 사포나라라는 사내는 1578년에 스페인군에 붙잡혀 억류되었다. 시칠리아에 전해지는 이야기에 따르면 사포나라는 고문을 당하는 가운데 조직원들의 이름을 대라는 협박을 받았지만, 동료들을 배신하는 대신 고통스럽게 죽는 쪽을 택했다고 한다. 오직 충성을 통해서만 구원에 이를 수 있다고 믿던 시칠리아 사람들은 그를 용기의 상징으로 삼았다.

작화된 신화나 전설은 내부인, 즉 조직 구성원은 물론 외부인의 정신에도 오래도록 영향을 미친다. 실제 역사와 관련된 개념이나 상징을 기반으로 날조한 이야기인 탓에 그 안에 나름의 진실이 숨어 있기 때문이다. 작화된 서사는 잠재의식의 형태로 사람들의 정신 깊숙이 자리 잡는다. 프랑스 인류학자 클로드 레비스드로스 역시 이렇게 말했다. "신화가 사람들의 정신 속에서 작동하는 동안 사람들은 실제 사실이 무엇인지 의식하지도 못한다."[113]

요약하자면 작화는 특정 집단 구성원의 정신을 통제하는 강력한 수단이며, 오래 묵은 증오나 뒤틀린 신념을 정당화하는 경우 그 위력은 한층 강해진다. 히틀러가 퍼뜨린 아리아인 신화는 작화가 특정 집단의 사고를 얼마나 손쉽게 주무를 수 있는지 보여주는 끔찍한 사례다. 작화에 통제당한 사람들은 아리아인 신화에 들어맞지 않는 사람들과 아리아 민족이 오래전부터 품어온 역사적 숙명을 방해하는 사람들을 향해 강렬한 증오를 품었다. 수단과 방법을 분문하고 "저들"을 박멸해야 한다는 주장이 나치 사이에서 힘을 얻었고, 결국 인종 대학살이라는 끔찍한 참상을 낳고 말았다. 출처도 근거도 불분명한 이야기일지라도 일단 본인을 서사 속에 집어넣고 나면, 사람들은 스스로를 계속 전개되는 이야기 속의 용맹한 주인공으로 인식하기 시작한다. 이야기에 강렬한 감정적 애착이 형성되는 것이다. 이 시점부터는 이야기의 타당성에 의혹을 제기하는 일이 사실상 불가능해진다. 일단 작화에 빠지고 나면 자신이 작화에 속아 넘어갔다는 사실을 인정하고 싶지 않다는 단순한 이유 때문에 작화에서 빠져나오지를 못하기 때문이다. 사기꾼에게 어마어마한 돈을 뜯긴 사람들이 딱 이런 반응을 보인다. 그들은 사기꾼을 믿다가 모든 것을 잃었다는 진실을 마주하는 대신 애써 현실을 부정한다. 진실이 매일의 의식 속에 자리 잡지 못하도록 방어기제를 발동시키는 것이다. 물론 인종차별적인 편견을 가지고 있어서 처음부터 아리아인 신화를 받아들인 사람들도 있었다. 그들에게 아리아인 신화란 "역사적 운명"을 타고난 민족이 "외부인"을 상대로 전쟁을 벌이도록 허락해주는 유용한 이야기였다. 거짓말쟁이 군주는 작화를 통해 사람들의 믿음 체계를 장악하고 자신의 목적에 맞게 조종한다. 사람들은 그를 사기꾼이나 거짓말쟁이가 아니라 숨겨진 진실을 소유한 존재라고 인식한다. 물론 그 진실을 숨긴 자들은 거짓말쟁이 군주가 역사의 걸림돌이라고 지적한 사람들이다. 한마디로, 작화된 신화에서 거짓말쟁이 군주는 진실을 밝히고 적들을 드러내는 자로 그려진다.

독재자나 범죄 집단만이 작화된 역사를 이용하지는 않는다. 누구든 이야기를 꾸며낼 수 있다. 예컨대 초기 영화관에서는 미국 건국 신화의 핵심이라고 할 수 있는 백인우월주의 신화가 대놓고 상영되었다. 대표적으로는 1915년에 개봉해 어마어마한 성공을 거둔 D. W. 그리피스 감독의 무성영화 〈국가의 탄생〉이 있다. 통렬한 비판을 받은 뒤 감독이 사과를 표하기는 했지만 이 영화는 뻔뻔스러울 만큼 인종차별적이다. 영화는 큐클럭스클랜KKK이 미국이 탄생하는 과정에 기여한 역할을 중점적으로 다뤘다. KKK가 미국을 건국한 집단이며, 따라서 미국의 문화적 뿌리는 백인 정착민이라는 주장을 은연중에 전달한 셈이다. 초기 영화 역사에서 최초로 대중적인 성공을 거둔 영화들 중 하나인 탓에 논란은 오늘날까지도 이어지고 있다. 물론 그리피스가 실제로 인종차별주의자라는 증거는 남아 있지 않다. 그리피스는 미국 역사를 이상화하기보다는 현실적으로 그리고 싶었기 때문에 KKK 이야기를 가져올 수밖에 없었다고 변론했다. 실제로 그는 1916년에 후속 작품으로 무려 네 시대를 다루는 장대한 서사극 〈인톨러런스〉를 내놨다. 이 작품은 인종차별이 미국 역사와 문화에 끼친 끔찍한 영향을 대신 사죄하는 의미를 담고 있다고 평가받는다.

작화가 강력한 영향력을 발휘할 수 있는 이유 한 가지는 작화된 서사에 실제로 일어났을지도 모르는 사건이 포함되기 때문이다. 단지 신빙성을 높이는 방식으로 교묘하게 짜깁기가 되어 있을 뿐이다. 다시 말해 작화된 서사는 겉으로는 진짜인 것 같지만 실상은 꾸며낸 사실인 유사 사건에 기반을 두고 있다. "유사 사건pseudo-event"이라는 용어는 사회비평가 W. T. 앤더슨이 만들어낸 표현으로, 작화된 역사에 삽입된 "사실"을 가리킨다.[114] 유사 사건은 기존 믿음 체계나 세계관에 부합하는 한 충분히 개연성 있는 사건으로 인식된다. 사람들은 설령 유사 사건이 부정확하거나 허구임을 알더라도 어느 정도의 진실이 담겨 있는 한 충분히 가능한 일이라고 생각한다. 작화된 서사 속에서는 현실과 상상의 경계가 무너진다. 대놓고 거짓인 이야기마저 그것이 진실이기를 염원하는 일부 사람들의 무의식적인 열망이 있는 한 끊임없는 반복을 통해 정당성을 획득한다. 따라서 아리아인 신화처럼 완벽히 꾸며낸 이야기일지라도 연설, 뉴스, 라디오 등을 통해 수많은 사람이 반복적으로 듣다 보면 점차 믿을 만한 이야기로 둔갑하기 시작한다. 프랑스 작가 마르셀 프루스트가 말한 그대로이다. "시간이 흐르면 흐를수록 점점 우리가 꾸며낸 이야기가 전부 진실로 변해간다."[115]

오늘날 작화된 역사는 주변 곳곳에서, 특히 사이버 공간에서 쉽게 찾아볼 수 있다. 이와 경쟁하는 "공식" 역사는 진실을 서술할 권리를 독점하려 든다며 폄하를 당한다. 말 그대로 거짓말쟁이 군주가 작화를 통해 진실을 꾸며내고 있는 셈이다. 앤더슨의 표현을 빌리자면 작화술사들은 "소재를 날것 그대로 가져와 이야기로 포장"해낸다. "그들은 이야기를 반복해서 들려주고, 우리는 그 이야기를 현실이라고 부른다."[116] 프랑스 사회비평가 장 보드리야르 역시 현대사회에서 현실과 허구의 경계가 완전히 사라졌다고 주장한다. 작화가 "시뮬라크룸 simulacrum"이라는 정신 상태를 유발하는 무의식적인 언어로 작용했기 때문이다. 시뮬라크룸 상태에서는 가상에서 일어나는 일과 현실에서 일어나는 일이 서로를 끊임없이 복제할 뿐 구별되지 않는다.[117] 이는 상상과 현실을 구분하는 뇌의 인식 기제가 정상적으로 작동하지 못하게 방해한다. 사실 '작화'라는 용어 자체도 세상에 대한 기억이 비틀리거나 잘못 해석되었을 때 나타나는 장애를 가리키기 위해 임상심리학에서 사용하기 시작한 표현이다. 그와 비슷하게 거짓말쟁이 군주의 작화 역시 역사적 사건을 고의적으로 왜곡하여 실제 사건과 가짜 사건의 경계가 모호해지는 시뮬라크룸을 유발한다. 이런 맥락에서 작화란 사람들의 현실 인식을 비트는 시뮬라크룸인 셈이다. 실제 역사와 마찬가지로 작화된 역사에서도 영웅과 악당, 전쟁과 승리, 성공과 실패가 등장한다. 작화된 역사가 특히 위험할 수 있는 이유가 바로 여기에 있다. 이야기 속에서 영웅에게 반대하는 자들은 모두 "처분 가능한" 악당에 해당하기 때문이다. 아리아인 신화가 그랬던 것처럼 작화된 서사는 타인을 향한 증오를 부추길 수 있다.

〈국가의 탄생〉에 담겨 있는 것과 같은 가짜 미국 역사는 의도적으로 인종적 다양성을 배제하는 전략을 사용함으로써, 노예제가 시작된 때부터 수많은 사람이 인종 평등을 위해 투쟁해왔다는 사실을 외면한다. 진정한 역사라면 아프리카계 미국인이 미국에 기여한 수많은 공헌을 자랑스럽게 인정할 것이다. 하지만 작화된 역사는 인종적 다양성이 미국을 창립한 집단의 순수성에 위협이라도 되는 양 묘사해 공을 돌릴 기회 자체를 차단한다. 거짓말의 기술 중에서도 작화만큼 위험한 전략은 없을 것이다. 작화는 기존 패권에 위협이 될 만한 존재라면 누구든 증오하도록 부추기기 때문이다. 일단 작화된 서사를 믿기 시작하면 무슨 내용이든 정말 그런 것처럼 느껴진다.

〈국가의 탄생〉과 같은 가짜 서사의 파괴적인 영향을 막아낼 방법에는 크게 두 가지가 있다. 하나는 인권 운동과 같은 사회 운동에 참여하는 것이고, 다른 하나는 현실에 기반을 둔 대항 서사를 구축하는 것이다. 인종 다양성이 미국에 어떤 기여를 했고 인종차별이 어떤 해악을 초래했는지 정확한 이해를 제공해주는 대항 서사에는 〈미시시피 버닝〉(1988), 〈미시시피의 유령〉(1996), 〈타임 투 킬〉(1996), 〈블랙클랜스맨〉(2018) 등의 영화가 있다. 이탈리아에서 파시즘이 득세하고 미국에서 악랄한 인종차별이 벌어지기 시작한 시기가, 영화가 새로운 예술 매체이자 정치 선전 매체로 자리 잡은 1920년대라는 점은 주목할 만하다. 파시스트 정권은 감정을 움직이는 영화의 힘을 교묘하게 사용해 집회에 참석한 청중을 잔뜩 흥분시켰다. 하지만 그와 동시에 영화인들역시 영화라는 수단을 사용해 파시즘과 극단적인 국가주의에 대항했다. 역설적이게도 영화라는 새로운 매체가 파시즘에 저항하는 수단이자 파시즘을 미화하는 수단으로도 사용된 것이다. 오늘날에도 영화는온갖 형태의 파시즘에 대항하는 가장 효과적인 목소리 역할을 하고 있다. 전체주의국가에서 늘 영화를 검열하는 이유 역시 이 때문이다.

구원 서사

2018년 1월 기독교방송과 진행한 인터뷰에서 트럼프의 공보비서 세라 샌더스는 황당한 주장 하나를 내놓았다. 이전 정부가 집권하는 동안 무신론적인 진보주의와 상대주의 때문에 가로막혔던 보수 기독교적인 청사진을 다시 펼쳐 기독교 신앙의 도덕 근간을 회복하기 위해하느님이 이 땅에 트럼프를 보냈다는 주장이었다. 샌더스 같은 사람입장에서 MAGA 서사는 미국을 문화적(종교적·이념적·민족적)으로 다양한 사회로 바라보는 관점에 대항해 미국의 종교적 뿌리를 회복하겠다는 종교적 구원 서사에 해당한다. 이 이야기에 인종차별적인 함의가 섞여 있음은 명백해 보인다. 여기에 등장하는 영웅들은 다양한 인종이라기보다는 영국에서 박해를 피해 건너온 백인 이민자이기 때문이다. 복음주의 기독교인 입장에서 MAGA 서사는 미국의 근간을 이루는 종교적·민족적 가치를 회복할 것을 설파하는 새로운 복음서와 같다. 물론 그들이 놓치고 있는 사실은 MAGA 서사가 작화된 이야기이며, 노예제도와 인종차별 문제를 가볍게 배제하고 있다는 점이다. 또한 MAGA 서사의 중심에는 절약, 근면, 검소를 통해 성공을 이룰 수 있다는 아메리칸드림이 놓여 있다. 하지만 노예제도와 인종차별로 억압받은 사람들에게 그 꿈은 늘 악몽이었다. MAGA 서사는 영리하게도 이와 같은 모순을 배제한다. 그저 과거의 특권을 되찾는 것이 목표인, 포용적이라기보다는 배타적인 이야기인 셈이다. 오웰의 《1984》에도 이런 대목이 나온다. "과거를 통제하는 자가 미래를 통제하며, 현재를 통제하는 자가 과거를 통제합니다."[118]

MAGA 서사는 과거를 향한 왜곡된 시선을 갖게 만드는 심리적 도화선 역할을 하고 있다. 이는 미국의 건국 과정에서 노예제가 어떤 역할을 했는지 무시할 뿐만 아니라, 청교도나 필그림[1620년에 미국으로 이주해 플리머스 식민지에 정착한 영국의 분리주의자들—옮긴이]이 오기 전까지 아메리카대륙에 살고 있던 원주민 사회의 역할 역시 배제한다. 미국이 사회문화적으로 발전하는 데 이민자들이 미친 지대한 영향을 기념하기 위해 자유의 여신상까지 세웠음에도 이 사실 역시 깔끔히 외면한다. 결국 MAGA 서사는 과거가 딱히 순수하지 않았음에도 순수한 과거를 회복할 것을 목표로 삼는 교활하고도 비틀린 이야기다. 이 강렬한 작화로 트럼프 일당은 (다양성을 정치적 전략으로 밀어붙인 자들에게) 소외감을 느낀 사람들의 감정적 공명을 이끌어냈다. 그들의 눈으로 보면 MAGA 서사는 구원의 이야기인 셈이다.

미국으로 건너온 필그림과 청교도는 영국에서 가져온 종교적 전통, 관행, 의례를 기반으로 최초의 정착촌을 설립했다. 정착민들은 부활절이나 성탄절에 공을 들여 준비하는 식사, 찬송하는 마음으로 드리는 노래나 춤과 같은 종교적 의식이 사회를 하나로 묶는 힘이 있음을 열렬히 믿었다. 사소한 오락거리는 엄격히 금지됐다. 올리버 크롬웰의 추종자들답게 청교도는 조금이라도 방탕하거나 음란하거나 탐욕스러운 생활 방식을 목격하면 지옥에서 영원히 썩을 죄라면서 얼굴을 찌푸렸다. 그들은 공동체 구성원에게 금욕과 금주, 검소한 복장 등을 강조하며 엄격한 도덕성을 요구했다. 정착민들은 새로운 환경에 적응하는 과정에서 새로운 종교 행사를 만들어내기도 했는데, 예컨대 추수감사절은 1700년대 후반 하느님께 풍작을 감사드리는 의미에서 축제를 연 것이 시초가 되었다. 1864년에 에이브러햄 링컨이 선언한 것처럼 추수감사절의 기원은 "천국에 거하시는 자애로운 아버지를 찬양"하는 것이었다. 최초의 추수감사절은 1621년에 필그림에 의해 치러졌는데, 풍년의 상징으로 칠면조를 먹는 관행도 바로 이때 도입되었다. 이 관행이 지금까지 이어져서 미국에서는 여전히 칠면조 요리가 다른 어떤 고기 요리보다 상징적 가치가 크다. 물론 칠면조 요리가 신성하다는 무의식적인 인식은 다분히 맥락에 의존하고 있다. 즉 칠면조 요리가 지닌 역사적 상징성은 추수감사절 식사 때나 유효하지, 평소에 평범한 칠면조 샌드위치를 먹을 때는 적용되지 않는다.

절약, 근면, 자제에 바탕을 둔 식민지 생활 방식은 "프로테스탄트 노동 윤리"라는 이름을 얻었고, 이는 미국 사회의 근간을 이루는 '정신'으로 자리 잡았다. 시간이 지남에 따라 검소하고 근면하게 산 식민지 정착민들은 부를 얻었고, 결국 19세기 후반에 우후죽순처럼 생겨난 신도시들에서 경제적 패권을 쥐었다. 20세기로 넘어가는 전환기에 사회학자 막스 베버가 주장한 것처럼 바로 이 노동 윤리가 현대 기업자본주의의 기원이 되었다.[119] 베버의 분석에 따르면 필그림과 청교도의 종교적인 생활 방식과 가치관은 이윤이 그 자체로 도덕적인 목표가 될 수 있으며, 따라서 종교적 미덕을 추구하듯 이윤을 추구해도 된다는 자본주의적 사고방식을 의도치 않게 발전시켰다. 이는 가족 중심의 사업에 기반을 둔 유럽의 전통적인 자본주의 대신 현대적인 기업 중심 자본주의가 출현하는 발판이 되었다. 상황이 여기까지 이르자 더 이상 기존의 청교도적인 가치관을 공개적으로 옹호할 필요가 없어졌다. 어차피 청교도적인 가치관을 기반에 둔 "윤리"가 경제 윤리로서 확고히 자리를 잡았기 때문이다. 이러한 사회적 환경 속에서 소위 아메리칸드림이 등장했다. 누구든 청교도적인 노동 윤리를 따르기만 한다면 물질적 성공을 거둘 수 있다는 꿈이었다. 반대로 이러한 노동 윤리를 지지하지 않는 사람은 "진정한" 미국의 가치를 거부하는 반대 세력으로 여겨졌다. 이러한 역사적 패러다임하에서 노예와 원주민은 청교도 윤리를 지지하지 않는 이상 외부인으로 여겨졌다. 오로지 지지하는 사람만이 미국 역사에 편입될 수 있었다.

아서 아사 버거의 지적대로 우리는 미국이 형성되고 발전하는 과정에 청교도 윤리가 얼마나 큰 영향을 미쳤는지 간과하는 경향이 있다. 미국이라는 국가의 특성이 결정된 때는 초기 정착민들이 소비 행위가 "하느님의 계획"의 일부라고 판단한 순간이었다.[120] 그 순간부터 소비 활동은 이 땅에서 부지런히 최선을 다해 일한 대가로써 받는 축복으로 정당성을 얻었다. 버거는 계속해서 이렇게 말한다. "소비를 향한 우리의 열망에는 실제로 종교적이고도 성스러운 측면이 있다."[121]

이와 같은 역사적 패러다임은 이미 19세기 후반부터 위태롭게 흔들렸다. 새로 생겨난 도심 지역들에서 좀 더 세속적인 모습을 취한 미국이 형성되기 시작했기 때문이다. 당대 도덕주의자들의 말마따나 "생지옥"으로 가는 길을 연 첫 인물은 뉴욕시의 쇼맨이자 서커스 단장 P. T. 바넘이었다. 바넘이 연출한 볼거리는 청교도의 금욕 정신과는 정반대였다. 그의 쇼는 종교적·사회적 배경이 어떠하든 청중 모두에게 죄스러운 쾌락과 기쁨을 제공했다. 의도하지는 않았겠지만 바넘의 쇼는 평등했다. 돈만 있다면 인종, 민족, 지위, 취향 같은 것은 중요하지 않았다. 1871년부터 시작된 바넘의 서커스 "지상 최고의 쇼"는 어느 인종이든, 어느 민족이든 열렬히 환영했다. 게다가 쇼의 내용 자체도 청교도적인 가치와 정면으로 충돌했다. 음란한 사이드 쇼를 포함해 공연들은 전부 종교적 가치나 풍습과는 아무런 관련이 없었으며, 대부분 불경한 소재를 다루고 있었다. 바넘은 미국이 청교도주의에서 세속주의로 돌아서고 "외부인"이라고 생각했던 이들을 오락 활동에 포용하는 데 실로 지대한 영향을 미쳤다. 미국에서 청교도 정신을 공급받던 탯줄이 끊어지고 다양성을 의식하기 시작한 역사적 시점을 딱 하나 꼽으라면 아마 바넘의 주도하에 서커스 문화가 수많은 오락거리를 제공하기 시작한 때라고 할 수 있다. 물론 처음에는 많은 이들이 서커스를 정죄했다. 불경한 내용도 문제였지만, 은연중에는 이단적인 "외부인"이 쇼에 참여하고 있다는 사실도 문제가 되었다. 그러나 이미 새로운 '단결 의식'이 피어나기 시작한 이상 흐름을 반전시킬 수는 없었다. 사람들은 결국 청교도 정신이 가하는 지나친 제약에서 벗어나기를 바랄 터였다. 비유적으로 말해 서커스는 인종, 성별, 배경에 관계없이 누구나 속할 수 있는 미국, 다원화된 미국이 형성되기 시작하는 전환점 역할을 했다. 서커스의 등장을 계기로 미국은 백인 중심의 프로테스탄트 사회에서 점점 멀어져갔다. 사람들이 세계를 바라보는 철학이 갑자기 뒤바뀌었기 때문이 아니라, 그렇게 해야 이윤이 남았기 때문이다. 아이러니하게도 그와 같은 이기적인 동기가 미국을 점차 다양성을 인정하는 사회로 만들어갔다.

20세기 초반에 많은 부를 쌓은 신흥 도시의 미국인들은 더욱 적극적으로 여가 시간을 즐기기 시작했다. 평일과 주말에 수행하는 사회생활이 점점 뚜렷이 구분되기 시작했다. 주말에는 이전보다 훨씬 다양한 오락 활동을 즐겼으며, 그중 대다수는 흑인 재즈 음악가 같은 "외부인"의 참여를 수반했다. 처음에는 "노예"의 음악이라는 이유로 윗세대 대부분이 재즈를 죄스럽게 여겼지만, 당대 도덕의 수호자들 입장에서는 분통하게도 재즈와 재즈에 딸려 오는 생활 방식은 젊은 백인 사이에 널리 퍼져나갔다. 이윤을 추구하는 기업가들은 흑인 문화에 기반을 둔 새로운 형태의 오락이 더욱더 번창할 창구를 마련했다. 결과적으로 광란의 20년대[활기와 자신감이 넘치던 1920~1929년 사이의 호황기—옮긴이]가 도래했고, 문화적 다양성은 끊임없이 확장되었다.

1920년대에 미국은 전례 없는 경제 성장과 광범위한 사회 변화를 겪었다. 이민자는 물론 다른 인종이나 민족을 향한 수용도도 점점 높아졌다. 하지만 같은 시기에 유럽에서는 파시즘이 급부상했고, 얼마 지나지 않아 독일에서는 나치즘이 떠올랐다. 결국 미국에도 KKK 같은 백인우월주의 집단이 생겨났지만, 대다수의 미국인들은 정치나 인종 문제 따위는 잊어버린 채 도덕적 제약에서 벗어나 그저 삶을 즐기기를 바라는 것처럼 보였다. 제1차 세계대전 이후로 미국은 개방적인 이민 정책을 채택해 이전보다도 다양한 사회를 만들어갔다. 20세기 내내 미국은 민족적·종교적·인종적 다양성을 촉진함으로써 진정한 의미에서 거대한 용광로가 되었다. 이 흐름은 과거에는 예상조차 하지 못한 방향으로 흘러갔다. 2009년에 아프리카계 미국인 버락 오바마가 대통령으로 당선된 것이다. 21세기가 시작되고 처음 얼마 동안은 미국이 피부색, 인종, 배경을 가리지 않고 누구든 정계 내로 받아들여주는 듯 보였다. 마침내 누구든 아메리칸드림을 이룰 수 있었다. 하지만 세 살 버릇 여든까지 가는 법이다. 일부 미국인 입장에서 흑인 대통령의 당선은 재앙과도 같았다. 백인 문화가 경계선으로 밀려 폄하당하는 것만 같은 역차별을 느꼈기 때문이다. 결국 오바마의 임기가 끝날 무렵 문화적 내전을 싹틔울 씨앗이 뿌려지고 말았다. 진실이든 망상이든 오바마가 집권하는 동안 피해자가 되었다고 느낀 사람들의 정신 속에 MAGA 서사가 각인될 기회가 열린 셈이다.

사람들의 마음속에 차오르는 억울함을 인식한 도널드 트럼프는 말 그대로 과거의 망령처럼 등장해 미국의 "진정한real" 과거를 되찾아주겠다고 약속했다. 심지어 그는 트위터 계정 이름 "@realDonaldTrump"에도 이를 새겨 본인만이 진정한 과거를 회복할 주인공이라고 자신했다. 트럼프식 정치의 중심 작화가 된 MAGA 서사는 열성적인 기독교도는 물론 오바마 정권하에서 피해와 소외를 겪었다고 느끼는 사람들을 끌어들였다. MAGA 서사에는 과거 백인 중심의 미국, 신앙심이 투철했던 미국으로 돌아가자는 생각이 암묵적으로 깔려 있다. 광신적인 종교 집단 입장에서는 도덕성을 회복하고, 상대주의를 타파하고, 다양성이 초래한 혼란을 극복하자는 말과 같다. 많은 종교인은 트럼프가 그와 같은 종교적 구원을 실현시킬 영적 그릇이라고 믿는다. 트럼프 역시 강경 보수적인 정책을 펼치고, 보수 인사들로 대법관 후보를 꾸리고, 종교 공동체의 주요 인사를 정부 요직에 앉히는 등 스스로를 구원 서사의 주인공으로 내세웠다. 요컨대 MAGA 슬로건은 백인 중심의 미국을 되찾자는 공통된 명분 아래 사람들을 결집시키는 강력한 표어가 되었다.

여느 거짓말의 기술과 마찬가지로 MAGA 서사 역시 일부러 애매모호함을 유지함으로써 효과를 극대화한다. 예컨대 MAGA 슬로건은 저항 세력에게는 인종차별적인 구호로 들리겠지만, 세라 샌더스 같은 복음주의 신도에게는 구원과 속죄를 부르짖는 외침으로 들린다. 세속적인 인간들이 미국을 장악했다는 인식은 2016년 대선 중에 실존했고, MAGA 서사는 바로 이러한 두려움을 양분 삼아 퍼져나갔다.

능수능란한 작화술사인 도널드 트럼프는 자신이 내뱉는 모호한 이야기가 감정을 자극하는 힘을 가지고 있음을 잘 알고 있다. 바로 그 이야기 때문에 트럼프 추종자들은 그를 꿋꿋이 지지한다. 단지 트럼프라는 개인을 지지하는 것이 아니라 트럼프가 대표하는 가치를 지지하는 것이다. 어차피 지지층이 확고히 유지될 것임을 알기 때문에 트럼프는 쉴 새 없이 거짓말을 내뱉는다. 자신이 미국 정부의 도덕성을 원래대로 회복할 것임을 약속하는 한 지지자들 역시 그 구원 서사에 충성을 지키기 때문이다. 바꿔 말해 트럼프는 자신의 MAGA 서사를 지지하는 사람들이 기꺼이 속임수에 넘어가 줄 것임을 잘 알고 있다. 마키아벨리가 지적하듯이 이는 거짓말쟁이 군주가 손에 쥔 무기 중 가장 강력한 무기다.[122]

이러한 특성을 잘 숨기고 훌륭한 위선자가 될 줄 알아야 한다. 사람들은 어찌나 단순한지 필요하다면 기꺼이 속아 넘어가려는 경향을 가지고 있다. 따라서 거짓말쟁이는 자신의 속임수에 속아줄 사람을 언제든 쉽게 찾을 수 있다.

거짓말쟁이 군주는 청중에 맞추어 이야기를 창조하고 각색해 누구든 쉽게 속일 줄 아는 작화의 마술사다. 그리고 노자가 《도덕경》에서 지적하는 것처럼 사람들은 누구나 "마술사에게 기꺼이 홀리기를 열망"한다.[123] 마치 마술사가 청중에 맞추어 공연을 조정하는 것처럼 MAGA 서사는 종교적으로든 정치적으로든 다양한 해석에 열려 있다는 점에서 참으로 교활한 속임수다. 마술사라면 잘 알겠지만, 속임수의 핵심은 이야기를 하는 내내 청중에게 어떤 실수도 들키지 않는 것이다. 무슨 이야기를 하든 청중이 듣고 싶어 하는 이야기처럼 들리게 말해야 한다. 마키아벨리도 이렇게 설명한다. "군주라면 무릇 자기 입술 사이에서 질 낮은 말이 흘러나오지 않도록, 그리하여 자신을 바라보는 모두의 눈에 귀감처럼 보이도록 신경 써야 한다."[124] 다시 말해 작화술사는 정체를 들키고 싶지 않다면 결코 허술한 틈을 보여서는 안 된다. 작화를 통해 끊임없이 기만하고 교란하여 아군과 적군을 모두 혼란 상태에 빠뜨려야 한다. 프랭크 누에셀의 설명에 따르면 이는 군사 지도자나 정치 지도자가 사용하는 거짓말의 기술의 가장 기초적인 원칙 중 하나다.[125]

전쟁 중에 사용되는 위조 전략 중에는 값싼 전쟁 무기(탱크, 대표, 비행기 등)를 마구 찍어내 적으로 하여금 특정 지역에 군인과 무기가 대량으로 준비되어 있다고 믿게 만드는 방법이 있다. 정작 실제 부대는 다른 곳에 있음에도 상대를 속여 넘기는 것이다. 교란 전략 중에는 일종의 미끼를 사용해 적을 유인하는 방법이 있다. 예컨대 사냥꾼은 유인용 미끼를 사용해 오리를 덫으로 끌어들인다. 마찬가지로 어부는 지렁이나 벌레를 갈고리에 끼우거나 먹이를 닮은 루어를 사용해 순진한 물고기를 포획한다. 마지막으로 엉뚱한 곳을 가리키거나 특수 효과로 주의를 돌리는 등 여러 기술을 사용해 갑자기 물체가 나타나거나 사라지거나 이동하는 것처럼 보이게 만드는 마술적인 속임수가 있다. 이 경우에는 관객 역시 마술사의 농간에 어느 정도 넘어가줘야 속임수가 성립된다.

트럼프는 마치 언어의 마술사 같아서 말 몇 마디로 즉각 환상을 만들어내 청중이 자신의 말과 행동을 믿게 만들고는 진실을 교묘히 감춘다.

기호학자 잠파올로 프로니가 지적하듯이 마술사의 속임수는 절대 까발려지지 않는다. 청중이 그 속임수에 자발적으로 참여하기 때문이다.[126]

꾸며낸 서사의 기반은 입증 가능한 사실이 아니라 자발적인 참여다. 마치 아이들 놀이와 유사하다. 놀이에 참여하려면 반드시 아이가 꾸며낸 세계가 진짜인 척을 해야 한다. 놀이가 진행되는 동안 "놀이에 참여"한 사람은 진실을 말할 수 없다. 누군가가 "이건 놀이일 뿐"이라고 말하는 순간 놀이의 존재 자체가 위협받는다. 하지만 놀이가 충분히 견고하게 설계되었고 다른 참가자들이 허상을 진실이라고 믿고 있다면 쫓겨나는 쪽은 놀이를 까발린 장본인이다.

타자성

여러 논란의 중심에 있던 프랑스의 사회철학자 미셸 푸코는 특정 사회가 패권 구도를 유지하는 주된 전략 중 하나가 "타자성otherness"을 공격하는 것이라고 보았다. 즉 사회의 인종적·민족적 특성에 들어맞지 않기 때문에 사회의 동질성이나 주류 집단의 패권에 위협이 된다고 여겨지는 존재를 공격하는 것이다.[127] 독일의 아리아인 신화부터 시작해 오늘날 특정 인종이 미국을 파괴하고 있다는 소셜미디어의 음모론에 이르기까지, 정치적 작화의 목표는 늘 타자성을 공격하는 것이었다. 작화된 서사 속에서 외부인은 사회의 온갖 문제를 야기한 원인이자 악랄한 침입자로 그려진다. 따라서 우리는 그들이 사회로 들어오지 못하게 막거나 밖으로 쫓아내야 한다. 앞에서도 다뤘지만 장벽 비유는 이 작화에서 핵심적인 역할을 한다. 장벽을 세운다고 실제로 외부인의 침입을 막을 수는 없겠지만 상징적인 차원에서는 막을 수 있는 것이다.

아리아인 신화와 같은 작화된 역사는 나양성이 기존 사회의 패권을 위험에 빠뜨린다고 주장하면서 다름을 배척해, 다름을 받아들이려 하지 않는 사람들과 모든 집단이 주류 사회에 통합되어야 한다고 옹호하는 사람들 사이에 문화적 전쟁을 일으키려 한다. 미국의 극우 세력을 비롯한 급진파는 (좌파든 우파든) 늘 역사를 이런 식으로 해석해왔다. 결국 MAGA 서사 역시 타자와의 전쟁 이야기인 셈이다. 그렇다고 인종차별주의자만 이 이야기를 지지할 수 있다는 뜻은 아니다. MAGA 서사는 변화를 갈망하는 사람이라면 종교적인 도덕주의자든 노골적인 차별주의자든 전부 끌어들이는 힘을 발휘한다. "진짜 미국"의 역사적 뿌리에 자부심을 갖도록 부추기는 것은 물론 "진짜 문화"를 되살리겠다고 약속하기 때문이다. 단지 그 과정에서 타자를 미국의 뿌리를 병들게 하는 주범으로 비난할 뿐이다.

어째서 그러한 작화가 집단 사고에 영향을 미칠 수 있는지 이해하기 위해 히틀러의 아리아인 신화를 살펴보자. "아리아"라는 말은 기원전 1500년경부터 인도아대륙Indian Subcontinent에 거주하던 민족이 사용했다는 고대 언어를 가리키기 위해 19세기에 처음 만들어진 용어다. 처음에는 특정 언어군을 가리키는 분류 표현 그 이상도 이하도 아니었다. 하지만 이 표현은 지배자 인종이라는 비틀린 개념과 결합하면서 새로운 함의를 지니게 되었다. 언어와 문헌의 영역을 넘어 편견과 광신의 영역에 닿은 것이다. 하지만 이때까지만 해도 집단 사고에 영향을 미칠 만큼 발판이 튼튼하지는 못했다. 하지만 독일에서 히틀러가 이끄는 나치당이 권력을 잡으면서 "아리아"라는 단어의 의미가 완전히 왜곡되어 세상을 지배하도록 선택받은 순수한 인종만을 가리키게 되었다. 히틀러의 망상 속에서 순수한 아리아인은 주로 독일 민족과 일부 코카서스 민족으로 구성되었다. 아리아인이 순수한 백인종을 가리킨다는 뒤틀린 인식은 세계 곳곳의 백인우월주의 집단과 네오나치 집단으로 퍼져나갔다. 아리아인 신화는 특정 인종을 세계 통치자로서 (생물학적으로나 역사적으로나) "선택" 받은 인종으로 올려치는 반면 다른 인종은 열등한 인종으로 내려친다. 더 중요한 점은 다른 인종이 아리아 인종의 운명을 방해한다고 주장하는 것이다. 나치 입장에서 "타자"는 유대인과 슬라브인을 비롯한 소수집단이었다. 아리아인 신화는 그처럼 순수하지 못한 타자를 제거해 지배자 인종이 세상을 다스림으로써 평화롭고 번영하는 사회를 건설해야 한다고 말한다. 당시 온갖 경제적·사회적 문제가 들끓던 독일에서 아리아인 신화는 일종의 해답 역할을 했다. 인종적으로 열등한 "타자"가 독일을 망쳤다고 탓해준 것이다. 많은 이들이 이 작화된 서사를 신뢰하는 가운데 인종에 우열이 존재한다는 위험한 전제까지 함께 받아들였다. 하지만 실상은 히틀러의 주장과 정반대였다. 히틀러 정권은 평화와 번영 대신 테러와 전쟁과 인종 대학살을 초래했을 뿐이다.

인종에 우열이 있다는 믿음은 특정 시대나 사회에 국한되지 않는다. 이러한 믿음은 역사가 시작될 때부터 쭉 존재했다. 아이러니하게도 고대 로마인들은 게르만 부족을 야만적인 인종이라며 인간 취급도 하지 않았다. 처음 아메리카대륙에 정착한 이들은 침략과 약탈을 정당화하기 위해 자신들이 원주민 부족보다 우월하다고 주장했다. 그처럼 편협하고 차별적인 세계관이 생겨난 심리학적·진화론적 원인을 찾으려면 근본적으로는 추측에 기대는 수밖에 없다. 어쩌면 오래전 부족생활을 하던 당시 영역 경쟁에서 생존하기 위한 전략이었을지도 모른다. 고고학적 증거를 살펴보면 약 1만 년 전에 부족사회가 문화적으로 발달함에 따라 더 많은 자원이 있는 더 큰 영토를 찾을 필요성이 증대했다. 영역이 확장됨에 따라 부족은 필요에 의해서든 강요에 의해서든 다른 부족 구성원을 받아들이는 수밖에 없었다. 결과적으로 인류학자 데즈먼드 모리스가 초부족super-tribe(부족이 확장되거나 다른 부족과 혼재된 결과 나타난 광범위한 집단)이라고 명명한 집단이 생겨났다.[128] 최초의 초부족은 약 5000~6000년 전에 탄생했다. 이는 최초의 문명이 탄생한 때이기도 하다. 인류학적인 관점에서는 설령 동일한 부족 출신은 아닐지라도 주류 부족의 문화에 참여하는 개인들로 이루어진 집합체가 탄생했음을 의미한다. 이전의 부족과는 다르게 초부족에는 하나 이상의 세계관이 내포되어 있었다. 하지만 진화이론가들의 주장에 따르면 문제는 본래의 "부족 본능"이 사라지지 않았다는 점이다. 이것이 초부족 내의 집단 사이에서 계속적으로 갈등이 발생한 원인일지도 모른다. 스스로를 문명 같은 광범위한 체계의 일부보다는 특정 부족 내의 구성원으로 인식하는 쪽이 훨씬 직관에 와닿기 때문에 "우리"와 "저들"을 구분하는 사고방식이 여전히 남아 있는 셈이다. 거짓말쟁이 군주는 바로

이 본능을 가차 없이 이용한다. 부족주의는 오늘날에도 같은 사고방식을 가진 사람끼리 느끼는 깊은 연대감으로 나타난다. 인간에게서 부족 정신을 떼어놓기란 여간 어려운 일이 아니다.

우리 속에 내재한 이 오랜 부족 정신 뒤에는 스스로를 동일한 유전적 특징을 가진 집단, 즉 특정 인종이나 민족 집단의 구성원으로 분류하고자 하는 욕구 역시 딸려 있다. 하지만 인간을 특정 인종이나 민족으로 구분하기란 굉장히 어려운 일이다. 설령 쌍둥이라 할지라도 두 사람은 결코 동일하지 않기 때문이다. 유전적 특성이 분포한 비율은 물론 유전적 특성의 종류마저도 세계 곳곳에서 다르게 나타나며, 이러한 비율 역시 양적으로 의미가 없는 수준이다. 유전학자들은 아직 염색체만 가지고 특정 인간 집단을 다른 인간 집단으로부터 구별할 수 있는 사례를 발견하지 못했다. 누군가를 데려다가 코카서스 사람인지 슬라브 사람인지 호피족 사람인지 구별할 수 있는 유전적 기준이나 기법 같은 것은 존재하지 않는다. 인류는 끊임없이 유전적으로 교류해왔으며, '호모사피엔스'에 속하는 수많은 인종은 사실 유전적 차이가 거의 없는 잡종이나 마찬가지다. 실제로 모든 인간의 DNA 서열은 99.9퍼센트 동일하다는 사실이 이미 입증되었다.[129]

따라서 순전히 생물학적인 관점에서 보자면 인간을 특정 인종이나 민족으로 분류하기란 불가능하다. 그럼에도 역사를 통해 알 수 있듯이 오래전부터 인간은 어떤 이유에서인가 스스로를 인종이나 민족 같은 범주로 분류할 필요를 느껴왔다. 예컨대 고대이집트인, 그리스인, 로마인이 남긴 그림이나 조각을 보면 인간은 서로 다른 인종으로 구분되는 것처럼 묘사된다. 또한 대부분의 언어에는 인간을 생리적·신체적·사회적으로 구분해서 지칭하는 단어가 존재한다.

최초로 인종에 기반을 둔 분류 체계를 제시한 사람은 독일의 인류학자 요한 프리드리히 블루멘바흐(1752~1840)였다. 세계 여러 민족의 두개골과 신체적 특징을 조사하고 비교한 블루멘바흐는 인간이 다섯 개의 종으로 구분된다고 결론지었다. 바로 코카서스인종(서아시아인, 북아프리카인, 핀족과 사미족을 제외한 유럽인), 몽골인종(서아시아인을 제외한 아시아인, 핀족과 사미족, 아메리카의 이누이트족), 에티오피아인종(북아프리카인을 제외한 아프리카인), 아메리카인종(이누이트족을 제외한 신대륙 원주민), 말레이인종(태평양 군도의 민족)이다. 20세기까지 대부분의 인종 분류는 블루멘바흐의 분류를 기초로 삼았고, 심지어 오늘날에도 대중은 이와 같은 분류 체계를 통해 인종을 구분한다. 하지만 현대 인류학자들은 이러한 구분이 얼마나 모호하고 임의적인지 잘 알고 있다. 실제로 많은 사람들이 하나 이상의 인종에 속하거나 어떤 인종에도 속하지 않는다. 여기서 할 수 있는 말은, '인종' 개념은 혈통을 기준으로 얘기할 때나 의미가 있다는 것이다. 즉 같은 조상을 공유하고 있는 사람들이나 서로 같은 인종에 속한다고 주장할 수 있다. 물론 과학적으로 엄밀히 말하자면 이 단순 명료해 보이는 기준마저도 인간을 서로 다른 생물학적 집단으로 뚜렷이 구분하기에는 불충분하다. 형제자매를 제외하고는 어느 누구도 조상 계보가 서로 정확히 똑같을 수 없기 때문이다. 바로 이런 이유 때문에 현대 인류학자는 인간의 다양성을 연구할 때 유전적·신체적·생리적 특징을 기준으로 삼기보다는 지리적·사회적 구분을 기준으로 삼는다. 근본적으로 '인종'이란 생물학적 개념이 아니라 역사적 또는 문화적 개념이다.

따라서 "지배자 인종"이 존재한다거나 인종 사이에 우열이 있다는 개념에는 아무런 과학적 근거가 없다. 그럼에도 현실에서는 이러한 개념이 존속한다. 그리고 능수능란한 거짓말쟁이는 이 개념을 이용해 사람들로 하여금 다른 인종을 향해 분노와 증오를 품게 만든다. 아리아인 신화의 예에서 살펴본 것처럼 차별은 그와 같은 거짓말쟁이의 선동에 기반을 두고 있다. 하지만 아리아인 신화가 맞이한 끔찍한 실패를 통해 배울 수 있듯이, 타자를 배제한 기원 신화나 구원 서사는 오히려 그러한 이야기를 지지하고 옹호하는 사람들에게 큰 위협을 가할 수 있다. 인종적으로 순수했다는 과거 사회를 되찾으려고 애쓰다가는 지금 있는 사회마저 파멸로 이끌 뿐이다. 앞서 이야기한 것처럼 인종적 순수함 같은 것은 존재하지도 않는다. 히틀러가 아리아인 신화를 밀어붙였던 것처럼 무솔리니는 고대 로마인의 순수성에 관한 신화를 꾸며냄으로써 로마 시대의 영광을 되찾겠다는 주장을 뒷받침했다. 대다수의 이탈리아인이 그런 혈통 따위는 물려받지 않았는데도 말이다. 1922년 4월 21일에 로마의 건국을 기념하면서 쓴 성명문에서 무솔리니는 고대 로마를 파시즘과 연관시키며 이렇게 주장한다.[130]

로마는 우리의 출발점이자 기준점이다. 로마는 우리의 상징이다. 원한다면 신화라고 불러도 좋다. 우리는 로마 시대의 이탈리아를 꿈꾼다. 다시 말해 지혜롭고 강인한, 엄숙하고 장엄한 이탈리아를 꿈꾼다. 그와 같은 로마의 정신이 사라지지 않고 지금까지 남아 파시즘 속에서 다시 피어오른다.

파시즘 체제 아래서는 다른 인종이나 민족 구성원은 물론 우월한 인종 "내부에서 나온 적" 역시 문화적 패권을 확립하는 데 위험 요인으로 지적된다. 예를 들어 프랑스혁명이나 러시아혁명에서 혁명을 통해 축출해야 할 대상은 귀족과 그들의 방탕한 생활 습관이었다. 파시즘의 경우에는 지식인과 그들의 반실재적인 정치관 및 사회관이 소탕해야 할 적이었다. "내부의 적"은 그 종류가 다양할지도 모른다. 하지만 어느 기원 신화에서든 전략은 동일하다. 다양성에 영합함으로써 사회의 "진정한" 목적과 가치를 더럽히는 데 일조하는 사람이라면 누구든 배척하자는 것이다. 역사가 부여한 진정한 사명에 맞게 사회를 구원하려면, 진보 언론 및 지식인이 내놓는 정치적으로 올바르고 인종적으로 포용적인 언어나 견해를 잔혹한 슬로건을 동원해서라도 사정없이 공격해야 한다.

"민중의 적"이나 "딥스테이트" 같은 슬로건은 내부의 적을 타도하자는 동원령과도 같다. 2018년에 트럼프 지지자들이 실제로 트럼프의 "적"을 공격하려고 모였던 것처럼 진짜 동원령으로 쓰일지도 모르는 일이다. 개중에서도 눈에 띄었던 이는 "CNN은 구려!"라는 스티커를 밴에 붙이고 나타난 어느 트럼프 지지자였다. 그는 누가 시키지도 않았는데 트럼프의 적을 물리치겠다며 파이프 폭탄을 실어 보냈다. 트럼프의 적 가운데에는 진보 언론 인사들, 트럼프가 지속적으로 폄하한 과거 정치인들, 인종적 다양성을 지지하는 사람들이 포함된다. 마찬가지로 《가디언》 기자를 들어다 내친 어느 공화당 의원이나, 트럼프에게 반대하는 사람은 누구라도 제거하고 싶다며 대량 살상을 저지를 계획을 세운 미국연안경비대 대원 역시 순수성 신화가 얼마나 해로운 영향을 미치는지 잘 보여준다. 순수성 신화는 순수한 사회를 만들겠다는 트럼프의 야망에 반대한다는 이유만으로 일면식도 없는 사람을 적으로 규정해 강렬한 증오를 품게 만든다.

트럼프 진영에서는 딥스테이트가 "적군"으로 이루어져 있다고 규정한다. 이는 노예의 권리를 두고 대립했던 남북전쟁 시기를 떠올리게 한다. 은연중에 남북전쟁의 승자들은 당시 정부 내에서 전쟁 이후로 정부를 옥죄고 있는 적으로 여겨졌다. 하지만 다양한 문화와 생각을 포용할 수 있도록 사회를 변화시킨 승자들을 향해 분노를 품는 것은 너무나 위험한 일이다. 트럼프는 버락 오바마의 출생에 관한 인종차별적인 거짓말을 이용해 자신의 정치적 입지를 강화했다. 1장에서도 다룬 이 출생지 음모론은 남북전쟁 이후에 생겨난 불만과 동일한 불만을 함축하고 있다. 바로 흑인 인권이 갑작스레 성장한 것에 대한 불만이다. 트럼프가 출생지 음모론 이면에 숨겨진 정치적·역사적 의미를 몰랐다는 것은 순진한 생각이다. 그는 단지 거짓말을 내뱉는 것만이 아니라, 백인 문화에서 기원한 사회의 주도권을 흑인이 쥐고 말았다는 분함과 억울함을 건드린 것이다. 소름 끼치게도 바로 이 분노가 수많은 사람을 하나로 결집시켰다. 그 연대감은 오웰의 이런 표현으로 정확히 나타낼 수 있다. "다 같이 모여 제대로 혐오를 해보자."[131]

바로 이 때문에 작화는 감정적인 차원에서 너무나도 위험하다. 작화된 이야기는 은연중에 사람들의 증오를 부추긴다. 오바마의 출생지에 관한 음모론의 중심에는 오바마의 출생증명서가 위조되었으며, 그가 사실은 미국 밖에서 태어났다는 억측이 놓여 있다. 트럼프는 더 이상 이 거짓말을 대놓고 밝힐 필요도 없다. 이미 사람들의 잠재의식으로 침잠해 속에서부터 곪아 터지고 있기 때문이다.

음모론에 끌리도록 설계된 두뇌

무솔리니와 히틀러의 연설은 실로 무서운 사건이었다. 되돌아보면 그들은 군중의 환심을 사기 위해 인종차별적인 이야기를 반복해서 외치는 영악한 이야기꾼이었기 때문이다. 그들은 감정을 자극하는 슬로건과 몸짓으로 군중을 매혹시키는 가운데 작화라는 기술을 사용해 거짓을 진실처럼 보이게 만들 줄 알았다. 능수능란한 거짓말쟁이는 능수능란한 쇼맨이기도 하다.

그러므로 트럼프 역시 숙련된 웅변가이자 공연가라는 사실은 그리 놀랍지 않다. 그는 치밀하게 선택된 슬로건과 온갖 종류의 웅변술을 곁들여 끊임없이 작화를 반복함으로써 청중을 어르고 달랠 줄 안다. 자신의 연설이 늘 바람직한 결과를 낳을 수 있도록 그의 집회에는 오직 트럼프 진영으로 "전향한 자"들만이 초대받는다. 반대 의견 때문에 분위기가 깨지는 일 없이 적재적소에서 감정을 끌어올릴 수 있도록 종교 부흥회 같은 환경을 조성하는 것이다. 예비선거 초반에는 트럼프 집회에도 다양한 부류가 섞여 있었고, 따라서 트럼프의 입장에 질색해서 반대 의견을 소리 높여 표현하는 청중도 있었다. 심지어 연단에 올라가 트럼프와 직접 대면하는 경우도 많았다. 그때마다 트럼프는 상대에게 노골적인 비방을 퍼부어 지지자들의 환호와 갈채를 이끌어냈다. 얼마 지나지 않아 오직 지지자들만이 집회에 참석할 수 있게 되었고, 이로써 트럼프는 자기 부족 사람들을 자극해 딥스테이트의 적들이나 외부인들과 싸우도록 선동할 수 있는 최적의 환경을 보장받았다.

마키아벨리가 지적하는 것처럼 겉모습은 중요하다. 사람들은 겉으로 드러난 것만 보려는 경향이 있기 때문이다. "인간은 대개 손보다는 눈으로 판단한다. 누구든 당신을 볼 수 있지만 당신에게 다가와 만질 수 있는 사람은 거의 없기 때문이다."[132] 거짓말의 기술을 사용할 때 꼭 기억해야 할 사실이다. 마키아벨리의 말대로 "사람들은 당신이 어때 보이는지 알 뿐, 실제로 어떤지는 거의 모르기 때문"이다.[133]

트럼프의 외모와 몸짓을 자세히 살펴보면 그가 왜 지지자들에게 그렇게나 인기가 많은지 이해할 수 있다. 지지층 앞에서 연설할 때면 트럼프는 과거 독재자들이 사용했던 몸짓을 똑같이 취한다. 예컨대 무솔리니가 그랬던 것처럼 하늘을 쳐다보듯 고개를 한쪽으로 치켜든 채 위풍당당하게 말을 내지른다. 트럼프의 머리 역시 그가 연설 중에 사용하는 페르소나의 일부에 해당한다. 잠파올로 프로니는 이렇게 말한다. "트럼프의 머리가 놀랍고, 특이하고, 호기심을 자아내고, 미적으로 모호하다는 사실에는 의심의 여지가 없다."[134] 특유의 오렌지색 금발은 "황금 전사"라는 상징을 연상시킨다. 아서 아사 버거 역시 트럼프의 머리가 포세이돈과 결혼한 대가로 머리카락이 뱀으로 변한 메두사의 머리에 비견될 만한 신화적 성질을 가지고 있다고 주장했다.[135] 이러한 주장에 따르면 머리가 벗겨진 트럼프는 매력이 떨어질 수도 있다. 한편 트럼프는 공식 석상에는 늘 정장에 넥타이를 매고 나타난다. 마치 대주교가 된 것처럼 권위 있는 분위기를 풍기고 "진정한 미국"의 격식 있는 드레스 코드를 존중할 줄 아는 정치 지도자임을 보여주기 위해서이다. 이 모든 요소가 하나로 더해져 무대 위에서의 강인한 이미지를 형성한다. 복장, 외모, 몸짓 등이 전부 공연의 일부인 셈이다.

이 장을 마무리하기 전에 작화가 수많은 거짓말의 기술 중에서도 유독 효과적인 기술임을 강조할 필요가 있다. 작화는 사람들의 분노를 부추기며, 복잡한 사회문제에 단순한 해결책을 약속한다. 조이 바사마노위츠와 케이티 푸어맨이 적절히 지적한 것처럼 트럼프는 이민자와 소수자를 희생양 삼아 위험하면서도 매혹적인 구원 서사를 꾸며냄으로써, 진보 정권과 지식인에게 밀려났다고 느끼는 미국인들의 공감을 이끌어낸다.[136] 이렇듯 작화된 역사는 감정적으로 억눌린 신념을 건드리도록 설계되어 있다. 작화는 거짓말쟁이 군주의 정체를 꼭꼭 숨겨주는 장치이기도 하다. 그의 언행을 평가하는 기준은 결국 그의 구원 서사를 어디까지 믿는가에 달려 있기 때문이다.

타자를 향한 공격은 특정 집단에 국한되지 않는다. 흑인, 성 소수자, 이민자 등 누구나 외부인 취급을 받을 수 있다. 9·11 테러 사건 이후 미국에 이슬람 혐오 정서가 나타나기 시작했고, 트럼프는 다름을 향한 이 두려움을 이용했다. 대선 시작부터 무슬림은 트럼프의 표적이 되었다. 2015년에는 연설 중에 대놓고 이렇게 말했다. "저, 도널드 트럼프는 무슬림이 미국에 들어올 가능성을 완전히 차단할 것을 촉구하는 바입니다. 우리나라 대표자들이 도대체 무슨 일이 벌어지고 있는지 파악할 때까지는 어쩔 수 없습니다. 선택의 여지가 없어요. 선택의 여지가 없다고요."[137] "도대체 무슨 일이 벌어지고 있는지 파악"해야 한다는 트럼프의 말은 잠재의식 속에 9·11 테러와 그로 인해 파괴된 미국의 이미지를 불러들임으로써 사람들의 두려움을 자극한다. "선택의 여지"가 없기 때문에 미국이 파괴되는 것을 막을 수 있는 유일한 방법은 "무슬림이 미국에 들어올 가능성을 완전히 차단"하는 것이다. 물론 트럼프가 독설을 날리는 대상에는 멕시코 사람들부터 진보 언론에 이르기까지 미국 내외부의 모든 적이 포함된다. 적을 식별하고 제거하는 과정은 일단 적의 명단을 만드는 일에서부터 시작한다. 스탈린, 무솔리니, 닉슨과 같은 폭군 역시 이와 같은 전략을 썼다. 그러므로 트럼프라고 다르리라 기대할 이유는 없다. 실제로 백악관에서 근무한 내부자 클리프 심스는 회고록 《독사로 가득 찬 팀Team of Vipers》을 통해 그러한 명단이 실재했음을 증언했다.[138]

왜 그렇게나 많은 사람이 작화된 역사나 이야기를 쉽게 믿는가는 여전히 심리학계의 난제로 남아 있다. 《USA투데이》 기자 윌리엄 커밍스의 표현대로 "인간의 두뇌는 음모론에 끌리도록 설계"되어 있는 것 같다.[139] 아리아인 신화와 같은 작화된 이야기는 뇌에서 합리적인 이해를 관장하는 영역 대신 신화적인 믿음을 관장하는 영역을 자극한다. 신경과학자 안토니오 다마지오의 설명대로 뇌에서 감정을 담당하는 영역이 현실을 논리적으로 이해하는 영역보다 우선해서 작동할 때가 많은 것이다.[140] 뇌의 변연계(측두엽, 시상하부, 시상부 등을 포함한 영역)가 말이나 행동을 처리하는 과정에서 생각보다 많은 역할을 한다는 사실이 계속 밝혀지고 있다. 다시 말해 우리가 신화나 음모론을 쉽게 믿는 경향을 보이는 이유는 그것이 뇌의 피질하부에 이르러 직감을 작동시키기 때문이다. 논리적으로 반박하기 위해 아무리 많은 근거를 들이민다 한들 변연계는 이해를 차단해버린다. 커밍스는 이렇게 말한다. "음모론이 아무리 터무니없어 보이고 음모론을 반박하는 사실이 아무리 많다 해도, 진정한 신봉자는 꿈쩍도 하지 않는다."[141]

4장

가짜뉴스
매력적인 음모론

거짓은 무한히 조합해 만들어낼 수 있지만,
진실은 오로지 한 가지 방식으로만 존재한다.

-장 자크 루소

불신 또는 맹신

작가 노먼 메일러의 작품 중에는 이런 대목이 나온다. "신문에서 내놓는 사소한 거짓말, 텔레비전에 나오는 자극적인 보도, 우리의 감정을 속이는 영화관 화면까지 매일 조금씩의 거짓말이 더해지고 또 더해져 우리가 머릿속에 가지고 태어난 씨앗을 좀먹는다."[142] 여기서 우리는 오늘날 사람들이 언론이나 대중매체를 보며 느끼는 불신 또는 맹신이 어디서 나오는지 확인할 수 있다. 신뢰 또는 불신을 불러일으키는 언론의 힘을 잘 알고 있기 때문에 무솔리니나 스탈린 같은 거짓말쟁이 군주는 언론을 끊임없이 압박했으며, 진보적인 신문이나 라디오방송을 협박해 자신의 뜻에 동조하게 만들었다. 히틀러는 기자와 언론인에게 나치 이념을 강제로 주입하는 대중계몽선전부를 창설해 언론과 대중매체를 완전히 통제했다. 오웰이 상상한 진실부를 현실화한 셈이다. 소련에서는 언론과 대중매체를 엄격히 검열했다. 1912년에는 국가 차원에서 《프라우다》라는 일간지를 창간해 언론이 공산당의 방침에 보조를 맞추도록 강제했다. 1918년에서 1991년에 이르기까지 《프라우다》는 소련공산당의 공식 기관지 역할을 했다.

트럼프가 CNN, 《워싱턴포스트》, 《뉴욕타임스》 같은 진보 언론을 "가짜 뉴스"를 내뱉는 "민중의 적"이라고 끊임없이 비난하는 것 역시 무솔리니, 스탈린, 히틀러 정권이 자유 언론을 탄압한 것과 궤를 같이한다. 반면 트럼프가 예찬하는 폭스뉴스, 일부 타블로이드 신문, 대안우파 소셜미디어는 《프라우다》 같은 국가 기관지를 연상시킨다. 자신을 비판하는 언론은 "가짜 뉴스"라고 폄하하고, 자신을 지지하는 언론은 설령 《내셔널인콰이어러》나 인포워스처럼 같은 선정적인 기사만 좇는 매체라 할지라도 "진짜 뉴스"라고 찬양하는 트럼프의 영리한 전략은 하늘에서 갑자기 떨어진 것이 아니다. 이는 전제주의 성권이 취해온 전략과 일치할 뿐만 아니라, 19세기에 "황색 언론"이 출현한 이후로 쭉 이어진 미국의 언론 전통에도 부합한다. 당시 뉴스 매체는 정통 언론과 타블로이드 언론 둘로 나뉘었다. 《뉴욕타임스》 같은 신문도 언론 역사 초창기에는 타블로이드 스타일의 황색 언론에 속했다. CNN과 MSNBC 같은 언론 매체를 "가짜 뉴스"라고 칭하는 트럼프의 전략은 자신에게 비판적인 정통 보도를 평가절하하려는 노골적인 시도다. 과거의 독재자들이 그랬듯, 트럼프 역시 정부가 이와 같은 언론을 통제하고 검열해야 한다고 주장하는 일은 전혀 놀랍지 않다. 어쩌면 그는 미국연방통신위원회를 자신의 진실부로 내세우기를 기대했을지도 모른다.

여느 언어 통제 전략과 마찬가지로 트럼프는 자신이 언론을 비난할 때 자신의 지지층이 그 비난을 있는 그대로 믿어줄 것임을 잘 알고 있다. 진보적인 언론이 딥스테이트의 선전 기구임을 이미 각인시켰기 때문이다. 자신이 저지르고 있는 잘못을 악랄하게 상대에게 전가시키는 거짓말쟁이 군주다운 전략이다. 트럼프는 "가짜 뉴스"라는 슬로건을 이용해 한 번에 두 마리 토끼를 잡는다. 자신을 비난하는 언론을 역으로 비난하는 것은 물론 자신이 "적"에게 희생당하고 있다는 음모론을 강화하는 것이다. 상황이 이렇다 보니 정통 언론과 타블로이드 언론은 서로 주도권을 쥐기 위해 "진실을 위한 투쟁"을 끊임없이 이어간다. 트럼프가 당선된 이후로 소위 "가짜 뉴스 증후군"이 나타났고, 뉴스 기사가 음모론의 터전인 무한한 소셜미디어 세계로까지 전파되자 이 증후군은 더욱 널리 퍼져나갔다. 결과적으로 언론계에는 "탈진실"의 시대가 찾아왔고 민주주의의 힘은 한층 약해졌다. 가짜 뉴스 증후군이란 자신이 가장 즐겨 보는 언론 매체는 진실한 반면, 그와 상충되는 보도를 내보내는 언론 매체는 기만적이고 편향적이라는 인식을 가리킨다. CNN 같은 언론 매체가 트럼프의 이중 언어에 대항해 "팩트가 중요합니다!"라는 슬로건을 내세우는 것도 당연한 일이다.

타블로이드 신문이 내뱉는 악의 없는 거짓말이 대중 전반의 정신을 혼란시킨다는 사실은 점점 더 명확해지고 있다. 오늘날의 정치 및 사회 환경을 병들게 하고 있는 가짜 뉴스 증후군이 근본적으로는 황색 언론에서 비롯되었다는 사실을 곰곰이 생각해보면 꽤 놀랍기까지 하다. 바로 그 황색 언론은 물론 거짓말쟁이 군주가 처음부터 쭉 알고 있던 사실은 사람들이 선정적인 방식으로 제시되는 정보를 더 신뢰하는 경향을 가진다는 점이다. 특히 정보가 내면의 음모론적인 신념에 부합한다면 그러한 경향성은 한층 강화된다(이는 앞 장에서도 다뤘다).

이번 장의 목표는 "가짜 뉴스 증후군"이 무엇인지 자세히 들여다보고, 이것이 인간의 정신에 미치는 영향을 알아보는 것이다. 사실이 왜곡되고 진실이 공격받을 때 감정적 불안이 야기될 수 있다는 점에서, 가짜 뉴스 증후군이 우리의 정신 건강에 부정적인 영향을 미친다는 이야기는 과언이 아니다. 수많은 소셜미디어에서 끊임없이 가짜 뉴스가 쏟아지고 있기 때문에, 우리는 사실상 매순간 가짜 뉴스 증후군이 초래하는 악영향 아래 있다고 말할 수 있다. 2016년 대선 중에 퍼진 어느 가짜 뉴스의 출처가 마케도니아에 있는 작은 마을 벨레스였다는 사실은 주목할 만하다. 그곳의 한 10대 청소년 무리는 미국 정치 이야기를 처음부터 끝까지 지어낸 다음 페이스북에 올려서 상당한 돈을 벌고 있었다. 물론 그 이야기 중 대다수는 도널드 트럼프가 대통령 자격이 있는 유일한 후보라고 믿게 만들 만한 내용이었다.[143] 벨레스에서만 가짜 뉴스 사이트가 무더기로 발견되면서 소셜미디어가 가짜 뉴스를 전파하고 탈진실 세계를 확장시키고 있다는 사실에도 진지한 관심이 기울여졌다. 진실부뿐만이 아니라 누구든 언제 어디서나 허위 정보를 퍼뜨릴 수 있는 시대가 오고 만 것이다. 알고리즘 하나만 건너면 누구나 거짓 정보를 받아볼 수 있다. 사이버 공간에서는 진짜와 가짜, 사실과 대안 사실, 진실과 거짓을 구분하기가 사실상 불가능해지고 있다.

기원을 찾아서

"가짜 뉴스"란 주류 언론 매체나 소셜미디어 플랫폼을 통해 전파되는, 고의로 지어낸 허위 정보를 가리킨다. "고의"라는 표현이 특히 중요하다. 사실을 해석하거나 제시하는 과정에서 실수는 얼마든지 발생할 수 있으며, 그러한 실수에서 나온 허위 정보는 고의적으로 계획한 것이 아니기 때문이다. 정통 언론 매체에서 그런 잘못이나 실수를 저지르는 경우, 해당 매체는 잘못이나 실수를 인정한 뒤 정정 보도를 내보낸다. (과거나 지금이나) 허위 정보를 계획적으로 꾸며내는 언론은 황색 언론이다. 설령 잘못된 정보라는 사실이 드러나거나 그로 인해 문제 제기를 받아도 황색 언론은 결코 정보를 바로잡지 않으며, 오히려 거짓을 "합리화"하기 시작한다. 커뮤니케이션 분석가 피에로 폴리도로가 지적하듯 가짜 뉴스 증후군이 등장하고 확산된 데에는 나름의 인지적 기반이 있다. 그 뿌리를 찾아 거슬러 올라가면 19세기에 이른다. 당시 사회 전반에는 정치적·사회적·기술적·문화적 요인이 한데 맞물리면서 복잡한 문제에 대한 해답을 빠르게 찾고자 하는 욕구가 생겨났다. 전통적으로 권위 있다고 여겨지던 기관들을 향한 불신은 덤이었다.[144] 이러한 욕구와 불신은 사이버 공간 곳곳에 깊숙이 이식되었다. 비판적인 해석을 거치지 않고 정보를 액면 그대로 받아들이는 것이 사이버 공간에서의 기본적인 정신 태도로 자리 잡았다는 뜻이다. 설령 비판적인 사고 능력을 갖춘 사람일지라도 가짜 뉴스의 양 자체가 폭발적인 수준이기 때문에 부정적인 영향을 피하기가 어렵다. 정보량 자체가 포화 상태에 이르러 눈앞에 있는 정보에 어떤 함의가 담겨 있는지 판단할 여력이 없다.

사회학자들은 타블로이드 언론이 출현한 시기를 미국 언론 역사의 핵심 인물 중 하나인 랜돌프 허스트(1863~1951)가 등장한 때로 꼽는다. 허스트는 선정적이고 자극적인 기사 제목이나 내용을 싣거나 유명 인물이나 중요 사건에 관한 출처 불명의 가십성 기사를 내보내는 등 신문 판매 부수를 최대한 끌어올리는 전략을 사용했다. '황색 언론'이라는 표현은 주로 1890년대에 뉴욕시 대표 신문사인 《뉴욕월드》와 《뉴욕저널》이 벌인 경쟁 구도를 설명하는 데 사용되었다. 양 신문사는 둘 다 대문짝만한 헤드라인을 내걸고 화려하고 요란한 삽화를 싣고 연재만화 코너를 따로 만드는 등 치열한 경쟁을 벌였다. 황색 언론이라는 이름 자체는 미국 만화가 리처드 펠튼 아웃콜트(1863~1928)가 《뉴욕선데이월드》에 1895년 5월 5일부터 연재하기 시작한 〈호건 골목〉이라는 만화에서 유래됐다. 만화의 배경은 낡은 공동주택이 가득 들어찬 어느 빈민 도시로 건물 뒷마당에는 개와 고양이, 양아치, 부랑아, 노숙자 등이 모여 있다. 부랑아 중에는 넓적한 귀에 민머리이고, 기묘하면서도 약삭빨라 보이는 미소를 짓는 미키 두건이라는 아이가 있는데, 노란색 외투를 입고 있기 때문에 "옐로우 키드"로 알려지게 되었다. 1896년에는 아예 만화 제목이 〈옐로우 키드〉로 바뀌었다. 만화가 인기를 끌자 신문사 간의 전쟁이 발발했다. 신문사마다 고유한 캐릭터가 등장하는 만화를 만들려고 한 것은 물론 온갖 종류의 가짜 뉴스를 내보내기 시작한 것이다. 매우 자극적이고 선정적인 형식의 뉴스 보도를 가리키는 "황색 언론yellow journalism"이라는 표현은 바로 이 아웃콜트의 만화에서 유래했다.

　황색 언론적인 보도 경향은 타블로이드 신문과 잡지로까지 옮겨 갔다. 이들은 오컬트, 기괴한 사건, 유명인에 관한 기사를 내보내거나 정치든 과학이든 분야를 가리지 않고 온갖 종류의 음모론을 다뤘다. 시간이 지나면서 이와 같은 보도 방식이 더욱 보편화되어 범죄, 재난, 스캔들, 가십, 오컬트 같은 주제를 집중적으로 다루는 기사가 정통적인 뉴스 기사와 섞여서 보도되었다.

초기 황색 언론은 즉각적이고 본능적으로 주의를 끌기 위해 단순화된 언어를 사용함으로써 가짜 뉴스 증후군을 불러일으켰다. 심지어 음모론을 기사 내용에 포함시키기도 했다. 인포워스가 등장하기 오래전인 1835년에 이미 《뉴욕선》은 달에 생명이 거주한다는 기사를 내보냈다. 물론 이는 설명할 수 없는 미스터리를 좋아하는 인간의 마음과, 정부가 외계 생명체의 존재 여부 같은 진실을 숨기고 있다는 통념을 이용한 허위 정보였다. 기사에서는 달의 표면에 사는 생명체들을 보여주겠다며 삽화를 내걸었다. 기사 내용에 충격을 받은 사람은 한둘이 아니었다. 다른 뉴스 매체에서도 해당 내용을 다루기 시작했고, 기사를 뒷받침할 과학적 증거가 전혀 없었음에도 외계 생명의 존재 여부를 두고 열띤 토론이 이어졌다.[145] 아직 인터넷이 등장하지도 않은 시대였지만 허위 정보는 다른 뉴스 창구는 물론 직장이나 학교 등 사회 전반으로 산불처럼 퍼져나갔다. 그러는 와중에 기사 내용은 점점 살이 붙고 또 붙어 오늘날 우리가 밈이나 도시 괴담이라고 부를 만한 이야기로 발전했다. 처음 기사를 내보낸 편집자 리처드 애덤스 로크가 허위 정보를 꾸며낸 목적이 과학을 풍자하기 위한 것이었는지, 아니면 단순히 장난을 치기 위한 것이었는지는 확실하지 않다. 정부의 주장이라면 반사적으로 불신하고 외계 생명에 관한 이야기에 목말라 있던 순진한 독자들은 음모론이라면 읽지 못해 안달이었다. 여기서 얻을 수 있는 교훈은 이야기가 재밌기만 하다면, (미스터리 소설처럼) 자극적이고 현실감 있는 언어로 제시되기만 한다면, 숨겨진 정보를 밝혀주는 것만 같

거짓말의 기술

다면 우리가 쉽게 속임수에 넘어간다는 사실이다.

오늘날 우리가 겪고 있는 가짜 뉴스 증후군은 분명 오랜 역사를 가지고 있다. 의학 용어를 빌려 온 김에 비유를 계속 이어나가자면, 가짜 뉴스 증후군에는 식별 가능한 병인病因이 존재한다. 증후군 비유는 가짜 뉴스가 우리의 정신에 미치는 영향을 설명하기에도 적절하다. 허위 정보가 미치는 악영향은 언어 및 인식 차원에서 발생하는 문제이기 때문이다. 질병과 전염병이 우리의 몸을 망치듯이 가짜 뉴스와 음모론은 우리의 정신을 망친다. 가짜 뉴스 증후군은 개인은 물론 사회 전반에도 파멸적인 증상을 초래할 수 있다. 달 사기극에서 확인한 것처럼 거짓말은 바이러스처럼 사회 전체로 퍼져나간다.

오늘날 가짜 뉴스는 주로 소셜미디어나 인터넷 정보 공작을 통해 전파된다. 2016년 미국 대선 중에 러시아 해커들은 미국 사회에 퍼져 있던 인종적 갈등과 분노를 겨냥해 페이스북으로 허위 정보를 퍼뜨렸다. 그들은 인종 폭동이나 사회적 난동과 관련된 이미지를 섞어 허위 정보의 신빙성을 끌어올렸고, 극적인 변화가 필요하다는 인식을 불러일으켰다. 물론 그 변화를 "실행"할 적임자로는 도널드 트럼프가 지목됐다. 가짜 뉴스라기에는 어찌나 진짜처럼 보였던지, 뉴스를 접한 사람들을 인터뷰한 결과 다들 그 뉴스가 가짜일 리가 없다고 주장했다. 뻔한 얘기지만 사람들은 트럼프가 당선되고 미국 사회에 유의미한 변화가 생기려면 허위 정보는 어쩔 수 없이 필요했다고 합리화했다. 일단 음모론이 확산되고 사람들의 억눌린 신념과 결합하고 나면, 다른 모든 정보는 귀에 들어오지도 않을 만큼 허위 정보가 사람들의 정신 깊숙이 뿌리를 내리는 것이다.

트럼프가 대통령으로 집권하는 동안 가짜 뉴스 증후군이 더욱 널리 퍼져나갔다는 사실이 이를 뒷받침한다. 트럼프가 미국 정보기관보다 푸틴을 더 신뢰하는 모습을 보인 2018년 헬싱키회담 이후 어느 트럼프 지지자가 인터뷰에서 답변한 내용을 보면, 가짜 뉴스 증후군이 현실 인식을 어떻게 왜곡하는지 분명히 확인할 수 있다.[146] 그 지지자는 러시아가 대선에 개입했다는 사실을 인정하면서도 이렇게 덧붙였다. "새삼스러울 거 있나요, 걔들이 몇 년을 그랬는데. 게다가 트럼프는 푸틴을 보고 '이봐요. 그거 거짓말이잖아요.'라고 추궁하지도 않았어요. 다른 정치인들이랑은 다르게 협상할 줄 아는 거죠." 인터뷰가 진행되면 될수록 그 지지자가 트럼프의 모든 언행을 미국을 더 나은 나라로 만들기 위한 전략의 일환이라고 인식한다는 점이 분명해진다.

현재 가짜 뉴스 산업은 사이버 공간이라는 비옥한 땅 위에서 그 어느 때보다 번창하고 있다. 가짜 뉴스 기사가 소셜미디어에서 인기를 끌어 사용자들이 기사 링크를 클릭하기 시작하면 해당 뉴스 매체는 어마어마한 광고 수익을 얻는다. 아예 전문적으로 가짜 뉴스만 보도하는 사이트도 있다. 어차피 구독자들은 자신들이 선호하는 후보의 정치적 입장을 선전해주기만 한다면 그것이 사실이든 거짓이든 신경 쓰지 않는다. 가짜 뉴스가 인터넷에 유포되면 누구든 기사를 소셜미디어에 퍼다 나를 수 있으므로, 가짜 뉴스의 소비자와 판매자 사이에는 끊임없는 악순환의 고리가 이어진다. 허위 정보에 지속적으로 노출되는 사람은 정보의 정확성과 질을 객관적으로 평가하는 능력을 점차 잃어버리다가, 결국 파블로프의 개처럼 정보가 주어지는 대로 즉각 수용하기만 한다. 허위 정보라 할지라도 자신의 신념과 이념에 부합하는 한 그것을 거짓이라고 받아들이기는 사실상 불가능해진다.

가짜 뉴스 증후군은 어릴 때부터 인터넷과 함께 자라온 사람들에게 특히 심각한 영향력을 발휘한다. 2015년에 스탠퍼드교육대학원 연구진이 중학생에서 대학생에 이르는 학생 수천 명을 대상으로 연구를 진행한 결과에 따르면, 온라인 세대는 페이스북이나 인스타그램과 같은 소셜미디어를 통해 접한 허위 정보를 굉장히 쉽게 믿는 경향이 있다.[147] 응답자 대부분은 온라인 매체에 능숙한 정도와 관계없이 사실에 기반을 둔 뉴스와 허구에 기반을 둔 뉴스를 구별하지 못했다. 비슷한 연구가 반복될수록 가짜 뉴스 증후군이 미치는 심리적 악영향이 얼마나 심각한지 점점 분명해질 것이다. 음모론자나 거짓말쟁이 입장에서는 최소한의 노력, 시간, 자원만 투자해도 디지털 세계를 통해 가짜 뉴스를 손쉽게 퍼뜨릴 수 있으니 이만큼 유용한 정신 통제 수단도 없다. 언론의 자유가 존재하는 한 허위 정보 생산자를 기소하는 일도 불가능하다. 이러한 이유 때문에 가짜 뉴스 문제는 앞으로 표현의 자유가 나아갈 방향을 결정하는 데 있어서도 핵심 사안에 해당한다. 오늘날 허위 정보, 낚시성 기사, 사기극, 음모론, 유사 과학 등이 너무도 만연해 있다 보니 사람들은 비유적으로 말해 사고가 마비된 상태에서 정보를 처리한다. 사실상 비판적 사고가 작동 불가능하다는 뜻이다. 거짓말쟁이 군주가 날뛰기에는 완벽한 인지적 환경이 아닐 수 없다.

이전 장에서 다룬 것처럼 일단 거짓말과 속임수에 맞춰 정신 태도가 틀 잡히고 나면 오직 충분한 시간과 환경만이 상황을 되돌릴 수 있다. 무솔리니, 스탈린, 히틀러와 같은 독재자들이 물러난 것은 설득력 있는 반론이 제기되었기 때문이 아니라, 시간이 지나면서 거짓말만으로는 사람들의 주의를 돌리기 힘들 만큼 경제적·군사적·사회적 환경이 뒤바뀌었기 때문이다. 사람들이 "임금님은 벌거숭이"라는 사실을 깨달아야만 거짓말쟁이 임금을 자리에서 끌어내릴 수 있다.

언론 문제를 다룬 촘스키와 허먼의 고전 《여론조작》에서는 정치 문제부터 도덕 문제에 이르기까지 뉴스 매체가 어떻게 여론을 좌우하고 조작하는지에 대해 한 가지 이론을 제시한다.[148] 비록 인터넷 시대가 오기 전인 1988년에 발표되었지만, 둘의 이론은 여전히 가짜 뉴스 증후군의 출현과 영향을 설명하기에 충분하다. 언론 매체가 해당 매체의 자금이나 소유권을 관리하는 중개인의 입맛에 맞춰 뉴스 보도를 선택하고 포장할 수밖에 없다는 사실은 변하지 않았기 때문이다. 결과적으로 언론 매체는 "여론을 조작하는 것"을 목표로 하는 선전 기구 대체품 역할을 한다. 그들은 어떤 화제를 어떤 어조로 다룰지 선택하며, 의도에 상충하는 정보가 있다면 논란의 여지가 있는 것처럼 제시하거나 아예 보도에서 걸러낸다.

요즘에는 인터넷 덕분에 거짓말이나 음모론을 웹사이트와 소셜미디어에 퍼뜨리는 식으로 누구든 여론 조작에 가담할 수 있다. 결과적으로 일부 극우 디지털 뉴스 매체는 특정 세계관을 사람들의 정신 속에 주입해 원초적인 애국심을 자극하고, 자신들의 견해를 지지하는 것이 잘하는 일이라고 격려한다. 허먼과 촘스키는 여론 조작 과정에 다섯 가지 필터가 작용한다고 지적한다. 첫 번째 필터는 소유주다. 무대 뒤에 숨어 있는 소유주가 자기 뜻에 맞게 뉴스 정보를 관리하고 감독한다는 뜻이다. 두 번째 필터는 자금이다. 언론 매체는 보통 자금을 제공하는 자들의 견해를 따라가는 경향을 보인다. 오늘날에는 자금이 해당 언론 매체의 "대의"를 지지하는 시청자나 독자에게서 나오기도 한다. 세 번째 필터는 정보 제공자다. 언론 매체에 뉴스거리를 제공한 진영이 자기네 입장에 맞지 않는 내용을 거르거나 검열할 수 있다는 뜻이다. 네 번째 필터는 비판이다. 대중이나 관계자가 뉴스 보도 내용에 부정적인 반응을 전달하는 경우 해당 내용이 걸러질 수 있다. 다섯 번째 필터는 "반공"으로, 주류 이념에 반대되는 정치적 이념은 배제되거나 부정적으로 서술되어야만 한다고 보는 관점을 뜻한다.

오컬트

초기 황색 언론이 인기를 끌었던 이유 한 가지는 오컬트를 다루는 보도 덕분이었다. 당시 점성술이나 미신을 향한 대중의 관심이 높아지고 있었는데, 황색 언론이 이를 기사 소재로 사용한 것이다. 요즘도 타블로이드 신문을 보면 별자리 운세가 지면을 크게 차지하고 있는 경우가 많다.

오컬트를 매개로 가짜 뉴스를 전파하는 대표적인 온라인 사이트가 바로 '인포워스'이다. 인포워스는 1999년에 대중선동가 알렉스 존스가 창설해 프리스피치시스템LLC 산하에서 운영되고 있는 대안 우파 언론 사이트다. 웹사이트 월간 방문자 수는 놀랍게도 (2018년 기준) 1,000만 명을 넘는다. 대부분의 주류 언론 사이트보다도 많은 독자를 확보하고 있다는 뜻이다. 이 사이트는 주류 언론이 9·11 테러를 왜곡해서 보도했다는 근거 없는 주장 등 수많은 음모론을 제기한 것으로 유명하다. 법적 문제가 제기되어서 존스가 기사를 철회해야 할 만큼 악독한 음모론도 많았다. 어째서 인포워스가 제시하는 뉴스가 그렇게나 많은 관심과 수용을 받는지 고민해보면 오늘날 언론 세계가 어떻게 돌아가는지 확실히 이해할 수 있다. 이제 뉴스는 더 이상 그냥 뉴스가 아니다. 미스터리와 오컬트를 향한 사람들의 호기심을 자극하기 위해 편향적인 해석을 곁들인 음모론이다. 도널드 트럼프와 인포워스가 서로를 끈끈하게 지지하는 것도 당연하다. 다큐멘터리 〈오바마의 속임수〉(2009) 등을 통해 "전권을 쥔 흑막 국가", 즉 딥스테이트를 (그렇게 명명되기 이전부터) 줄곧 경고해온 이도 존스다.

존스 같은 인물을 흔한 사기꾼 정도로 치부하고 넘기기 쉽지만, 존스가 내보내는 기사들이 정확히 황색 언론의 전통을 따르고 있다는 점을 잊어서는 안 된다. 실제로 리처드 울리는 존스와 트럼프가 선정주의, 음모론, 오컬트, 유사 역사에 사로잡힌 미국의 모습을 현대적으로 드러내는 인물들이라고 주장한다.[149]

조지프 퓰리처와 윌리엄 랜돌프 허스트의 "황색 언론"이 등장한 이래로 미국의 신문, 방송, 연설에는 선정주의적인 전통이 이어져왔다. 하지만 이제 미국에는 그 모든 것이 위험하게 뒤섞인 선정주의적인 대통령이 있다. 그는 트위터를 사용해 자신만의 황색 언론을 내보내고, 존스를 비롯한 미치광이 사상가들의 주장에 신빙성을 더해준다. 요컨대 더 이상 사실과 허구의 대립은 없으며 대안 사실과 복음만이 남아 있을 뿐이다. 미국이 세계에서 가장 강력한 경제 및 군사 대국이기에 이 문제는 미국에만 국한되지 않는다. 혹시라도 미국 정부가 거짓 정보를 바탕으로 결정을 내리기 시작한다면 이는 전 세계적인 문제로 확장될 수 있다.

19세기 초반에 황색 언론은 미신적인 이야기가 지닌 감정적·정신적 힘을 명확히 이해했다. 다시 말해 그들은 사람들의 정신 속에 신비주의적인 사고방식이 깊이 뿌리를 내리고 있으며, 이를 가짜 뉴스를 통해 쉽게 일깨울 수 있다는 사실을 이해하고 있었다. 오컬트 정신이란 미신적인 상징(예컨대 숫자 패턴)을 가지고 우주의 비밀이나 신비스런 힘을 밝혀낼 수 있다는 믿음을 가리킨다. 오컬트 정신에 따르면 과학이나 그 밖의 학문도 기존의 이론이나 증거에 반대되는 입장을 모조리 거부하는 편향적인 음모론에 불과하다. 오컬트 문화는 언제 어디서나 존재했다. 아이러니하게도 종교가 패권을 잡았던 중세 시대에도 오컬트는 중요한 위치를 차지했다. 13세기 이탈리아 신학자 토마스 아퀴나스처럼 저명한 교회 인사마저도 연금술이나 그 밖의 오컬트 예술이 가진 힘을 믿었다. 중세 말엽에서 근대로 넘어오면서 오컬트는 점차 악마 숭배와 결합하기 시작했다. 이런 이유 때문에 교회는 오컬트를 금지했고, 르네상스 시대에는 "마녀"를 사냥하기까지 했다. 하지만 교회의 노력은 오히려 오컬트에 새로운 숨을 불어넣고 말았다. 18~19세기에 오컬트와 미신적인 전통에서 창조적인 가치를 발견한 유럽의 미술가, 작곡가, 건축가 등이 비밀스런 사회 운동 형태로 오컬트 전통을 이어나간 것이다. 1960~1970년대에는 뉴에이지 운동과 반체제 운동이 동력을 얻으면서 오컬트가 다시 수면 위로 떠올랐다. 트럼프가 내세운 "마녀사냥"이라는 슬로건 역시 상대 진영을 비난하는 의도뿐만 아니라 오컬트적인 함의도 담고 있다.

게리 라흐만이 《정신에 드리운 그림자Turn Off Your Mind》에서 지적하는 것처럼 반체제 운동을 주도하던 젊은이들이 오컬트 정신을 받아들인 뒤로 오컬트는 미국 사회에서 보편적인 현상이 되었다.[150] 뮤지션과 예술가, 그리고 그들의 수많은 팬은 타로 카드, 점술, 별자리, 카발라, 요가, 마술, 톨킨의 《반지의 제왕》 등을 주류 문화로 끌어올렸고, 대부분은 지금까지도 확고한 주류 문화로 남아 있다. 오컬트 문화는 우리모두에게 심대한 영향을 미쳤다. 예컨대 영화 〈매트릭스〉는 (라흐만의 주장에 따르면) 잔혹한 연쇄살인이 증가하는 데 기여했는데, 이는 오컬트 상징이 현실 속의 공포로 전이되고 있을 가능성을 시사한다. 라흐만은 이렇게 말한다.[151]

뚜렷한 동기가 없는 연쇄살인이 증가하고 있다는 사실은 심각한 염려를 자아낸다. 콜로라도주 덴버 근방에서 벌어진 콜럼바인고교 총기 난사 사건을 생각해보자. 그곳 학생이었던 에릭 해리스와 딜런 클리볼드는 검은색 우비를 입은 채 총을 발포해 동급생 열두 명을 무심하게 학살한 뒤 스스로 목숨을 끊

서가명가

서울대 가지 않아도 들을 수 있는 명강의 〇

* 서가명강 시리즈는 계속 출간됩니다.

프레임
굿 라이프

최인철 지음 | 각 값 20,000원

서울대 행복연구센터장
최인철 교수가 전하는
나 그리고 내 삶을 바꾸는
심리학의 지혜

위어드

조지프 헨릭 지음 | 유강은 옮김 | 값 42,000원

서구 문명은 어떻게 세계를 지배하는가?

서구의(Western), 교육 수준이 높고(Educated), 산업화된
(Industrialized), 부유하고(Rich), 민주적인(Democratic).
5가지 키워드는 어떻게 현대 서구 문명의 번영을 가져온 걸까?
인류 역사를 따라 문화, 제도, 심리의 공진화를 파헤치다.

우리의 기원, 단일하든 다채롭든

강인욱 지음 | 값 19,800원

우리는 결코 외롭거나 고립된 민족이 아니었다!

이 땅에서 살아남기 위해 우리는 끊임없이 교류했다. 단일민족
이라는 증명되지 않은 신화를 벗어던지고 유라시아 여러 지역
과 교류하며 살아온 수천 년 우리의 역사가 새롭게 펼쳐진다.
이 책은 고고학 연구를 통해 한반도의 과거와 미래를 연결하
고, 세계 속의 대한민국을 향해 첫걸음을 내딛는 지침서가 될
것이다.

우리는 왜 타인의 욕망을 욕망하는가

이현정 지음 | 값 17,000원

타인 지향적 삶과 이별하는
자기 돌봄의 인류학 수업

타인의 시선에서 벗어나 우리는 조금 더 행복해질 수 있을까?
한국 사회에 만연한 우울과 불안, 타인에 의해 이끌리는 한국인
의 천편일률적인 삶을 사회문화적으로 고찰하며 진정한 '나'의
욕망과 삶의 형태를 찾아 스스로 돌볼 수 있는 방법을 찾게 도
와준다.

었다. 나중에 밝혀진 바에 따르면 본래 둘은 비행기를 납치해 대도시에 추락시키는 것과 같은 훨씬 규모가 큰 범죄를 계획했다고 한다. 소름 끼치는 것은 학살극만이 아니었다. 물론 직접적인 인과관계는 없지만 둘은 여러 "쇼크록[특이한 연주나 연출로 관객에게 충격을 주는 록 음악─옮긴이]" 밴드의 팬이었다고 한다. 게다가 둘의 모습은 당시 크게 히트를 친 SF 영화 〈매트릭스〉(1999)와도 무서울 만큼 닮아 있다. 영화 속에서 배우 키아누 리브스는 여기저기 총알을 퍼부으며 검은 가죽옷 차림의 해커들을 가상현실이라는 감옥 속에서 탈출시킨다. 깨달음을 통해 다른 차원으로 탈출한다는 식의 그노시스적인 모티프는 1990년대 후반에 〈다크 시티〉나 〈큐브〉 같은 SF 스릴러 영화를 통해 이미 작은 부흥기를 겪었다. 하지만 〈매트릭스〉에서는 이러한 주제 의식이 나치의 비밀경찰 같은 복장이나 수많은 총과 결합되었다. 까만 선글라스, 가죽 코트, 자동 화기가 육신이라는 감옥을 탈출하고자 하는 그노시스적 이상과 합쳐진 셈이다. 신비주의는 아직도 우리 곁에 남아 있다. 신비술을 행하는 자들이 더 이상 샌들을 신고 있지 않을 뿐이다.

"육신이라는 감옥을 탈출"하고자 하는 욕구는 흔히 오컬트 관습과 전통을 통해 충족된다. 따라서 인포워스처럼 가짜 뉴스를 발행하는 웹사이트가 오컬트적인 음모론과 깊은 관계를 맺고 있는 것도 그리 놀랄 일이 아니다. 히피 세대의 음악 영웅 캣 스티븐스가 1975년에 발표한 콘셉트 앨범 《넘버스》(부제는 "피타고라스 이론 이야기")가 암시하는 것처럼 우리는 (오컬트로서의) 피타고라스 시대에 살고 있다. 이 앨범은 아득히 멀리 떨어진 어느 은하에 존재하는 가상의 행성 폴리고르를 배경으로 삼고 있으며, 이곳에 세워진 궁전에는 여러 폴리곤[직역하면 다각형—옮긴이]이 거주하고 있다. 결국 이 앨범이 암시하는 사실은 현대 문화도 피타고라스적인 학문과 오컬트가 완벽히 결합한 폴리고르와 다를 바 없다는 점이다.

반격

트럼프는 자신의 거짓말을 폭로하는 언론을 가짜 뉴스로 규정한 뒤 끊임없이 반격을 가한다. 사실이 비틀리고 또 비틀리는 상황 속에서 혼란을 느낀 사람들은 트럼프를 가해자가 아니라 피해자로 인식하기 시작한다. 이렇듯 트럼프는 가짜 뉴스로 뒤덮인 우리 세계를 자기 이익에 맞게 전략적으로 이용할 줄 안다. 자신이 피해자라는 트럼프의 주장이 뻔한 거짓말이자 자기모순임이 분명함에도, 폭스뉴스 같은 일부 보수 언론 매체가 그러한 주장을 가져다가 믿을 만한 이야기로 고쳐서 내보내고 있다는 사실은 정말 기가 막힐 뿐이다.

트럼프가 얼마나 교활하게 스스로를 피해자로 둔갑시키는지, 그가 트위터에 남긴 글들을 통해 알아보자. 이 글들은 2018년에 트럼프가 북한의 독재자 김정은과 처음 회담을 가진 뒤 쓴 내용이다. 그는 자신을 뉴스 보도의 희생양으로 묘사한 뒤 자연스럽게 자신의 성과를 이어붙여 사람들의 정신에 혼란을 유발한다.

Donald J. Trump ✔ @realDonaldTrump ∨

만약 오바마 대통령이 (실제로는 대북 정책에 있어서 성과를 하나도 못 거둔 데다가 계속 집권했으면 전쟁을 내서 수백만 명을 죽게 했겠지만) 나처럼 북한이랑 잘 어울렸다면, 최종적인 협의에 이르기 위한 첫 발걸음을 내디뎠다면, 가짜 뉴스에서는 오바마를 국가적 영웅이라고 찬양했겠지!

2018.06.18. 오전 9:57:40

Donald J. Trump ✔ @realDonaldTrump ∨

북한과 많은 대화를 나눴어. 물론 대화는 순조롭게 진행됐지! 지난 8개월 동안 미사일을 쏘거나 핵 실험을 하는 경우도 없었어. 아시아 전체가 기뻐서 들썩이고 있어. 오직 반대 당만이 가짜 뉴스랑 합세해 불평불만을 쏟아내고 있을 뿐이지. 내가 아니었으면 지금 우린 북한이랑 전쟁 중이었을 거라고!

2018.07.03. 오전 6:16:18

뒤이어 논의하겠지만 이는 자신의 업적을 과장해서 부풀리는 전략일 뿐만 아니라, 자신에게 비판적인 언론 매체에게 반격을 가하는 전략이기도 하다. 또한 트럼프는 스스로를 피해자로 포장하는 와중에 오바마가 대통령으로서 밟은 행적을 깎아내림으로써, 은연중에 오바마가 대통령으로서 부적격자였다는 출생지 음모론을 강화한다.

또 다른 반격 전략 중 하나는 가짜 뉴스를 향해 아무 근거도 없는 거짓 비난을 가하는 것이다. 다음 두 개의 글에서 확인할 수 있는 것처럼 트럼프는 언론사가 오바마에게 더 많은 보도 시간과 지면을 허락했다며 스스로를 피해자로 둔갑시킨다.

Donald J. Trump ✔ @realDonaldTrump

똑같이 이민 정책을 다루는 내용인데 오바마 정부를 얘기할 때
랑 우리 정부를 얘기할 때 보도 내용이 이렇게나 차이가 날 수가
있는지. 사실 오바마 임기 때보다 내 임기 때 정부 기관들이 훨
씬 투명하고 효과적으로 운영되고 있는 걸 보면 우리 정부가 훨
씬 일을 잘하고 있잖아. 가짜 뉴스가 너무 판을 치고 있어!

2018.06.25. 오전 7:36:29

트럼프가 자신의 이기적이고 편협한 이민 정책을 지지해주지 않는
다는 이유로 주류 언론을 비난하는 모습을 보고 있자면, 비판적인 뉴
스 매체의 보도를 묵살하기 위해 피해자 전략을 어떤 식으로 활용하면
되는지 교과서라도 만들 수 있을 정도다.

Donald J. Trump ✔ @realDonaldTrump

가짜 뉴스는 불법 이민 문제를 다룰 때 우리나라의 안전과 안보
에 대해서는 전혀 언급을 하지 않아. 세계 어디를 봐도 우리만큼
이민법이 허술하고 취약한 경우가 없는데 민주당 녀석들은 무
슨 수를 써서라도 이민법을 고치지 않겠지. 국경을 열겠다는데,
그건 범죄라고!

2018.06.20. 오전 7:25:17

트럼프가 사용하는 가장 효과적인 전략 중 하나는 스스로를 추켜세
움으로써 가짜 뉴스가 자신의 업적을 얼마나 과소평가했는지 강조하
는 것이다.

Donald J. Trump ☑ @realDonaldTrump ⌄

가짜 뉴스는 경제지표에서 주의를 돌리려고 안달이 나 있어. 그러니 계속 러시아 이야기만 지어내면서 마녀사냥을 하고 있는 거겠지.

2018.06.04. 오후 3:41:55

Donald J. Trump ☑ @realDonaldTrump ⌄

가짜 뉴스를 보면 참 우습단 말이야. 특히 NBC랑 CNN. 걔네들은 북한이랑 합의가 성사된 것을 깎아내리려고 부단히 애를 쓰고 있어. 500일 전이라면 혹시 전쟁이라도 터질까 봐 합의를 따내야 한다고 "구걸"했을 텐데 말이야. 우리나라 최대의 적은 바보들이 손쉽게 실어 나르는 가짜 뉴스야!

2018.06.13. 오전 8:30:49

트럼프가 미국의 사법제도에 계속 의문을 제기하는 것 역시 반격 전략의 일환이다. 이는 사법제도 내에 트럼프를 노리는 오물 같은 세력이 있다는 잘못된 신념을 퍼뜨린다. 인포워스가 그랬던 것처럼, 트럼프는 근거가 없음에도 믿고 싶은 사람들은 믿을 만한 음모론을 이용해 트위터에 글을 남겼다. 특히 이 경우에는 CNN, NBC, ABC, CBS 같은 방송사를 "민중의 적"이라고 대놓고 비난하면서 한껏 감정을 실어 반격 전략을 사용한다.

Donald J. Trump ✓ @realDonaldTrump ∨

보고에 따르면 대선 중에 내 캠프에 최소한 한 명 이상의 FBI 인사가 정치적 목적을 가지고 잠입해 있었다고 하더군. 대선 초반부터, 그러니까 러시아 사기극이 "핫"한 가짜 뉴스 기사로 떠오르기 한참 전부터 말이야. 이게 만약 진실이라면 역대 최악의 정치 스캔들이 아닐 수 없어!

2018.05.18. 오전 8:50:11

Donald J. Trump ✓ @realDonaldTrump ∨

NBC 뉴스는 또 틀렸어! 인용한다는 "출처"가 죄다 잘못됐다고. 진짜 문제는 다른 가짜 뉴스들처럼 출처가 아예 존재하지 않을 거라는 점이야. 다 조작된 소설이겠지! 〈어프렌티스[트럼프가 진행자를 맡은 적이 있는 NBC의 취업 면접 포맷 리얼리티 쇼—옮긴이]〉시절부터 NBC를 마음의 고향으로 느꼈는데, 이제는 CNN만큼 지저분한 가짜 뉴스 양성소가 되어버렸네. 참 슬픈 일이야!

2018.05.04. 오전 5:45:31

Donald J. Trump ✓ @realDonaldTrump ∨

역겹고 편향적인 **의도**를 잔뜩 품고 있는 가짜 뉴스 방송사들은 싱클레어방송국의 질 좋은 보도와 경쟁해야 한다는 사실 때문에 벌벌 떨고 있어. CNN, NBC, ABC, CBS의 "사기꾼"들은 부정직한 보도만 죽어라 했으니 소설 부문 상이나 받는 게 어떨까!

2018.04.03. 오전 5:34:18

트럼프의 트윗을 자세히 들여다보면 그가 사람들을 속이기 위해 황색 언론이 사용하는 타블로이드 언어와 똑같은 언어를 사용하고 있음을 알 수 있다. 대문자, 느낌표, 간결한 문장, 비속어, 짧은 슬로건, 과장

등이 그러한 언어의 특징이다. 트럼프의 트윗을 읽다 보면 마치 자극적인 문구로 서커스나 축제를 홍보하는 포스터를 보는 것만 같다. 미국 시인 E. E. 커밍스가 말한 대로다. "미국인에게 타블로이드 신문이 가지는 의미는 과거 필그림에게 성경이 가지는 의미와 같다. 즉 고난의 때에 즉각 찾을 수 있는 도움의 근원이자, 악한 세상의 허영과 허상을 간접적으로 탐닉함으로써 고난을 피하게 하는 수단이다."[152] 트위터를 통한 트럼프의 단호한 반격은 그를 지지하는 사람들을 "탐닉"하게 만드는 반면, 그를 비판하는 사람들을 당황하고 좌절하게 한다.

가짜 뉴스 증후군

논의가 흘러감에 따라 한 가지 질문이 떠오른다. 왜 우리는 거짓을 믿는 경향을 보일까? 혹시 온라인 매체의 등장으로 더욱 힘이 강해진 황색 언론의 역사에서 그 답을 찾을 수 있지 않을까? 가짜 뉴스 증후군이 미치는 영향 때문에 무슨 내용을 어떻게 보도하든 전부 그럴듯해 보인다는 사실이 언론 매체가 믿음을 조작해내도록 만드는 것은 아닐까? 그게 정답이다. 처음 이런 주장이 제기된 것은 1940년에 해들리 캔트릴이 발표한 연구 덕분이었다.[153] 1장에서 언급한 것처럼 캔트릴은 행성 간 침공을 다룬 H. G. 웰스의 1898년도 소설 《우주 전쟁》이 1938년에 오슨 웰스 감독의 다큐드라마로 각색되어 CBS 라디오방송을 통해 송출되었을 때, 어째서 사람들이 그토록 패닉 상태에 빠졌는지 이해하기를 원했다. 당시 방송에서는 화성인이 뉴저지에 착륙했다는 가짜 뉴스 보도를 중간에 섞어서 내보냈다. 보도가 어찌나 진짜 같았던지 방송 자체가 연출된 것임을 주기적으로 고지했음에도 청취자 대다수가 보도를 사실로 받아들였다. 침공이 발생한 곳으로 보도된 뉴저지에서는 일부 주민이 집을 버리고 달아나거나 잔뜩 긴장한 상태로 지역 당국에 전화를 걸기까지 했다. 실험 결과에 놀란 캔트릴 연구진은 왜 어떤 청취자들은 가짜 보도를 믿고 어떤 청취자들은 믿지 않았는지 알아내고자 했다. 캔트릴은 교육 수준이 높은 청취자가 그렇지 않은 청취자에 비해 방송을 거짓으로 인식한 확률이 높다는 사실을 발견했다. 캔트릴의 연구는 가짜 뉴스 증후군이 속임수에 취약한 대중에게 얼마나 쉽게 퍼질 수 있는지 밝혀낸 최초의 연구로서 의의가 있다.

오늘날 가짜 뉴스 증후군은 라디오보다는 주로 소셜미디어를 통해 퍼져나간다. 최초의 소셜네트워크 사이트인 식스디그리스는 1997년에 출범했다. 사용자들은 개인 프로필과 "친구 목록"을 만들 수 있었다. 아직 소셜미디어라는 개념이 낯설었던 탓인지 식스디그리스는 2000년에 문을 닫았다. 얼마 지나지 않아 다른 소셜네트워크 사이트들이 기능을 보완해 등장했다. 예컨대 2000년에 루나스톰이라는 스웨덴의 소셜네트워크 사이트는 방명록과 일기장 기능을 추가했다. 이는 지금까지도 소셜네트워크 사이트의 기본 기능으로 자리 잡고 있다. 2001년과 2002년에는 링크드인이나 프렌드스터 등 소셜미디어 역사에서 중요한 사이트가 여럿 출범했다. 얼마 지나지 않아 프렌드스터는 "친구의 친구"끼리 프로필을 연결해주는 데이트 사이트로 변모했고, 그 결과 이용자가 어마어마한 속도로 늘어났다. 프렌드스터의 데이터베이스와 서버로는 폭발적인 성장을 감당할 수가 없어서 사이트가 터지는 경우도 여러 차례 있었다. 하지만 점차 허위 프로필을 등재하는 "페이크스터"나 더 많은 프로필을 보기 위해 억지로 친구 목록을 늘리는 사용자가 많아졌다. 이에 대응한답시고 회사 측에서 허위 사진을 사용한 모든 계정을 삭제해버리자 수많은 사용자가 사이트에 대한 신뢰를 잃고 우후죽순 빠져나갔다. 이후 페이스북, 유튜브, 인스타그램 같은 소셜네트워크 플랫폼이 등장하면서 사이버 공간에서는 이와 같은 허구성이 무의식적인 전략 중 하나라는 사실이 점점 분명해졌다.

미디어 분석가 마크 다이스는 인포워스 같은 소셜미디어 플랫폼이 가짜 뉴스를 찍어내는 공장과 같다고 주장한다.[154] 그와 같은 매체에서는 뚜렷한 정치적 의도를 가지고 음모론과 허위 정보를 퍼뜨린다. 다이스의 주장에 따르면, 러시아의 정보 공작으로 2016년 대선 중에 인기를 끈 가짜 뉴스 기사들이 초래한 혼란은 분명히 대선 결과에 영향을 미쳤다. 가짜 뉴스에 담긴 메시지는 사람들이 다양성을 포용하는 정치 방식에 불만을 품도록 자극했다. 페이스북은 가장 광범위한 인구를 아우르는 소셜미디어인 만큼 허위 정보를 퍼뜨리는 과정에서 핵심적인 역할을 했다. 페이스북 페이지에 올라오는 콘텐츠는 마치 공동체 내에 퍼지는 뜬소문처럼 진실을 숨기는 듯한 느낌을 준다. 실제로 페이스북에 올라온 글들을 찬찬히 읽어보면 사람들이 다른 사람에 관한 소문을 퍼뜨리고, 또 그러한 소문에 맞서 자신을 변호하기 위해 페이스북을 이용하고 있음을 알 수 있다. 페이스북을 비롯한 소셜네트워크 사이트는 사람들이 상호작용하고, 소통하고, 관계를 맺는 방식을 재정립했다.

소셜네트워크가 담고 있는 사회적·철학적 함의는 실로 어마어마하기 때문에 다양한 각도에서 연구가 진행되고 있다. 물론 여기서 그 내용을 자세히 다룰 필요는 없다. 핵심은 오늘날 가짜 뉴스 증후군이 사회 곳곳으로 빠르게 퍼져나가고 있는 원인이 우리가 살아가고 있는 소셜미디어 세계 때문이라는 점이다. 전통적인 미디어 이론이나 문화 이론으로는 이 현상을 설명하거나 규정하기가 거의 불가능하다. 무명의 연주자가 클래식 음악을 연주하는 짧은 영상이 6,000만 회가 넘는 조회 수를 기록할지도 모른다. 술 취한 사람 영상이 수백만 조회 수를 기록할 수도 있다. 피아노를 치는 고양이 영상이 전 세계적인 인기를 끌기도 한다. 전부 완벽하게 새로운 현상이다. 하지만 온라인상의 가짜 뉴스 보도가 대부분 유머나 충격에 기반을 둔 짤막한 글이나 영상이라는 점은 결코 우연이 아니다. 그런 사이트에서 길고 지루한 뉴스 보도는 어떤 관심도 끌지 못한다. 온라인 밈 문화에 따라 전파되는 가짜 뉴스 증후군의 본질을 이해해야만 오늘날 정치 환경을 장악한 "포퓰리즘"의 특성을 이해할 수 있다. 오늘날 포퓰리즘의 기반에는 밈과 바이럴 영상의 세계를 만나 더욱 활개를 치고 있는 황색 언론의 언어가 깔려 있다.

정보 공작

정보 공작disinformation은 거짓말쟁이 군주가 사용하는 고전적인 술책이다. 이는 정치적·이념적 목적을 위해 허위 정보를 전략적으로 퍼뜨림으로써 사람들을 속이는 행위를 가리킨다. 현대에 정보 공작 전술을 사용한 최초의 인물은, 정보 공작이라는 용어를 만든 것은 물론 1923년에 "정보공작부서"(일종의 진실부)를 창설하기도 한 소련의 스탈린이다. 소련 시대가 저문 후에도 정보 공작 행위는 러시아의 핵심적인 군사적·사회공학적 전술로 남아 있으며, 2016년에는 푸틴이 정보 공작 전술을 효과적으로 사용해 미국 대선에 개입하기까지 했다. 당시 허위 정보는 컴퓨터 시스템 및 사용자와 상호작용이 가능한 봇에 의해 페이스북과 트위터로 퍼져나갔다. 러시아의 정보 공작이 얼마나 성공적이었는지는 그것이 미국을 비롯한 여러 국가의 정치 환경에 초래한 혼란을 보면 쉽게 확인할 수 있다. 이렇듯 정보 공작의 목표는 사회를 불안정하게 만드는 것이고, 주된 전략은 소셜미디어 사용자들이 긍정적으로 여길 만한 정보를 제공한 뒤 사이사이에 은밀히 허위 정보를 끼워 넣는 것이다.

앞에서 살펴본 트럼프의 트윗 역시 정보 공작의 범주에 속한다. 트럼프는 대중이 익숙해질 때까지 직설적인 언어를 반복적으로 사용하는 방식으로 교묘하게 진실을 감춘다. 트럼프의 정보 공작 기술이 워낙 뻔하고 노골적이다 보니, 언어학자들과 사회학자들은 도대체 왜 그의 전략이 그렇게나 효과적인지 이해하려 애쓰고 있다. 트럼프의 정보 공작 전술은 아예 하나의 마키아벨리적 기술로 자리를 잡아서, 이제는 인포워스나 브라이트바트 같은 대안 우파 뉴스 매체는 물론 폭스뉴스까지 그 기술을 받아들여 적극적으로 사용하고 있다. 결과적으로 수많은 미국인은 《뉴욕타임스》, 《워싱턴포스트》, CNN, MSNBC 등 트럼프가 가짜 뉴스로 규정한 언론 매체가 자신들이 선출한 대통령을 자리에서 끌어내리려 선동을 일삼고 있다고 굳게 믿게 되었다.

사실 이런 전략은 역풍을 맞거나 역효과를 거두기도 한다. 현재 언론 역사상 어느 때보다도 《뉴욕타임스》와 《워싱턴포스트》는 용감하고 충실하게 정의의 목소리를 발하고 있으며, 기자들은 펜타곤 문서 사건이나 워터게이트 사건 때 언론이 맡은 역할을 떠올리면서 정치권력의 압제와 정보 공작 행위에 용맹하게 맞서 싸우고 있다.

여러 번 살펴본 것처럼 과거에도 지금과 비슷한 상황이 많았다. 그중 하나는 1922년 10월에 무솔리니가 이탈리아의 권력을 잡았을 때다. 거짓말을 전략적으로 활용하고 자기만의 방식으로 정보 공작을 펼친 무솔리니는 39세의 나이에 역대 최연소 수상 자리에 올랐다. 강경한 언어로 청중을 홀리는 그의 카리스마 넘치는 연설이 권력을 쥐는 데 도움이 됐다는 사실은 분명하다. 무솔리니는 겉만 번지르르한 말재주로 국가주의가 이탈리아를 하나로 통합시킬 힘이라고 주장함으로써 비민주적이고, 전체주의적이고, 억압적인 국가를 건립했다. 무솔리니 본인이 곧 이탈리아 '자체'였다. 그는 당시 정부를 "뒷방 늙은이들"이라며 인정하지 않았다.[155] 그다음에는 국민의 신뢰를 얻기 위해 자유 언론의 권리를 하나둘 빼앗았고, 1924년 7월에는 국민의 부름에 응하

기 위해서라며 정부를 장악했다.[156]

셀 수 없이 많은 국민 여러분과 직접 만나 대화를 나눴지만, 저에게 독재로부터 해방시켜달라고 부탁하는 경우는 한 번도 없었습니다. 독재 같은 것은 존재하지 않으니 그런 게 존재한다고 느끼시는 분도 없는 것이죠. 국민 여러분이 제게 부탁한 것은 철로, 주택, 배관, 다리, 수로, 전기, 도로를 놔달라는 것이었습니다.

1925년 1월 3일에 무솔리니는 이런 선언을 했다. "제가, 오직 저만이 지금까지 일어난 모든 일에 정치적·도덕적·역사적 책임을 질 것입니다. 이탈리아는 평화와 안정, 노동과 휴식을 원합니다. 여러분이 원하는 것들을 가능하다면 사랑으로, 필요하다면 힘으로 드리겠습니다."[157] 소름 끼치게도 트럼프 역시 노스캐롤라이나에서 연설을 하는 중에 그가 "물려받은" 세상이 직면한 혼란을 겨냥해 비슷한 말을 남겼다. "제가 바로잡겠습니다. 지켜보세요. 제가 바로잡습니다." 여러 신문에 직접 편집자로 참여하기도 했던 무솔리니는 정보 공작 기술을 손수 배워 언론을 자기 마음대로 주무르기에 이르렀다. 그는 권력을 쥐자마자 이탈리아의 주류 신문사 대부분을 탄압했으며, 언론의 자유를 보장하는 시늉을 하기 위해 일부 소규모 신문사만 위장용으로 내버려뒀다. 문제를 제기할 존재가 싹 사라지자 무솔리니의 권력욕은 활짝 피어올랐다. 그의 집회에 참석한 군중은 "두체, 두체, 두체여! 저희는 죽을 때까지 당신을 위해 존재합니다!"라고 외쳤다.

이와 유사한 정보 공작 전술은 나치가 독일을 장악한 1933년, 다시 정치 환경에 모습을 드러냈다. 같은 해 3월 14일에 선전장관으로 임명된 괴벨스는 독일이 사회적·경제적 혼란에 빠진 이유가 교육을 잘 받은 독일 출신 백인 청년들을 향한 공격 때문이라는 허위 정보를 유포했다. 장관으로서 행한 이 첫 번째 일 덕분에 괴벨스는 "열심과 열정, 때 묻지 않은 이상"을 지닌 젊고 똑똑한 열성 당원을 마음껏 모집할 수 있었다.[158] 무솔리니가 그랬듯 괴벨스도 독일의 신문사들이 "훌륭한 독일인의 신념, 관습, 애국심"을 "부패"시키는 존재라며 언론을 장악했다.[159] 결과적으로 모든 언론이 '글라이히샬퉁Gleichschaltung'(나치즘의 기준에 맞춘 정치·경제·사회 조직의 획일화)에 종속되었다. 어떤 사안을 보도하든 나치 이념을 따라야 했다는 뜻이다.

이탈리아와 독일과 소련의 정보 공작, 그리고 현재 미국 주류 언론의 신뢰도를 떨어뜨리려는 극우 세력의 시도가 서로 얼마나 닮아 있는지를 보면 겁이 날 정도로 충격적이다. 미국의 상황에서 유일하게 다른 점이 있다면 더 이상 정보공작부서나 진실부가 따로 필요 없다는 사실이다. 어차피 소셜미디어가 사이버 공간에서 정보전을 치르며 똑같은 역할을 훌륭하게 수행할 것이다. 정치적 목적을 품은 정보원들은 소셜미디어에 허위 정보를 퍼뜨려 정치인과 정치 기관을 비방하고 사람들 사이에 혼란을 초래한다. 사실상 과거의 정보공작부서가 수행하던 핵심 역할을 그대로 수행하고 있는 셈이다.

음모론

2017년에 진행된 인터뷰 중에 트럼프의 고문 켈리앤 콘웨이는 켄터키 주에서 발생한 "볼링그린학살" 사건이 이를 미리 계획하고 미국에 입국한, ISIS에 의해 과격화된 두 명의 이라크 남성에 의해 발생했다고 주장했다. 하지만 그런 사건은 애초에 일어난 적이 없었다. 반박을 당한 콘웨이는 그저 "실수"일 뿐이라고 일축했다. 물론 단순한 실수였을 가능성은 희박하다. 콘웨이는 무슬림이 위험한 존재라는 거대한 음모론의 일환으로 몰래 허위 정보를 퍼뜨리려고 시도한 것이다. 실제로 볼링그린 근처에서 두 명의 이라크 남성이 체포된 적이 있긴 하지만, 그건 콘웨이가 음모론을 제기하기 몇 해 전에 일어난 사건이었으며 체포된 이유도 달랐다. 사실을 왜곡해 실제 사실을 구분하기 어렵게 만들려는 시도는 음모론의 핵심 전략 중 하나다.

특정한 정치적 명분을 지지하기 위해 음모론을 날조하는 일은 역사 내내 일어났다. 음모론은 대개 어떤 일도 우연히 일어나지는 않는다는 전제와, 우리가 보는 현실이 실제 현실이 아닐 수도 있다는 전제 위에 세워진다. 따라서 경험적인 증거로 반박해도 꿈쩍도 하지 않는다. 마키아벨리는 정치적 권력을 획득하고 유지하는 데 음모론의 역할이 매우 중요하다고 보았기 때문에, 아예 책을 하나 따로 써서 거짓말쟁이 군주가 반드시 사용해야 할 거짓말의 기술 중 하나로 음모론을 강조했다.[160] 알레산드로 캄피 역시 마키아벨리가 성공적인 쿠데타를 설계하는 방법에 관한 실용적인 지침서를 쓴 적이 있다는 사실에 주목했다.[161] 책에 소개된 핵심 전략은 음모론을 퍼뜨려 가능한 한 많은 사람의 머릿속에 피해망상을 심는 것이다. 그리고 나면 망상은 바이러스처럼 거의 모두에게 전염된다. 설령 음모론을 믿지 않는 사람일지라도 음모론의 진위를 따져봐야 할 필요성을 느끼는 순간, 피해망상에 시달리는 것은 똑같다. 다시 말해 정치적 음모론의 핵심은 거짓 이야기를 만들어내 가상의 적이 음모를 꾸미고 있는 것처럼 묘사함으로써 현실을 조작하는 것이다. 이러한 망상의 늪 속에서 거짓말쟁이 군주는 국민을 구출할 정치적 구세주로 그려진다. 철학자 칼 포퍼의 주장에 따르면 전체주의 정권의 기반에는 그와 같은 음모론이 꼭 필요하다. 사람들 사이에 은근히 싸움을 붙여 공포와 불안을 유발해야 하기 때문이다.[162]

19세기 이래로 미국에서 음모론을 퍼뜨리는 주된 매체는 황색 언론과 그 후계자인 타블로이드 신문과 온라인 매체였다. 인포워스가 제공하는 음모론 기반 토크쇼가 완벽한 예시다. 이 토크쇼의 유일한 목적은 진보 언론과 정치인을 미국 내부의 적이라고 비난함으로써 청취자의 머릿속에 혼란과 망상을 불러일으키는 것이다. 물론 인포워스가 처음은 아니다. 음모론에 기반을 둔 토크쇼는 라디오방송 역사 초창기인 1926년에도 존재했다. 당시 찰스 E. 코플린 신부는 4,500만 명의 청취자를 거느린 주간 토크쇼 사회를 맡아 매회 음모론을 다뤘다. 토크쇼의 숨겨진 목표는 음모론을 통해 보수적인 종교적 가치를 홍보하는 것이었다. 코플린의 토크쇼는 미국의 초기 언론 역사에서 큰 성공을 거둔 라디오방송 중 하나로 꼽힌다.

지금도 토크쇼는 넘쳐난다. 알렉스 존스나 러시 림보 같은 토크쇼 사회자는 하루 단위로 음모론을 제기한다. 물론 진보적인 성향을 지닌 토크쇼 역시 오래전부터 존재해왔다. 특히 1960년대에 진보적인 라디오방송사인 뉴욕의 WMCA나 클리블랜드의 WERE는 거침없는 언변을 지닌 사회자 앨런 버그와 앨릭스 베넷 등을 내세워 베트남전쟁이나 평등권 문제 같은 논쟁적인 사안에서 진보적인 입장을 옹호하도록 했다. TV 토크쇼는 1948년에 첫 세대가 등장한 이래 지금까지 낮밤을 가리지 않고 중요한 위치를 차지하고 있다. 정치적 다양성을 지닌 나라답게 진보, 보수, 극우 등 다양한 정치 진영이 자신의 입장을 대변하는 토크쇼를 가지고 있다. 팟캐스트가 등장하면서 토크쇼 형식의 방송은 그 층이 한층 더 강화되었다.

온라인 토크쇼가 음모론과 가짜 뉴스를 퍼뜨리는 데 특히 효과적인 이유는 크게 세 가지다. 첫째로 온라인 토크쇼 시장에 진입해서 방송을 제작하는 비용이 적거나 거의 존재하지 않기 때문이다. 가짜 뉴스를 퍼뜨리려는 사람들이 진입할 수 있는 장벽이 낮은 셈이다. 둘째로 소셜미디어의 속성 덕분에 시청자나 청취자가 뉴스나 토크쇼 내용의 타당성을 판단하기가 매우 어렵다. 온라인에 올라오는 기사나 토크쇼는 그것이 어떤 형식으로 전달되는지, 또는 기자나 사회자가 누군지에 따라 얼마든지 진실로도 거짓으로도 보일 수 있다. 셋째로 소셜미디어 사용자들은 이념에 따라 양극단으로 분리되어 있다. 그렇기에 칩 히스와 댄 히스가 지적하는 것처럼 소셜미디어 사용자는 자신의 견해와 비슷해서 뇌리에 "달라붙을" 만한 정치 이야기를 찾기도 쉽고 공유하기도 쉽다. 생각이 뇌리에 "달라붙게" 만드는 특징에는 단순성, 예측 불가능성, 구체성, 신빙성, 감수성, 일관성이 있다.[163] 이름만 봐도 어느 정도 알 수 있기 때문에 하나하나 설명하지는 않겠다. 다만 나라면 여기에 반복성을 추가하겠다. 동일한 음모론이나 허위 정보를 반복해서 말할 때 가짜 뉴스 증후군이 나타나고, 사람들의 정신은 영구적인 영향을 받는다.

가짜 뉴스 증후군 덕분에 트럼프는 난공불락의 지위를 획득했다. 트럼프의 거짓말을 까발리려고 애쓰는 진보 언론은 그의 손에 놀아날 뿐이다. 트럼프의 지지자들은 그를 진심으로 신뢰하거나, 최소한 그의 거짓말이 필요하다고 믿는다. 진실을 좇으려는 노력은 대개 고통스럽게 끝난다. 아무리 노력해도 어디에도 이르지 못하기 때문이다. 이는 일종의 "캐치22" 딜레마를 낳는다. 서로 상충하는 이야기가 존재하지만 어느 쪽이 진실이고 거짓인지 밝혀낼 수 없기에 이러지도 저러지도 못하는 상황이다. 널리 알려진 것처럼 "캐치22"라는 표현은 조지프 헬러가 1961년에 발표한 소설 제목에서 유래했다. 소설의 주인공은 위험한 전투 임무를 피하기 위해 미친 척을 하지만, 임무를 피하려는 그의 열망이 도리어 그가 제정신임을 증명한다.

제프리 넌버그가 주목한 것처럼 딥스테이트 음모론은 가짜 서사의 심리적 작동 원리를 잘 보여준다.[164] 2016년에 브라이트바트에서 처음 음모론을 제기한 이후로 딥스테이트 음모론은 대선 중에도 임기 중에도 트럼프의 핵심 서사로 자리 잡았다. 딥스테이트는 이전 정부 구성원은 물론 아직도 정부에 남아 트럼프를 끌어내릴 궁리만 하고 있는 자들을 가리킨다. 여기에는 법무부, 정보부, 법원, 민주당원, 진보 진영 지식인 등이 포함된다. 음모론에 따르면 이들은 모두 급진 좌파적 이념을 추종한다. 트럼프 지지자들은 트럼프의 당선이 딥스테이트를 무너뜨릴 기회라고 믿었다. 따라서 러시아 대선 개입 의혹에 대한 수사 등 트럼프를 겨냥한 수사는 흑막에 가려진 딥스테이트가 트럼프를 끌어내리고 권력을 다시 잡으려 애쓰는 행위라고 해석하는 것으로 음모론에 자연스럽게 녹아들었다.

딥스테이트 음모론이 일단 신념으로 자리 잡고 나면 트럼프 지지자들은 음모론에 상충하는 뉴스나 사실을 걸러 듣기 시작한다. 딥스테이트 음모론을 무너뜨리기란 불가능에 가깝다. 이 음모론은 정부가 늘 진실을 숨기고 있으므로 어떤 일도 보이는 게 다가 아니고, 어떤 일도 우연히 일어나지 않는다는 인식에 깊숙이 뿌리를 박고 있기 때문이다. 심리학자 샌더 밴더린든은 이와 같은 의식의 흐름을 이렇게 압축한다.[165]

음모론자들이 하나의 음모론만 지지하는 경우는 거의 없다. 오히려 하나의 음모론을 믿으면 그 믿음이 또 다른 음모론을 믿을 근거가 된다. 이런 식으로 음모론은 순식간에 하나의 세계관으로 발전한다. 이때부터 새로운 정보는 증거의 무게가 아니라 기존의 믿음 체계에 얼마나 부합하는지에 따라 처리된다. 예컨대 여러 연구 결과에 따르면 음모론을 믿는 사람은 종종 상호 모순적인 설명을 동시에 지지하거나 완전히 날조된 음모론을 새롭게 받아들인다. 요컨대 더 이상 실제 증거가 중요한 것이 아니라, 그 이론이 기존의 음모론적인 세계관에 잘 어울리는지가 중요한 것이다.

일단 음모론에 말려들고 나면 음모론의 희생양은 세상에서 벌어지는 사건을 객관적인 방식이 아니라 음모론 자체에 끼워 맞추는 방식으로 해석하고 판단한다. 딥스테이트 음모론을 믿는 자들은 트럼프를 향한 비판을 그저 딥스테이트 구성원이 벌이는 사악한 음모로만 바라볼 뿐이다.

집단 광기의 시대

헨리 지루의 주장에 따르면 가짜 뉴스 증후군은 사실과 현실을 이해하는 사람들의 능력을 변질시키기 때문에 인지적으로 위험하다. 인식을 통제당해 거짓을 믿게 된 사람들은 거짓이 보라고 명령하는 것밖에 보지 못하게 되어, 결국 (2장에서 논의한) 대안 현실을 받아들이게 된다.[166]

트럼프는 사실과 진실을 무시하는 일련의 트윗, 인터뷰, 연설을 통해 사람들을 꼬드겨 그들을 정치를 모르는 유아로 만들려고 한다. 더 심각한 부분은 그가 증거에 입각해 사실을 증명하는 진실 체계의 구조적 기반 자체를 무너뜨림으로써 가짜 현실과 대안 세계를 구축하려 한다는 점이다. 이 대안 현실 속에서는 극적으로 사람들의 감정을 자극하는 이야기가 서로 경쟁을 벌이고 있을 뿐이다.

"이야기가 서로 경쟁을 벌"인다는 지루의 표현은 현 상황을 정확히 꿰뚫어 보고 있다. 탈진실의 시대인 오늘날 과학은 유사 과학과, 사실은 신화와, 진실은 음모론과 경쟁을 벌이고 있기 때문이다. 대표적인 예로는 기후변화 논쟁이 있다. 무시무시한 현실이 우리 눈앞에 놓여 있음에도 트럼프를 비롯한 음모론자들 때문에 기후변화는 사기극 취급을 받는다. 이들의 목적은 과학 자체마저 딥스테이트 음모론에 귀속시킴으로써 혼란을 불러일으키는 것이다. 미국 대선 직전에 《옥스퍼드 영어 사전》에서 2016년 올해의 단어로 "탈진실"을 꼽은 것도 우연은 아니다. 트럼프의 기만적인 웅변술, 사이버 공간을 통해 퍼진 허위 정보, 브렉시트처럼 인종혐오적인 음모론에서 나온 포퓰리즘 운동을 묘사하기에 그만한 단어도 없다. 탈진실 세계에서는 거짓된 신념이 논리, 과학, 이성에 우선한다.

물론 모든 믿음이 음모론에 기반을 두지는 않는다. 믿음 중에는 꼭 필요한 진짜 믿음도 있다. 그러한 믿음은 우리가 사실을 발견하도록 이끈 뒤, 그 사실에 따라 확증되거나 거부된다. 우리가 직관과 추론을 사용하는 과정에 꼭 필요한 요소인 셈이다. 하지만 분명 믿음 중에는 왜곡된 가짜 현실을 세뇌하는 식으로 형성되는 믿음도 있다. 이러한 믿음은 사람들이 사안에 대해 그저 반응할 뿐 생각하지 못하도록 만들기 때문에, 논리적으로 불가능한 이야기마저 타당하다고 받아들이게 한다. 루이스 캐럴의 《거울나라의 앨리스》에서 하얀 여왕은 이런 종류의 신념 체계를 다음과 같이 압축한다. "어째서? 때때로 나는 아침 먹기 전에 불가능한 일을 여섯 가지나 믿곤 했는데."[167]

프랑스의 사회비평가 장 보드리야르는 탈진실의 시대가 올 것임을 예견했다. 그는 가상과 현실이 더 이상 구분되지 않는 상태를 가리키는 시뮬라크룸 개념을 사용해 이를 설명했다(3장 참조). 마치 우리 선조가 세계를 실재적이고 사실적인 방식으로 설명할 과학적 지식이 없었기 때문에 신화를 참이라고 믿었던 것과 같다. 대안 사실과 음모론에 지속적으로 노출된 탓에 오늘날 진실과 거짓의 경계는 굉장히 희미해졌다. 보드리야르의 주장에 따르면 시뮬라크룸은 네 단계를 거쳐 서서히 나타난다.[168] 처음에는 현실을 있는 그대로 인식하고 실재와 허상을 뚜렷이 구분할 수 있는 정상적인 의식 상태가 존재한다. 다음으로는 모방과 거짓말에 끊임없이 노출되면서 현실이 서서히 비틀리는 단계가 찾아온다. 켈리앤 콘웨이의 "대안 사실"과 앨릭스 존스의 음모론이 현실에 대한 의심을 자아내기 시작하는 단계가 바로 이 단계다. 그다음에는 현실이 위장되어 있다고 인식하는 단계로 나아간다. 이때부터 현실과 허구 사이의 경계가 무너지기 시작한다. 사람들은 그 무엇도 진실하거나 유의미하다고 받아들이기 어려워한다. 마지막으로는 사실과 허구, 진실과 거짓의 구분이 무의미하다고 인식하는 시뮬라크룸 단계에 이른다. 시뮬라크룸이 인간의 정신에 어떤 영향을 미치는지 설명하기 위해 보드리야르가 사용한 예는 바로 디즈니랜드다. 가상 세계의 실물판인 디즈니랜드에서 방문객들은 세계에 완전히 몰입해 현실보다 더 현실처럼 느껴지는 경험을 한다. 이와 같은 과정을 거쳐 궁극적으로는 정치에서 예술에 이르기까지 모든 분야에서 진실과 거짓이 모호하게 뒤섞이는 시뮬라크룸 속으로 빠져든다.

1999년도 SF 영화 〈매트릭스〉는 시뮬라크룸이 일상이 된 세계를 묘사한다. 주인공 네오는 컴퓨터 화면을 통해 삶을 경험하고, 그 과정에서 의식을 형성한다. 영화 제작진이 보드리야르에게 자문을 구하려고 연락을 취했다는 사실은 주목할 만하다. 물론 보드리야르는 요청을 거절한 듯하다. 매트릭스 세계에서는 매일 어마어마한 양의 정보가 사람들의 주의를 장악하기 때문에, 사람들은 끊임없이 이어지는 정보의 흐름을 따라 이 생각에서 저 생각으로 옮겨 다닐 뿐이다. 따라서 정보의 내용을 깊이 생각할 시간이나 기회 따위는 거의 없다. 이러한 인지적 환경 속에서는 무엇이든 믿을 수 있다. 기억을 차단당한 채 제대로 된 사고를 할 수 없기 때문이다. 이러한 세계에서는 어제 일어난 일조차 무의미한 구식 정보가 된다. 이는 다양한 정신적 증상을 유발한다. 그중 하나가 "출처기억상실source amnesia"이라는 증상으로, 기억 자체가 상실된다기보다는 기억이 언제 어떻게 만들어졌는지 잊어버리게 된다. 수전 그린필드는 이렇게 설명한다.[169]

기억은 고유한 맥락에서 풀려난 채 여기저기를 자유롭게 떠다닌다. 출처기억상실을 겪으면 기억이 각각의 사건에 따라 구분되는 대신 모호하게 뒤섞인다. 사실 자체는 기억할지도 모르나 그 사실을 언제 어떻게 배웠는지 기억하지 못해 마치 어린아이나 동물의 기억과 비슷해진다. 기억 간의 질서나 순서가 모호하기 때문에 기억은 어떤 의미도 갖지 못한다. 자신의 구체적인 인생 이야기마저 전혀 이해가 되지 않는다.

마셜 매클루언은 새로 등장한 매체들을 향한 사람들의 열광을 일찍이 경고했다. 그는 온라인 매체 때문에 우리가 그저 "구경꾼"으로 전락해 비판적으로 생각하고 독립적으로 행동하는 능력을 잃어버릴 것이며, 그 결과 진정한 민주주의의 기반이 흔들리고 의미 있는 대화가 불가능해질 것이라고 경고했다. 비슷한 맥락에서 MIT의 언어학자이자 정치이론가 노엄 촘스키는 미국의 사회비평가이자 저널리스트인 월터 리프먼의 말을 빌려 이렇게 주장한다.[170]

이제 민주주의에는 두 가지 "기능"이 있다. 우선 특권층, 즉 책임을 맡은 사람들은 집행 기능을 수행한다. 공동의 이익이 무엇인지 생각하고 이해하며, 이를 통해 계획을 세운다. 다음으로는 갈팡질팡하는 무리가 나름의 기능을 수행한다. 리프먼의 말에 따르면 그들의 역할은 참여자가 아니라 "구경꾼"이다. 물론 민주주의 사회니까 구경꾼만의 역할이 있기는 하다. 이따금 그들은 특권층 구성원에게 힘을 실어줄 기회를 얻는다. 다시 말해 "저희는 당신이 지도자가 되기를 바랍니다."라고 말할 기회를 얻는다. 전체주의국가가 아니라 민주주의국가라 가능한 일이다. 우리는 이를 선거라고 부른다. 하지만 일단 특권층의 누군가에게 힘을 빌려주고 나면 그들은 다시 뒤로 물러나 구경꾼 역할에 만족해야 한다.

트럼프의 가짜 뉴스 전략은 곳곳에서 성공을 거두고 있다. 여러 번 언급한 것처럼 음모론이 수많은 미신의 근원인 뮈토스적 인식을 불러일으키기 때문이다. 오늘날 과학과 신화가 한데 뒤엉켜 시뮬라크룸이 되었다는 사실을 생각하면 참으로 겁이 난다. 리처드 올리가 지적하는

것처럼 트럼프의 시대에는 "가짜 지식"이 판치는 환경이 너무나도 당연한 것이 되었다.[171]

트럼프가 미국인에게 어떤 사상을 주입하려 하고 있는지 생각해보라. 그는 석탄 수요가 줄어들고 있음에도 석탄 산업을 되살릴 수 있다고 주장한다. 미국을 혐오할 이유를 찾는 자들에게 명분을 줄 게 뻔한 데도 출입국을 막는 것이 미국을 안전하게 만들어줄 것이라고 주장한다. 미국이 마주한 경제적·안보적 위기에 대응해 트럼프가 내놓는 허울뿐인 해결책은 어째서 자신들이 고통을 받고 있고, 어째서 도움이 찾아오지 않는지 이해하거나 설명하지 못하는 사람들에게서 공감을 얻을지도 모른다. 소득 불평등이나 질 낮은 교육 수준 같은 근본적인 원인을 공략하기보다는 사람들의 두려움을 자극할 뿐인 속편한 해결책들은 혼란과 분노를 조장한다. 가짜 지식을 피하고 진실을 찾기를 바라는 우리는 무엇을 할 수 있을까? 찰스 매카이는 이렇게 말한다. "인간은 무리를 지어 생각한다. 따라서 인간의 광기는 집단적으로 나타난다. 하지만 제정신을 차리는 과정은 서서히 한 명씩 이루어진다." 따라서 우리는 무리의 구성원 하나하나를 찾아가야 한다. 귀를 활짝 열고 대화를 주고받으면서 그의 정신에 호소하고, 비판적인 사고를 하는 방법을 알려주어야 한다.

5장

가스라이팅
반복적으로, 우회적으로 빈정거리기

거짓말은 그 자체로 악할 뿐만 아니라

영혼마저 악으로 물들인다.

－플라톤

거짓말쟁이 정치인의 주된 전략

르네상스 시대의 철학자 에라스뮈스는 "인간의 정신은 진실보다는 거짓에 훨씬 취약"하다고 말했다.[172] 이 책의 핵심 메시지 중 하나를 잘 함축하고 있는 말이다. 우리 모두가 거짓말쟁이 군주의 희생양이 될 수 있다. 그는 우리의 인식에 혼란, 착각, 의심을 불러일으키고 마음에 공포, 증오, 분노를 일깨우는 언어를 사용해 정신을 통제하여 신뢰, 지원, 옹호를 얻어낼 줄 아는 능수능란한 거짓말쟁이기 때문이다. 그가 사용하는 언어의 의미적 성분이 우리 무의식에 닿으면 마치 화학반응이 일어나듯 명료한 사고 능력과 비판적 판단 능력이 떨어진다. 교활하고 기만적인 거짓말쟁이가 초래할 수 있는 가장 직접적인 영향 중 하나는 현실을 의심하거나 거짓을 진실인 양 무분별하게 받아들이는 정신 상태다. 이는 종종 거짓이 잠재된 공포나 분노를 자극하기 때문이다. 은유적인 언어나 위선적인 언어를 사용하는 것이 딱 이런 유형의 거짓말의 기술에 해당한다. 흔히 "가스라이팅"이라고 부르는 기술이다. 이때 거짓말쟁이의 목표는 독창적인 언어적 술책을 사용해 사람들의 현실 인식을 통제하여 자신이 보도록 허락하는 것만 보게 만드는 것이다.

직접적으로 지칭하는 대신 도그휘슬dog whistle[개 호루라기 소리는 개만 알아드는 것처럼, 자기 집단만 알아들을 수 있는 언어를 사용해 극단적인 입장을 숨기는 정치 기술—옮긴이]을 사용하는 것은 가스라이팅의 핵심 전략이다. 거짓말쟁이가 사용하는 기술이 대부분 그렇지만 도그휘슬 역시 B

에 대해 말함으로써 A를 떠올리게 만드는 일종의 이중 언어에 해당한다. 예컨대 트럼프의 장벽 비유는 피상적인 차원에서는 국경 치안(B)을 염두에 둔 표현 같지만, 심층적인 차원에서는 외국인 혐오(A)를 부추기는 표현이다. 이와 같은 이중적인 표현 덕분에 트럼프는 터무니없는 말을 마구 지껄이고도 책임을 회피할 수 있다. 습관적으로 A 이야기를 하다가도 나중에 누가 문제를 삼으면 도리어 화를 내면서 자신은 B 이야기를 한 것뿐이라고 발뺌하면 그만이다. 어맨다 카펜터는 이와 같은 일구이언 전략이 닉슨에 의해 시작되어 트럼프에 의해 완성되었다고 주장한다.[173] 이렇듯 가스라이터, 즉 가스라이팅 가해자는 누가 거짓말에 문제를 제기하면 부인과 비난의 수위를 한껏 높이고 거짓말을 보강하여 반대 증거를 무마시킨다. 결과적으로 의심과 혼란은 가중된다.

가스라이팅의 주된 전략은 문제의 소지가 있는 대상이나 주제를 직접 지칭하는 대신 돌려서 말하거나 빈정거리듯 말하는 것이다. 거짓말쟁이는 이와 같은 이중 언어를 반복적으로 사용해 가리키는 대상을 서로 구별할 수 없을 만큼 뒤섞어 사람들의 현실 인식을 통제한다. 사람들은 그가 하는 말의 의미가 무엇인지 짐작밖에 못 하기 때문에 진짜 의미가 무엇인지 알고 싶으면 그에게 온전히 의존할 수밖에 없다. 브라이언트 웰치의 주장에 따르면 대규모 마케팅 및 광고 기술이 발전한 뒤로 수십 년 동안 가스라이팅은 미국 정치인들이 사용하는 대표적인 정치 전략 중 하나였다. "가스라이팅은 현대적인 통신 매체와 마케팅 및 광고 기술이 전통적인 선전 기술과 결합해 탄생했다. 그저 충분한 야심과 심리를 주무르는 기질을 가진 사람 눈에 띄기만 하면 언제든 사용될 준비가 되어 있던 셈이다."[174]

가스라이팅은 굉장히 다양한 형태로 나타나지만 이번 장에서는 그중 일부만 다룰 것이다. 하지만 어떤 경우든 가스라이팅의 핵심 특징은, 대놓고 언급하면 비판이나 반발이 예상되기 때문에 특정 믿음이나 개념을 간접적으로 교묘하게 지칭하는 것이다. 이는 주로 도그휘슬 전략을 통해 이루어진다. 인종차별적인 믿음일지라도 암호화된 방식으로 넌지시 제시하면 간접적으로 그 믿음을 정당화할 수 있는 셈이다. 도그휘슬은 기만이나 조롱과 같은 언어적 술책에 기반을 둔 전략이다. 도그휘슬 언어는 절대 대상을 직접 지칭하지 않고 간접적으로 환기함으로써 가스라이팅 효과를 일으킨다. 결과적으로 상대는 거짓말쟁이가 간접적으로 반복해서 심어 넣은 생각을 스스로 믿게 된 생각이라고 착각한다. 숙련된 거짓말쟁이에게 속임을 당한 희생양은 자신이 기만당하고 있다는 사실조차 깨닫지 못한다. 거짓말쟁이가 도그휘슬을 불어도 노골적으로 뱉지 못할 말을 뱉을 수 있게 해주는 암호이자 딥스테이트를 공격하기 위한 수단이라고 받아들일 뿐이다. 군대의 암구호처럼 도그휘슬 역시 내집단 구성원들을 감정적으로 단결시키는 구호 역할을 한다.

결국 가스라이팅이란 의도를 영악하게 돌리거나 교활하게 비꼬아 말함으로써 사람들이 거짓을 진실로 믿게 만드는 이중 언어 술책이다. 또 어떤 의미에서는 특정 집단과 같은 목표를 공유하는 척 스스로를 아군으로 위장하는 위장 전술이 극에 달한 형태이기도 하다. 실제로

(앞에서 살펴본 것처럼) 트럼프는 특정 종교 집단의 신자로 들어가지 않고서도 미국 복음주의교회의 열렬한 지지를 얻어냈다. 물론 이러한 술책들은 다른 거짓말의 기술에서도 자주 등장하기에 엄밀히 말하면 가스라이팅에만 한정된다고 규정할 수는 없다. 그럼에도 가스라이팅 과정에 필연적으로 따라올 수밖에 없는 술책들이라는 점에서 가스라이팅이라는 제목 아래 논의하기에 부족함이 없다. 다른 무엇보다도 가스라이팅은 거짓말쟁이가 하는 말의 정확한 의미를 짚어내기 어렵게 만듦으로써 그가 책임을 회피할 수 있게 한다. 거짓말쟁이는 애매하고 이중적인 언어를 사용해 지지자들 위에 확고히 군림하면서도, 동시에 어떠한 직접적인 공격도 가볍게 막아낸다.

가스라이터

1장에서 오스카 와일드의 안개 비유를 사용해 거짓말의 기술이 유발하는 의심과 혼란을 설명한 바 있다. 사실 이는 가스라이팅을 설명하기에 딱 좋은 비유다. 계속 언급한 것처럼 능수능란한 거짓말쟁이는 사람들의 머릿속에 애매모호한 이미지를 불러일으키는 언어를 사용해 잠재된 분노와 증오를 자극함으로써 정신적 혼란을 야기한다. 특히 거짓말쟁이가 불러일으킨 이미지는 정신적 안개 속에 가려져 있기 때문에 그것이 정확히 무슨 의미인지 직접적으로 드러나지는 않지만, 여전히 그의 의도를 간접적으로 전달한다. B를 말함으로써 A를 가리키는 전략이다. 거짓말쟁이가 A를 의도했다고 증명할 실증적인 방법은 없다. 이중 언어가 강력한 힘을 발휘하는 이유도 바로 이 때문이다. 이중 언어는 간접 지시라는 수단을 통해 사람들의 머릿속에 자욱한 안개를 깐다.

'가스라이팅gaslighting'이라는 용어는 패트릭 해밀턴 감독의 1944년도 영화 〈가스등〉에서 유래했다. 영화에는 자신의 아내를 끊임없이 통제하고 기만해 결국 아내가 스스로 미쳐가고 있다고 믿게 만드는 남자가 나온다. 어맨다 카펜터의 통찰력 넘치는 책 《가스라이팅에 빠진 미국Gaslighting America》에 따르면 트럼프가 바로 이 영화 속 남자와 같다. 트럼프는 기만적인 언어를 사용해 이성을 마비시켜 정신적 안개를 불러일으키고, 억눌린 분노와 공포를 부채질함으로써 지지자들을 조종한다.[175] 이 악랄한 전략은 거짓말쟁이 군주가 여우로서 사용하는 가장 위협적인 정신 조작 기술이다. 그가 전하려는 내용이 직접적인 소통이 아니라 암호화된 언어를 통해 전달되기 때문이다. 이 기만적인 언어는 군대 내의 비밀 동원 명령처럼 지지자들 사이로 퍼져나가 그들이 마음속에 품은 분노와 신념을 행동으로 실천하게 만든다. 인터넷 시대가 도래하면서 밈과 바이럴 영상을 통해 추진력을 얻은 가스라이팅 언어는 이제 훨씬 광범위한 영역으로 퍼져나가고 있다. 그 속에 숨겨진 의도를 감지할지라도 딱히 대응할 방법이 없다는 점에서 사실상 우리 모두가 가스라이팅의 희생양이라고 볼 수 있다. 자아도취에 빠진 사람, 독재자, 사이비 교주 등은 늘 가스라이팅 전략을 효과적으로 이용해왔다. 체계적으로 타이밍에 맞춰 반복적으로 수행할 때 가스라이팅은 최고의 효율을 낸다.

　캐런 그릭스비 베이츠가 남긴 흥미로운 사설에서 확인할 수 있듯이 도그휘슬은 가스라이팅의 작동 원리를 보여주는 가장 완벽한 사례다.[176] 예컨대 트럼프가 어느 회의에서 아이티와 같은 아프리카계 국가를 가리켜 "똥통 국가"라는 표현을 썼다는 이야기가 있었다. 기자들이 이와 같은 인종차별적 발언에 의문을 제기하자 트럼프는 그런 표현을 쓴 적이 없다며 이렇게 반박했다. "아이티 사람들을 폄하하는 말은 절대 한 적이 없습니다. 단지 다들 알다시피 아이티가 아주 가난하고 문제가 많은 나라라고 했을 뿐이죠." 여기서 "똥통 국가"라는 표현 자체는 도그휘슬이 아니다. 이는 노골적인 인종차별적 발언에 불과하다. 하지만 뒤이어 등장한 "아주 가난하고 문제가 많은 나라"라는 표현은 아프리카 사회가 가난과 어려움을 타고났다는 인상을 은연중에 전한다. 트럼프는 이러한 도그휘슬을 이용하는 데 통달한 인물이다. 예를 들어 트럼프가 "일부" 멕시코 이민자를 가리켜 "범죄자"나 "강간범"이라고 지칭하는 것은, 사실 멕시코에 사는 "나쁜 놈들"을 가리키는 인종차별적 도그휘슬에 해당한다. 그들을 범죄자로 묘사함으로써 그들의 출신지 자체가 열등한 사회임을 암시하는 것이다.

　이러한 언어가 효과적인 이유는 거기에 나름 그럴듯한 암시가 담겨 있기 때문이다. 따라서 사람들은 "아주 가난하고 문제가 많은 나라"라는 표현이 도그휘슬임을 인식하면서도 거기에 "일말의 진실"이 담겨 있다고 착각한다. 이렇듯 도그휘슬은 인종차별적이기도 하지만 특정 집단을 정형화된 틀에 맞춰 서술하기 때문에 특히 더 교활하고 위협적이다. 이러한 종류의 정형화는 일부 특성을 전체 집단의 특성인 것처럼 오도해 왜곡된 선입견을 갖게 만든다. 잘못된 일반화를 하도록 만드는 셈이다. 트럼프는 "나쁜 놈들"이나 "문제가 많은 나라" 같은 표현을 사용해 특정 집단을 정형화된 틀에 가둠으로써 직접적인 비난 없이도 은근슬쩍 그들을 공격한다.

트럼프 지지자들은 트럼프의 도그휘슬을 뻔한 정형화 전략으로만 받아들이지는 않는다. 이중 사고의 안개에 갇혀 있는 지지자들에게 도그휘슬은 딥스테이트와 그들의 다양성 정책을 무너뜨리기 위해 들고 일어나라는 동원 나팔 소리로 들린다. 따라서 거짓말쟁이는 자신이 불붙인 문화 전쟁에서 도그휘슬을 교묘한 언어적 무기로서 활용한다. 미국이 겪는 문제의 근원인 딥스테이트를 무너뜨리겠다는 대의명분을 내세우는 한, 그가 무슨 말과 행동을 취하든 추종자들은 지지를 철회하지 않는다. 카펜터의 설명에 따르면 가스라이팅 전략은 크게 다섯 가지로 분류할 수 있다. 바로 "주장을 못 박기", "치고 빠지기", 곧 증거가 나올 것처럼 이야기함으로써 "긴장감 조성하기", 인신공격을 통해 "상대의 신용 떨어뜨리기", 자칭 "승리 선언하기"이다. 대부분은 이 책 곳곳에서 논의한 전략들이다. 하지만 다른 거짓말의 기술에 비해 가스라이팅만이 가지는 차별점은 그 희생양으로 하여금 실제로는 존재하지 않는 것을 존재하는 것처럼 보게 만들 수 있다는 점이다. 가스라이팅을 당하는 사람의 정신은 애매모호한 상념들이 가득한 "중간 지대"에 갇힌다. 하지만 이 상념들은 뭔가 중요한 의미가 있는 것 같고 아는 사람들은 다 아는 것처럼 느껴진다. 따라서 "저 사람이 하는 말이 이런 뜻인가?"라는 의문이 떠오른다. 여기에 "맞아."라는 결론이 나오는 순간 중간 지대를 빠져나오기란 사실상 불가능해진다. 그곳에서 빠져나오려면 국가의 적 따위는 실재하지 않는다는, 다양하고 다층적인 국가만이 존재할 뿐이라는 쓰디쓴 진실을 받아들여야 하기 때문이다.

카펜터가 나열한 다섯 가지 전략은 어느 도그휘슬에서든 찾아볼 수 있다. 한 예로 "나쁜 놈들"이라는 도그휘슬을 생각해보자. 트럼프는 이 발언을 통해 멕시코 국민은 나쁘다는 인종차별적인 주장을 내세웠다. 하지만 "일부"만 나쁘다고 말했을 뿐이라며 언제든 치고 빠질 수 있다. 자기 말을 부정하는 척하지만 사실 아무것도 부정하지 않는 전략을 사용하는 셈이다. "일부"라는 표현은 명확히 범위가 정해지지 않은 표현이다. 그렇기에 오히려 멕시코 국민이 몇몇 예외를 제외하고는 전반적으로 나쁜 사람들임을 강조할 뿐이다. 자연스럽게 "그래서 트럼프는 뭘 하겠다는 거야?"라는 긴장감이 형성된다. 선거 기간 내내 트럼프는 멕시코 국경에 장벽을 세운 다음 "멕시코가 비용을 지불하게 할 것"이라고 장담했다. 이후 멕시코가 장벽 비용을 낸다는 약속이 지켜지지 않았다는 비판이 가해졌음에도, 트럼프는 어쨌든 장벽이 지어질 것이니 자신의 계획이 "성공"을 거둔 것이라고 주장했다. 물론 이 모든 과정은 사람들의 정신에 안개가 깔려 있기 때문에 가능하다. 이렇듯 가스라이팅은 언어에서 명료함을 제거함으로써 사람들의 정신에 은밀하게 스며들면서도 책임을 회피할 명분을 만든다.

윌리엄 새파이어의 예리한 통찰에 따르면, 도그휘슬이란 일부 사람들은 의도한 내용을 들을 수 있지만 다른 사람들은 그 내용을 듣지 못하도록 교묘하게 언어를 사용하는 전략을 가리킨다.[177] 어맨다 로리 역시 도그휘슬이 소외받는 인원을 만들어내지 않으면서도 최대 다수의 유권자에게 원하는 의도를 전달할 수 있는 효과적인 정치적 전술이라고 말한다.[178] 예컨대 선거 중에 후보들은 "가족"이나 "가치" 같은 표현을 자주 사용한다. 이는 보수적인 기독교인 유권자들의 공감을 이끌어내면서도 설교조로 들리지는 않기 때문에 다른 유권자들의 반감을 사지도 않는다.

가스라이팅은 교묘한 비유를 동반하는 경우가 많다. 4장에서 소개한 "딥스테이트" 비유를 다시 생각해보자. 이 비유는 미국 정부 내에 부정부패한 조직이 있으며, "오물"을 퍼냄으로써 그 조직을 "무너트릴" 수 있는 사람(트럼프 본인)만이 이 문제를 해결할 수 있음을 암시한다. 비유적인 언어의 작용 원리는 광범위하면서도 그럴듯한 세계관을 제시하여 서로 어울릴 수 없는 개념을 교묘하게 합치는 것이다. 딥스테이트 비유 역시 한 번에 여러 역할을 수행한다. 이는 진보 진영 엘리트의 PC 담론이 미국 정치 및 사회에 "깊숙이" 뿌리를 내리고 있으므로 얼른 뽑아내야 한다는 믿음을 전제하는 것은 물론, 좌파가 자신을 공격하고 있다는 트럼프의 음모론에도 잘 들어맞는다. 트럼프가 공식 석상에서든 트위터에서든 수도 없이 반복한 덕에 딥스테이트 비유는 많은 이들의 무의식 속에 그럴듯한 시나리오로 자리매김했다. 딥스테이트 비유에는 인종차별적인 도그휘슬 역시 은연중에 깔려 있다. 딥스테이트를 세운 주요 인물 중 하나로 흑인 대통령 버락 오바마가 꼽히기 때문이다. 요컨대 딥스테이트 비유는 음모론인 동시에 도그휘슬을 내포한 가스라이팅 술책이다. 그런 집단이 '실제로' 존재한다는 사실을 굳이 보여주지 않아도 특정 집단의 사람들은 트럼프의 의도를 쉽게 이해한다.

많은 사람이 그와 같은 비유를 '진짜'라고 믿는다는 사실은, 인간이 언어를 단지 임의적인 기호가 아니라 현실에 관한 비밀스런 메시지를 담는 수단이라고 인식하는 증거다. 다시 말해 우리에게는 특정한 맥락 속에서 주고받는 비유 속에 현실 세계에 관한 메시지가 내포되어 있으며, 따라서 특별한 해석이 필요하다고 믿는 경향이 있다. 비유가 자그마한 비밀 이론처럼 느껴지는 셈이다. 비유가 사람들로 하여금 허상을 떠올리게 만들면 기이한 일이 벌어진다. 사람들은 그 허상이 현실에 존재하지 않는다는 사실을 알면서도 그 안에 나름의 진실이 숨어 있다고, 해독해야 할 메시지가 들어 있다고 믿는다. 예컨대 세상에 유니콘 같은 것은 실재하지 않는다. 그럼에도 '유니콘'이라는 단어는 이마에 뿔 하나가 솟은 말의 이미지를 연상시킨다. 물론 그 이미지는 신화에서 나온 것이다. 하지만 '유니콘'이라는 단어를 접할 때 우리 머릿속에 특정한 이미지가 떠오른다는 사실 때문에, 우리는 그것이 허상인 줄 알면서도 그 안에 숨겨진 의미가 있다고 받아들여버린다. 사실 언어 자체가 원래 이런 식으로 작동한다. 언어는 세계가 언어 표현을 통해 머릿속에 암호화되어 저장될 수 있음을 전제한다. 거짓말쟁이 군주는 바로 이 언어를 조작하여 아무런 증거도 없이 우리 머릿속에 그럴 듯한 세계를 불러일으킨다.

따라서 "딥스테이트" 같은 비유 역시 실제로는 아무것도 가리키지 않지만 반복하다 보면 그럴듯한 이미지를 가지게 된다. 대상을 명시적으로가 아니라 암시적으로 지칭하기 때문에 사실상 반격에도 면역을 보인다. 유니콘의 존재를 증명하거나 반증할 필요가 없는 것처럼 대상이 실재하는지 보여줄 필요가 없기 때문이다. 가스라이팅이 위험한 이유도 바로 이 때문이다. 거짓말쟁이의 지지층은 언어에 숨겨진 함의(원관념 A)를 이해하는 것은 물론 그 표현(보조관념 B)을 바탕으로 거짓 서사를 구축해 유사 증거까지 보강한다. 거짓말쟁이의 반대자들이 이러한 언어적 최면을 가로막을 방법은 없다. 논리적으로 반박하는 일이 불가능하기 때문이다. A를 비판하더라도 거짓말쟁이는 B를 의도한 것이라고 말하면 그만이다. 그렇다고 B를 도그휘슬이라고 비판한다면 거짓말쟁이는 또 다른 의도가 있었다고 발뺌할 것이다.

이와 같은 이중 언어의 영향력을 언어적으로 해독할 방법은 없다. 거짓말쟁이는 얼마든지 반격이나 비판을 피할 수 있는 방식으로 언어를 조작할 수 있다. 심지어 과거에 했던 말을 번복하고도 전혀 손해를 보지 않는다. 일례로 트럼프는 대선 내내 중국을 "환율 조작 국가"라고 불렀으나, 대통령으로 당선이 된 후에는 그러한 표현을 사용하지 않았다. 오히려 중국이 '이제'는 "나쁜 행동"을 멈췄다며 자신이 뛰어난 협상가이자 지도자라서 가능한 일이라고 자화자찬했다. 그 덕분에 일자리도 늘어나고 경기도 활성화될 것이라고 주장하기도 했다. 마키아벨리가 주장한 것처럼 거짓말쟁이 군주는 자신이 하사한 선물(일자리나 판결 등)을 비롯해 눈에 보이는 업적을 드높일 수 있는 상황이라면 얼마든지 마음을 바꿀 수 있다. (이 장의 초반부에서 인용한 에라스뮈스의 말처럼)

사람들은 달콤한 말과 선물에 쉽게 속아 넘어가기 때문이다.[179]

이미 언급한 것처럼 그 야망에 찬 주민은 개개의 사람들이나 권력자들이 입힐 수 있는 부상으로부터 스스로를 보호하고자 한다. 결과적으로 그는 친구들을 사귀고자 열망한다. 그는 사람들에게 돈을 제공하거나 힘 있는 자에게서 보호하는 등 영예로워 보이는 방법을 사용해 친구들을 얻는다. 그러한 배려가 칭송받아 마땅해 보이기 때문에 모두가 그의 행동에 쉽게 속아 넘어간다. 결과적으로 어떤 방법으로도 속임수에서 빠져나오지 못한다.

실질적인 근거도 없이 부를 약속하는 이러한 전략은 무솔리니의 말에서도 찾아볼 수 있다.[180]

파시즘은 국가 앞에 서 있는 모든 개인에게 진정한 평등을 보장합니다. 파시즘 정권이 경제 분야에서 이루고자 하는 목표는 이탈리아 국민 전체에게 우월한 사회적 정의를 보장하는 것입니다. 사회적 정의가 무엇이냐고요? 일자리와 공정한 임금과 좋은 집이 보장되는 것, 지속적인 진보와 발전이 가능해지는 것을 의미합니다. 이것만으로는 충분하지 않죠. 노동자들이 생산 과정에 더 밀접히 참여하고 통제력을 공유할 수 있어야 합니다. 지난 세기가 자본이 권력을 쥔 세기였다면, 20세기는 노동이 힘과 영광을 누리는 세기가 될 것입니다.

"진정한", "우월한", "힘과 영광" 등 무솔리니가 트럼프와 마찬가지로 비유적인 과장법을 사용하는 것은 우연이 아니다. 이런 표현들은 웅장한 이미지를 불러일으켜 무솔리니가 어마어마한 번영을 가져다줄 것처럼 묘사한다. 그의 이중 언어에 가스라이팅을 당한 지지자들은 경제 분야와 사회 정의를, 파시즘과 노동의 영광을 동일 선상에 놓게 된다. 이 발언의 목적은 "지속적인 진보와 발전"을 통해 "공정한 임금"이나 "좋은 집" 같은 경제적 선물을 약속하는 것이다. 정확히 무슨 의미일까? 가스라이팅 전략답게 그 의미는 모호하다. 그저 파시즘이 "진보와 발전"을 보장할 것임을 간접적으로 암시할 뿐이다.

무솔리니는 교묘한 암시와 도그휘슬을 담아 입에 잘 붙는 애국 슬로건을 만드는 데 능했다. 이러한 슬로건이 가리키는 모호한 개념은 당시 이탈리아에 굳어져 있던 "국가주의" 사상과 공명해 무솔리니가 천명한 새로운 세계 질서의 상징이 되었다. 몇 가지 예를 살펴보자.[181]

조비네차Giovinezza**(젊음)** 이는 이탈리아 청년들을 국가주의와 국수주의 사상이 뒤섞인 정신적 안개 속으로 끌어들이기 위한 슬로건이었다. 무솔리니가 정치적 추진력을 얻으려면 청년들의 지지가 가장 필요했기 때문이다. 이는 젊음, 진정한 애국심의 부활, 파시즘을 하나의 상징으로 묶었다는 점에서 어떤 반대에도 흔들리지 않는 강력한 파시즘 슬로건이 되었다.

이탈리아 임페리알레 Italia Imperiale**(이탈리아제국)** 이 슬로건은 국민들로 하여금 로마제국 시대의 영광을 떠올리게 하여 지중해 지역을 정복하려는 파시스트의 제국주의적 계획을 지지하게 만드는 역할을 했다.

이탈리아 이레덴타 Italia Irredenta **(되찾지 못한 이탈리아)** 이 슬로건은 이전에 이탈리아가 차지하고 있던 영토를 "수복"하는 일의 중요성을 강조하여 과거 로마제국의 영광을 되찾겠다는 파시스트의 계획을 뒷받침했다.

이탈리아니타Italianità **(이탈리아적인 것)** 이 용어는 사실 '리소르지멘토', 즉 이탈리아 통일이 이루어지던 19세기에 만들어졌으나, 이탈리아가 파시즘이라는 하나의 정권 아래 뭉치는 것의 중요성을 강조하기 위해 전략적으로 재활용되었다.

마레 노스트룸 Mare Nostrum **(우리의 바다)** 이는 고대 로마인이 지중해를 로마제국의 일부로 지칭하기 위해 사용했던 표현이다. 무솔리니는 파시즘 정권이 지중해 지역을 다시 장악하는 일의 중요성을 강조하기 위해 이를 슬로건으로 내세웠다.

이처럼 국가주의 사상을 무의식적으로 불어넣기 위해 고안한 언어를 신봉자들의 머릿속에서 제거하기란 거의 불가능하다. 이와 같은 국가주의적인 도그휘슬 없이는 무솔리니도 열렬한 신봉자를 그렇게나 많이 끌어들일 수 없었을 것이다. 도그휘슬에 홀린 신봉자들은 일상 대화에서 똑같은 언어를 사용하면서, 파시즘만이 이탈리아의 경제적·사회적 문제를 해결하고 "로마제국"의 위대함을 되찾을 유일한 해결책이라는 음모론을 집단 사고 속에 새겨 넣었다.

트럼프가 사용하는 슬로건은 무솔리니의 슬로건과 완전히 똑같지는 않을지라도 놀라울 만큼 유사하다. 심지어 트럼프는 2018년 10월

22일 휴스턴에서 열린 집회에서 스스로를 "국가주의자"라고 부르기까지 했다.

다들 아시겠지만 이제 살짝 구식이 되어버린 단어가 하나 있죠. 국가주의자라는 단어입니다. 다들 그 단어를 쓰면 안 된다고들 하죠. 그런데 제가 누구인지 아십니까? 저는 국가주의자입니다. 아시겠어요? 저는 국가주의자입니다. 국가주의자예요. 이런다고 아무 문제 없어요. 그냥 쓰세요. 이 단어를 쓰세요.

여느 거짓말쟁이의 언어가 그러하듯 트럼프는 자신에게 비판이 가해지자 "국가주의자"라는 표현에 인종차별적인 함의가 담겨 있다고 생각하지는 않았다고 주장했다. 트럼프는 단지 "국가주의"라는 단어가 "애국주의"라는 본래의 의미를 되찾기를 바라는 의도에서 그러한 발언을 했다고 스스로를 변호했다. 무솔리니와 히틀러도 끊임없이 사용한 도그휘슬이지만, 역시나 트럼프 진영 사람들은 사실상 아무도 트럼프를 비난하지 않았다. 트럼프의 반응은 이중 언어를 효과적으로 이용한 것이었다. "국가주의자"라는 단어가 도그휘슬임을 증명해야 하는 반대자 입장에서는 본인이 문제 제기를 하고도 본인 주장을 변호해야 하는 상황을 맞닥뜨렸기 때문이다. 트럼프는 이중적인 가스라이팅 전략을 그대로 활용해 A를 말함으로써 B를 의도하고, 뒤에 가서 A의 진짜 의미를 몰랐던 척했다.

가스라이팅의 희생양은 가스라이터가 (거짓임이 분명함에도) 진실이라고 주장하는 것 외에는 무엇도 믿지 못하게 된다. 보비 아자리안이 설명하는 것처럼 가스라이터는 피해자로 하여금 다른 사람이 하는 말이나 행동을 전부 의심하게 만들 줄 안다.[182]

트럼프는 지식이 없는 사람들에게 있어서는 결국 모든 것이 자신의 말과 "가짜 뉴스 언론" 사이의 경쟁임을 알고 있다. 혹시 지지자들이 가스라이팅이라는 정치적 전술을 인지하게 된다면 트럼프는 그저 상황을 뒤집어 기자, 전문가, 지식인이 당신들을 가스라이팅하는 중이라고 말하면 된다. 누가 보기에는 터무니없는 전략처럼 보일지 모르지만, 그와 같은 혼란은 교육 수준이 낮거나 정신적으로 취약한 사람들에게 의심의 씨앗을 흩뿌려 확신을 뒤흔들 수 있다. 결국 그들은 전체 현실 자체를 의심하기에 이른다.

가스라이팅의 암묵적인 원칙 중 하나는 언제나 (단순한 하얀 거짓말이 아니라) 대담한 거짓말을 내뱉는 것이다. 그렇게 해야 사람들이 거짓말을 필연적으로 참일 수밖에 없다고 받아들이게 만들 수 있다. 다시 말해 거짓말이 터무니없을수록 오히려 사람들은 그 거짓말을 쉽게 믿는 경향을 보인다. 히틀러는 이를 "큰 거짓말" 전략이라고 불렀다.[183]

큰 거짓말에는 믿게 만드는 힘이 있다. 대다수의 국민은 의식과 의지보다는 깊은 감정의 영역에서 더 쉽게 타락하기 때문이다. 그들은 의식 수준이 원초적이고 단순하기에 작은 거짓말보다는 큰 거짓말에 더 쉽게 속아 넘어간다. 그들 스스로도 사소한 문제를 놓고 작은 거짓말을 하는 경우는 많지만 큰 규모의 거짓말은 수치스러워한다. 따라서 자기 머릿속에 절대 큰 거짓말이 떠오르는 경우가 없으니 다른 사람도 진실을 악랄하게 왜곡할 만큼 뻔뻔할 수 없으리라고 믿는다. 설령 다른 사람이 큰 거짓말을 꾸며냈다는 사실이 분명하게 드러나더라도, 그들은 여전히 의심하고 불안해하면서 달리 설명할 방법이 있을 것이라고 생각한다. 뻔뻔하고 대담한 거짓말은 진상이 드러난 뒤에도 늘 흔적을 남기기 때문이다. 거짓말 전문가라면 누구나 알고 있는 사실이다.

월터 C. 랭어가 지적한 것처럼 히틀러 본인도 큰 거짓말의 장인이었다. 그는 추종자들이 절대 자신의 거짓말을 잊지 못하게 만들었으며, 절대 거짓말을 시인하지도 않았다.[184] 딥스테이트 음모론이나 출생지 음모론 등 트럼프 역시 대담한 거짓말을 여러 차례 꾸며냈다. 트럼프의 거짓말이 가스라이팅 효과를 내는 이유 역시 바로 이 때문이다.

술책

가스라이팅은 가장 악랄한 형태의 언어적 술책이다. 사람들의 정신 속에 현실과 관련이 있는지 없는지도 모르는 이미지가 떠오르도록 만들기 때문이다. 이러한 술책의 이면에는 메타포가 있다. 딥스테이트 비유를 다시 생각해보자. "스테이트"라는 용어는 정부 '자체'를 가리킨다기보다는 "사고 경찰"로 이루어진 전체주의적 세계를 가리키며, "딥"이라는 용어는 딥스테이트 내에 비밀스러운 음모가 숨겨져 있음을 암시한다. 이 비유가 불러일으키는 전체주의적인 이미지 덕분에 거짓말쟁이는 굳이 딥스테이트가 실재하는지 증명하지 않고도 이미지만으로 손쉽게 음모론을 펼칠 수 있다. 이때부터 딥스테이트에 속한다고 알려진 자들은 자유민주주의 사회의 "적"으로 그려진다. 민주주의의 진짜 적이라며 트럼프를 비난하는 사람들의 공격을 그대로 되돌려주는 굉장히 영악한 책략이다. 이러한 비유를 통해 트럼프는 진보주의가 소련식 전체주의와 다를 바 없으며, 레닌을 닮은 엘리트들이 정치적 올바름을 주된 무기로 사용해 시민들의 사고를 통제하고 있음을 암시한다.

비유라는 술책은 언어학에서 심상 도식image schema(이 경우에는 딥스테이트)이라 불리는 틀을 통해 사람들이 대상과 대상 사이에 숨겨진 연결고리를 인식하도록 만든다.[185] 예컨대 트럼프는 딥스테이트라는 심상 도식을 구축함으로써, 사람들이 자기도 모르는 사이에 진보주의자를 뒤에서 몰래 미국을 조종하는 귀족층으로 인식하게 만든다. 물론 이러한 인식은 딥스테이트를 무너뜨려야 한다는 실천 의식을 불러일으킨다. 한마디로 비유는 트럼프의 거짓 서사 속에 등장하는 요소들이 서로 연관성을 갖도록 이어 붙이는 의미적 접착제 역할을 한다. 트럼프는 트위터에서도 딥스테이트 비유를 정치적 좌파와 진보 언론에 대놓고 연결시킨다. 더 나아가 자신이 권력을 잡은 뒤로 바로 그 딥스테이트 세력을 움츠러들게 했을 뿐만 아니라 일자리 창출, 보수 성향 법관 임명 등의 상당한 업적을 이뤘다고 자랑하는 것도 빼놓지 않는다.

Donald J. Trump ✔ @realDonaldTrump

딥스테이트랑 좌파, 그리고 걔네들의 사상 전달 수단인 가짜 뉴스 언론까지 죄다 정신이 나갔어. 자기네가 무슨 짓을 하는지도 모른다니까. 경제는 전례 없는 호황을 누리고 취직률도 역사상 최고점이야. 곧 대법관도 **둘**이나 새로 임명하고 부정부패가 더 없었는지 기밀 문서도 풀 거야. 놀랍지!

2018.09.06. 오전 4:19

　　이와 같은 언어적 술책이 지닌 위력을 생각할 때, 잠깐 옆길로 새서 비유가 학문적으로 어떻게 연구되어왔는지 살펴보는 일도 도움이 될 것이다. 비유에 관한 연구는 20세기 초반에 시작되었으며, 1936년에 교육자이자 문학비평가 I. A. 리처즈가 언어학의 혁명을 일으킨 저서 《수사학의 철학》을 발표하면서 본격화되었다. 이 책에서는 비유가 단지 미적인 목적을 위해 문자적인 의미를 대체하는 것 이상임을 설득력 있게 주장한다. 리처즈의 주장에 따르면 비유는 특정한 의사소통 맥락 내에서 단어의 의미를 해석하는 방식을 결정한다.[186] 리처즈의 논증을 자세히 분석하기보다는, 20세기 중반에 이미 비유가 다채로운 언어에 불과한 것이 아님이 명백해졌다는 사실에 주목할 필요가 있다. "딥스테이트" 같은 비유는 우리가 특정한 개념들을 새로우면서도 함축적인 사상 속에 뒤섞는 방식을 보여준다. 비유 연구의 분수령을 이룬 1977년도 저서 《심리학과 성장의 시학Psychology and the Poetics of Growth》은 비유가 우리의 일상 대화 곳곳에 퍼져 있음을 보여준다. 해당 연구에 따르면 놀랍게도 영어 화자는 매주 평균 3,000개의 새로운 비유와

7,000개의 관용구를 발화한다.[187] 비유가 단지 일반적인 언어에서 벗어난 변칙적인 언어, 언어 표현의 문자적인 의미에 더해지는 장식적인 부속품이라는 생각을 산산이 부서뜨리는 연구 결과다. 조지 레이코프와 마크 존슨이 1980년에 발표한 혁신적인 저서 《삶으로서의 은유 Metaphors We Live By》는 비유가 인간의 사고를 틀 잡으며, 따라서 사고를 통제하기 위해 사용될 수 있다는 이론에 마침표를 찍었다.[188] 그들이 분석한 내용을 보면 무솔리니나 트럼프가 사용하는 비유가 어째서 그렇게 설득력이 강한지 이해할 수 있다.

레이코프와 존슨의 설명에 따르면 비유적인 언어는 구체적인 경험을 추상적인 관념으로 전환하여 우리가 특정한 대상을 마치 물리적으로 실재하는 것처럼 머릿속에 떠올릴 수 있게 만든다. 이를 바탕으로 우리는 추론을 이끌어내기도 하고 특정한 행동을 할 계획을 품기도 한다. 예컨대 딥스테이트 비유를 접하면 우리의 머릿속에는 한 무리의 사람들이 모여 비밀스럽게 음모를 꾸미는 모습이 떠오른다. 이들은 땅바닥에 "깊은 뿌리"를 내리고 있기 때문에 뽑아내기도 까다롭다. 따라서 딥스테이트를 제거하려면 트럼프 같은 "근절자"가 필요하다는 추론이 따른다. 이 모든 상념은 머릿속에서 이루어지지만 동시에 실질적인 행동을 유발한다. 사실 트럼프는 지지자들이 자신을 보호하기 위해 폭력적인 행동도 불사할 것임을 확신한다. 그렇기에 브라이트바트와 진행한 인터뷰에서 자신이 결코 패배할 일이 없다고 장담한 것이다. 경찰과 군대는 물론 필요하다면 거칠게라도 적들을 압박할 "트럼프를 위한 폭주족"의 지지가 있기 때문이다.

트럼프가 대선 내내 사용한 이중적인 비유를 하나 더 살펴보자. 바로 "장벽"을 세워 멕시코인과 그 밖의 불법 이민자를 미국에서 몰아내겠다는 약속이다. '장벽'은 단순히 물리적 장벽만을 가리키는 것이 아니라 언어적 술책이기도 하다. "안전"과 "치안" 등 트럼프가 원하는 것이라면 무엇이든 의미할 수 있는 비유에 해당하기 때문이다.

Donald J. Trump ✔ @realDonaldTrump ⌄

우리나라의 안전과 치안을 위해서는 장벽이 필요해. 지금 세계에서 가장 위험한 나라로 꼽히는 멕시코에서 마약이 쏟아져 들어오는 것을 막으려면 장벽이 필요하다고. 장벽이 없는 한 합의도 없어!

2018.01.18. 오전 5:16

장벽 비유는 정치적 행동 방침을 제시한다는 점에서 효과적이다. 장벽이 필요한 이유는 외국인 "침입자"들이 미국으로 넘어와 온 사회를 범죄로 물들이지 못하도록 막기 위해서다. 이는 머릿속에 뚜렷이 그려지는 이미지이다. 한편 장벽 비유는 은연중에 중국의 만리장성을 연상시킨다. 만리장성은 기원전 210년경에 외세의 침입을 막기 위해 처음 축조된 중국 북부의 요새화된 장벽으로, 간쑤성에서 베이징 북부의 황해까지 약 2,400킬로미터에 달한다. 트럼프의 충실한 지지자 중 한 명인 린지 그레이엄 상원의원은 2018년 12월 말에 백악관 앞에서 열린 기자회견에서 대놓고 이렇게 인정했다. "장벽은 국경 안보를 상징하는 비유가 되었습니다." 이는 실제 물리적 장벽을 연상시키기도 하지만, 미국 내에 다양성 문화가 "침입"하는 것을 억제하는 국수주의라는 장벽이 떠오르게도 만든다.

　이런 종류의 언어적 술책을 비유라고 콕 집어 이야기한 적은 없지만 마키아벨리 역시 그 위력을 잘 알고 있었다. 그는 이와 같은 언어가 특정한 믿음과 감정을 불러일으킬 수 있으며, 거짓말쟁이가 그 믿음과 감정을 조작해 사람들이 정치적 행동을 취하도록 움직일 수 있다고 생각했다. 문자적인 의미만 보자면 트럼프의 장벽 비유에 담긴 메시지는 명확해 보인다. "국가 안전을 위해 장벽이 필요"하다는 것이다. 여기에는 반박할 거리가 없다. 하지만 비유적인 차원에서 장벽은 또 다른 메시지를 전달한다. 첫째, 장벽은 불법 행위가 국경을 넘어오지 못하도록 차단할 것을 암시한다. 트럼프는 이것이 점점 심화되는 미국 내 마약 문제를 해결하는 주된 방법이 될 것이라고 주장한다("멕시코에서 마약이 쏟아져 들어오는 것을 막으려면 장벽이 필요하다고."). 물론 이는 거짓이다. 미국 내에 반입되는 마약은 남쪽 국경을 통해서가 아니라 다양한 수단(특히 항공기)과 장소(특히 항구)를 통해 들어오기 때문이다. 하지만 트럼프는 ("지금 세계에서 가장 위험한 나라로 꼽히는") 멕시코를 탓함으로써 장벽 비유를 자신의 음모론에 끼워 맞춘다. 무솔리니가 그랬던 것처럼 비유적 술책을 사용하여 미국에서 무엇이 "잘못"됐는지, 다시 위대한 미국으로 만들려면 어떻게 해야 하는지 설파하는 것이다. 그러므로 장벽 비유는 다양한 차원에서 정신과 감정에 작용하는 다층적인 비유라고 할 수 있다.

결국 장벽 비유는 "그냥 그렇게 된 이야기Just So Story"나 다름없다. 이 용어는 러디어드 키플링의 《어린이들을 위한 그냥 그렇게 된 이야기 Just So Stories for Little Children》(1902)에서 유래했는데, 이 책에는 표범의 몸에 반점이 있는 이유 등 동물의 특징이나 외모가 어떻게 생겨났는지 설명하려고 지어낸 이야기들이 들어 있다. 따라서 "그냥 그렇게 된 이야기"란 특정한 견해를 지지하기 위해 아무런 사실 근거 없이 교묘하게 꾸며낸 비유를 뜻한다. "딥스테이트"나 "장벽" 비유에 정말 어울리는 이름이다. 둘 다 근본적으로 그냥 그렇게 갖다 붙여진 이야기에 불과하기 때문이다.

그러한 이야기가 만들어내는 정신적 안개를 극대화하기 위해 능수능란한 거짓말쟁이는 자신의 추종자들에게 이야기를 효과적으로 전달하는 법을 안다. 거짓말쟁이의 술책에는 언어적 술책과 비언어적 술책이 모두 포함되어 있다. 전문적인 코미디언이 똑같은 농담으로도 최대의 효과를 낼 줄 아는 것처럼, 가스라이터 역시 자신이 의도한 반응이 나오도록 거짓말을 포장할 줄 안다. 그렇기에 트럼프 역시 연설 중에 특정한 상황을 논의할 때마다 난데없이 "펀치 라인[이야기의 마지막 부분에서 강렬한 인상을 안기는 촌철살인식 표현이나 농담―옮긴이]"을 날려서 모두의 이목을 휘어잡으려고 한다. 예컨대 그는 2017년 앨라배마주에서 루서 스트레인지 상원의원을 지지하는 연설을 하다가 뜬금없이 이렇게 외쳤다.

우리 성조기를 존중하지 않는 자가 있을 때 구단주들이 이렇게 말하는 모습을 보고 싶지 않으십니까? "저 개자식을 당장 경기장에서 쫓아내! 이제 쟤는 잘렸어. 잘렸다고!"

이 "농담"은 청중에게서 어마어마한 환호와 웃음을 이끌어냈다. 예상치 못한 발언이기도 했지만 많은 이들이 공감한 도그휘슬이기도 했기 때문이다. 발언의 순서 역시 희극적인 효과에 기여했다. 우선 프레임을 씌웠고("구단주들이 이렇게 말하는 모습을 보고 싶지 않으십니까?") 다음으로 논란의 화두를 던졌으며("성조기를 존중하지 않는" "저 개자식을 당장 경기장에서 쫓아내!") 마무리로는 펀치 라인을 날렸다("쟤는 잘렸어. 잘렸다고!"). 이 도그휘슬은 겉으로 봐서는 인종차별적인 것처럼 보이지 않는다. 스포츠 경기 같은 공식 행사에서 애국가가 나오는 동안 국기에 경례하는 것은 단지 애국심의 문제로 비춰지기 때문이다. 하지만 트럼프가 이 도그휘슬을 통해 공격하려는 대상이 아프리카계 미국인이라는 사실에는 의심의 여지가 없다. 애초에 흑인 미식축구 선수들이 흑인을 과잉 진압하는 경찰의 관행에 항의하기 위해 경례 거부 시위를 시작했기 때문이다. 따라서 트럼프는 겉으로는 A(애국심)를 언급했지만 사실상 B(흑인 차별)를 의도한 것이다. 전형적인 이중 언어 술책이다.

A를 말하지만 사실 B를 의도하는 식의 언어적 술책은 종종 위장술이라고 불린다. 프랑스의 리슐리외 추기경은 위장술에 대해 이렇게 말했다. "왕은 의도를 위장하는 법을 알아야 한다."[189] 한나 아렌트의 설명에 따르면 이런 술책은 극도로 위험하다. 거짓말쟁이가 현실 인식을 조작하여 통제력을 갖게 만들기 때문이다.[190]

지도자는 자신의 거짓말에 현실을 끼워 맞출 정도의 강력한 권력을 쥐기 위해 일단 선동을 통해 사실을 향한 극심한 경멸을 부추긴다. 어차피 그가 생각하기에 사실은 전적으로 사실을 날조하는 사람의 권력이 얼마나 강력한지에 달려 있기 때문이다.

여러 번 다룬 것처럼 동일한 종류의 언어적 술책이 트럼프의 출생지 음모론에도 나타난다. 트럼프는 그저 오바마의 정체에 관한 "진실"을 밝힐 의도였다고 잡아떼면서 비난을 회피할 여지를 남겨두었으며, 간접적인 방식으로 오바마의 인종을 문제 삼았다. 이와 같은 이중적인 언어 덕분에 트럼프는 자신의 의도가 그저 사안의 "진실"을 밝히는 것이라고 핑계를 대면서 인종차별적이라는 비난을 유유히 흘려 보냈다. 이번에도 핵심 전략은 A를 말하는 척하면서 B를 의도함으로써 실제 의미가 무엇인지 확정지을 수 없게 만드는 것이다.

트럼프는 인종차별적인 이민 정책을 뒷받침하기 위해 도그휘슬을 사용하기도 했다. 2015년에 CNN과 진행한 13분 길이의 인터뷰가 좋은 예다. 인터뷰 진행자는 무슬림이 미국에 들어오는 것을 금지해야 한다는 트럼프의 제안을 문제 삼았다. 이에 대한 트럼프의 답변에서는 9·11 테러 이미지를 환기시키려는 의도가 분명히 드러난다. "우리는 진짜 심각한 문제에 직면해 있습니다. 바로 사람들이 우리나라로 들어오고 있다는 거죠. 비행기에 올라타 그걸 세계무역센터로 날려 보내는 사람들요." 트럼프가 말하는 "사람들"이 무슬림을 가리킨다는 것은 명백하다. 결국 그의 말은 무슬림이 미국에 위협이 된다는 사상을 교묘히 전달한다. 같은 인터뷰에서 트럼프는 계속해서 이렇게 말한다. "제가 이런 말을 하는 건 어떤 사람들이 있기 때문이에요. 그 사람들이 문제죠. 다들 그 사람들이 문제인 걸 알아요. (……) 그 문제는 특정한 부류의 사람들한테서 발생하고 있죠."

위대한 위선자

마키아벨리는 《군주론》에서 성공적인 군주라면 "위대한 위선자이자 연기자"가 되어야 한다고 주장한다.[191] 실제로 자신의 의도를 실현시키기 위해 가식과 위선을 활용하는 능력은 거짓말쟁이의 핵심 전략 중 하나다. 트럼프나 무솔리니가 종교적인 명분을 어떤 식으로 활용했는지 떠올려보자. 두 인물이 권력을 쥐기 전에도 종교심이 있었다는 근거는 어디에도 존재하지 않는다. 마키아벨리는 이와 같은 위선과 위장이 거짓말쟁이 군주라면 반드시 지녀야 하는 여우 같은 특성이라고 보았다. 거짓말쟁이 군주는 (설령 본심이 아니더라도) 정직을 가장하고 도덕적인 명분을 받아들이는 척해야 한다.

2000년대 초반 부시 정권 때부터 분명히 드러난 사실이지만, 트럼프는 대선 초기부터 종교가 문화 전쟁의 핵심 격전지임을 알았다. 따라서 자신이 종교적인 명분을 옹호하는 척만 한다면 지극히 보수적인 종교인들의 열렬한 지지는 자신에게 올 것이 뻔하다고 생각했다. 트럼프는 세속주의와 정치적 올바름의 시대에 보수 기독교인들이 느끼는 도덕적 충격을 이용하기 위해 끊임없이 그들의 신념과 견해를 지지하는 의사를 표했다. 백인 복음주의교회 신도들은 미국의 종교적 근간이 세속주의, 상대주의, 다원주의 때문에 흔들린다고 굳게 믿기 때문에 미국의 문화 전쟁에서 가장 크게 목소리를 높여 싸워줄 선봉대나 다름없었다. 그들은 종교적 신념을 향한 굳건하고 열정적인 헌신 덕분에 정치적으로 단단히 연합되어 있으며, 소셜미디어를 사용해 자신의 견해를 널리 전파하는 데도 익숙하기 때문에 선거 결과에 지대한 영향을 미칠 힘을 가졌다.

위선자인 트럼프는 종교인들의 신앙에 호소해 그들이 이단적인 세력과 종교적 성전을 벌인다고 착각하게 만드는 식으로 사람들의 정신을 조종한다. 특히 트럼프는 스스로를 종교적 부흥을 이끌 정치적 지도자로 내세움으로써, 종교인이라는 거대한 집단이 비신자들로부터 자신을 보호하게 만든다. 무슨 짓을 하든 그는 미국 사회의 도덕적 기강을 바로잡을 용맹한 전사로 비춰진다. 트럼프의 영리한 언어적 술책에 넘어간 사람들은 그가 진심으로 종교인을 위한다고 착각하여 마치 그가 종교 지도자라도 되는 양 충성을 다한다. 예컨대 선거 기간에 낙태에 관한 견해를 묻는 질문을 받았을 때, 트럼프는 낙태를 저지른 사람들이 어떤 식으로든 "벌"을 받아야 한다고 답했다. 전통적인 관점에서는 대통령이 아니라 목사가 쓸 법한 단어이다.

2019년에 열린 조찬 기도회에서 트럼프는 여우 같은 군주답게 종교심이 가득한 청중에게 이렇게 선언했다. "여러분을 절대 실망시키지 않겠습니다. 약속할 수 있어요. 절대 실망시키지 않겠습니다." 또한 그는 설교라도 하듯 낙태 반대 의사를 밝혔다. "정의와 사랑이 넘치는 사회를 만들기 위한 노력의 일환으로 우리는 무고한 인간 생명의 존엄성과 신성함을 소중히 여기는 문화를 확립해야 합니다. 세상에 나온 아기든 배 속에 있는 아기든 모두 하느님의 거룩한 형상을 따라 만들어졌으니까요." 그가 멕시코 국경 지대에 있는 이민자 아동을 어떤 식으로 대하는지 생각해본다면 참 기가 막히는 발언이다. 트럼프의 도덕관을 추종하는 사람들이 정작 그런 끔찍한 사실은 외면하는 이유는 분명하다. 트럼프가 자신들이 지지하는 도덕성을 회복시킬 유일한 길이라고 생각하기 때문이다. 설령 트럼프가 저열한 행동을 저지르더라도 자신들이 직면한 도덕적 재난을 해결해주기만 하면 된다는 것이다. 이를 꿰뚫어 본 《가디언》 기자 줄리언 보거는 복음주의교회 신도들이 트럼프의 "죄스러운 생활"이 눈에 뻔히 보이는데도 그를 지도자로서 받아들이는 이유가 그를 현대판 키루스 왕(바빌론에 포로로 붙잡혀 있던 유대 민족을 해방시켜 준 페르시아 왕)으로 여기기 때문이라고 서술한다.[192] 키루스는 믿음이 없는 자였지만, 그럼에도 하느님은 그를 충실한 백성을 해방시켜 참 숭배를 회복시킬 그릇으로 사용했다. 마찬가지로 트럼프가 저속한 행동을 저지르는 데 더해 언론의 자유 같은 민주적인 가치를 끊임없이 공격함에도 불구하고 용서받을 수 있는 이유는, 그가 무슨 수를 써서라도 미국 사회를 부도덕함과 세속주의의 맹공에서 해방시켜줄 신의 그릇으로 여겨지기 때문이다.

이렇듯 트럼프는 진실과 정의를 위해 싸우는 용맹한 전사인 척함으로써 마키아벨리의 예측대로 여우에서 사자로 둔갑한다. 트럼프를 향한 공격은 오히려 그를 세속적인 딥스테이트의 희생양으로 인식시켜 지지자들의 지원과 보호를 유발한다. 사자라고 혼자 싸우는 것이 아니라 앞뒤로 군대를 거느리고 다니는 셈이다. 한편 트럼프는 여유답게 자신의 거짓말이 더 큰 전쟁에서 승리하기 위한 필수적인 전술로 여겨질 것임을 알고 있다. 그에게 거짓말은 단지 성전을 치르기 위한 무기이자 방패인 셈이다. 당연한 말이지만 종교색이 들어간 트럼프의 발언에는 지지자들의 감정을 자극하는 비유가 가득하다. 예컨대 트럼프는 "괴물", "사악한", "비인간적인", "야수", "야만인" 같은 표현을 사용해 진보 진영 사람들을 비난한다. 트럼프를 지지하는 열렬한 종교인들은 이러한 표현들을 통해 트럼프가 종교적 명분에 충실하다는 확신을 얻는다. 교활한 여우에게 용맹한 사자의 탈이 입혀지는 셈이다.

종교적인 척 가면을 쓰는 술책은 역사적으로 트럼프가 처음이 아니다. 이전의 독재자들은 물론이거니와 마피아 역시 비슷한 술책을 사용한 바 있다. 마피아의 행태는 영화 〈대부 3〉에 현실적으로 묘사되어 있다. 영화 속에서 마피아는 가톨릭교회와 꾸준히 관계를 맺어온 것으로 그려지며 스스로를 흡사 종교 단체처럼 표현하기까지 한다. 예컨대 마이클 콜레오네라는 등장인물은 어느 사교 행사에서 성당 측에 1억 달러를 기부하면서 "시칠리아의 빈곤한 자들"에게 공평하게 나누어주기를 부탁한다. 사실상 마피아가 가난한 자를 돕는 의로운 영웅을 계승한 영예롭고 자비로운 조직임을 암시하는 것이다. HBO 드라마 〈소프라노스〉에서도 종교적인 소재가 자주 등장한다. 예컨대 두 번째 시즌의 9화에서 어느 마피아 단원은 총을 맞고 사망 선고를 받기까지 약

1분 동안 소름 끼치는 지옥의 광경을 목격한다. 미신에 쉽게 흔들리는 다른 단원이 이에 놀라서 신부를 찾아가 혹시 성당에 기부를 하면 악행을 용서받고 지옥 불 신세를 면할 수 있냐고 물어본다. 마피아 단원들은 양심은 없을지언정 자신들의 행동이 심히 악하다는 사실은 이해하고 있는 것이다. 그리고 누구나 그러하듯 그들 역시 천벌을 두려워한다.

데이비드 커처가 《교황과 무솔리니The Pope and Mussolini》에서 주장하는 것처럼 무솔리니 역시 집권 초기부터 가톨릭교회와 손을 잡았다.[193] 따라서 무솔리니를 비판하는 것은 신앙이 없는 진보주의자가 마음속에 죄악을 가득 품은 결과로 여겨졌다. 이는 미국에서 트럼프가 차지하는 종교적 지위와 똑같다. 바티칸과 파시스트 정권은 분명 차이가 많지만, 둘 다 도덕성을 "회복"시켜야 한다는 공통의 목표를 가지고 있었다. 물론 가톨릭교회는 응당 그래야 하지만 파시스트 정권은 그러는 척을 할 뿐이었다. 무솔리니는 대담하게도 이렇게 주장한다. "파시즘은 종교입니다. 20세기는 파시즘의 세기로서 역사에 기록될 것입니다."[194] 이처럼 종교적 성전으로 위장한 전쟁 중에는 민주주의가 도덕적 부패에 취약한 체제로 여겨진다. 민주주의는 종교적인 목소리든 세속적인 목소리든 다양한 목소리가 도덕적 가치관에 영향을 미치도록 내버려두기 때문이다. 결과적으로 민주주의의 열린 세계관은 도덕적 관점에서 지양해야 할 가치관으로 비판받는다. 오웰은 이 상황을 간단명료하게 압축해 표현한다. "세상에서 시간을 때우기 가장 좋은 방법은 민주주의의 정체를 까발리는 것이다."[195]

거짓말쟁이 군주는 도덕성을 명분으로 반민주적인 입장을 정당화하여 자신의 의견을 지지하지 않는 사람이라면 누구든 적으로 규정하고 성전을 치른다. 이와 같은 술책이 얼마나 무시무시한 결과를 초래할 수 있는지를 이미 1930년대에 예견한 미국의 소설가 싱클레어 루이스는 이렇게 말했다. "파시즘이 미국에 들어온다면, 그것은 몸에 국기를 두르고 손에 십자가를 들고 있을 것이다."[196] 성조기를 끌어안고 기독교 신앙을 포용하면서도 자신의 지지자들이 폭력도 불사할 것임을 협박하는 트럼프의 모습은 루이스의 경고를 그대로 반영한다.

요컨대 트럼프는 종교 집단이 다원주의, 상대주의, 세속주의를 미국 사회의 도덕적 근간을 뒤흔드는 위협으로 인식한다는 사실을 일찍이 이해했다. 그렇기에 트럼프는 딥스테이트를 민주주의와 동일 선상에 놓은 뒤 민주적인 조직이 도덕적으로 타락했다고 비난한다. 진보적인 재판관, 세속적인 공립학교, 학계, 좌파 지식인, 민주당원 등 다양성을 민주주의 원칙으로 이해하는 자들을 "하느님의 적"으로 규정한 셈이다. 트럼프의 거짓말은 다원주의적인 세계관이나 정책이 미국의 도덕성에 가하는 위협을 종말론적인 관점에서 해석하도록 만들었다. 사악한 세속주의를 상대로 벌이는 성전에서 트럼프는 미국 사회를 딥스테이트의 마수에서 해방시킬 키루스 왕과 같다.

특정한 대의명분을 지지하는 척하는 술책은 엄밀히 따지면 가스라이팅은 아니다. 하지만 이 역시 비슷한 원리로 사람들이 거짓된 신념을 갖도록 유도한다. 트럼프가 키루스 왕이라는 믿음은 허상이지만, 그럼에도 종교심이 강한 지지자들에게는 어떤 식으로든 실질적인 공감을 이끌어낸다. 트럼프의 위장술은 마술과 유사하다. 마술사 벤 채프먼은 이렇게 말한다. "따라서 마술사는 사람들이 믿고 싶어 하는 효과를 보여줄 줄 알아야 합니다."[197] 마찬가지로 트럼프는 종교심이 강한 사람들이 믿고 싶어 하는 말이나 행동을 보여준다. 핵심 원칙은 간단하다. "듣고 싶어 하는 이야기를 말하면 사람들이 당신 이야기를 믿을 것이다."

인식의 왜곡

가스라이팅과 위장술은 거짓말쟁이가 피해자로 둔갑해 동정과 지지를 받게 만든다는 점에서 효과적인 거짓말의 기술이다. 진짜 피해자는 가스라이팅 전략에 속아 넘어가는 사람들인데도 말이다. 거짓말쟁이는 트럼프가 조찬 기도회에서 끊임없이 가면을 썼던 것처럼 매순간 위장술을 사용해야만 신뢰를 얻을 수 있음을 알고 있다. 4장에서 언급한 허먼과 촘스키의 표현을 빌리자면, 가스라이터는 이성이 신념 앞에 무릎을 꿇는 정신세계를 구축함으로써 여론을 조작한다. 쉴 새 없이 쏟아지는 거짓말과 속임수 속에서 가스라이팅의 희생양은 불안, 의심, 공포를 벗어나지 못한다. 이러한 정신 상태를 이용해 가스라이터는 자기 마음대로 희생양을 조종해 개인적인 이득을 얻어낸다.

거짓말쟁이 군주는 암시에 기반을 둔 언어를 사용해 사람들의 마음속에 잠들어 있는 공포, 증오, 분노를 자극하여 현 상황에 불만이 있는 집단으로부터 지지와 지원을 이끌어낸다. 또한 주류 집단에 불만을 가지고 있는 집단을 따로 분리해 그들의 세계관을 칭송하고 밝은 미래를 약속해 그들을 연합시킨다. 결국 거짓말쟁이의 슬로건은 그들의 슬로건이 되고, 거짓말쟁이의 일탈은 변화를 가져오기 위해 반드시 거쳐야 하는 것으로 여겨진다. 거짓말쟁이의 도그휘슬은 문화 전쟁에서 사용하는 무기이자 방패일 뿐이다. 트럼프와 트럼프 지지자들이 1960~1970년대 히피가 그랬던 것처럼 자신들의 성전을 반체제적인 투쟁으로 묘사한다는 사실은 다소 아이러니하다. 그들은 미국 정부를 "기득권" 세력으로 바라보고, 역시 꽤나 아이러니하지만 진보적인 민주국가를 자유를 비롯한 진정한 미국적 가치를 뒤흔드는 적으로 인식한다. 어쩌면 이것이 온갖 가스라이팅 전략 중에서도 가장 효과적인 전략일지도 모른다. 거짓말쟁이의 논리는 이러하다. 기득권 세력(딥스테이트)은 정치적 올바름을 이용해 대중의 정신을 조종해 미국을 건국한 영웅들을 공격한다. 따라서 전격적인 혁명을 통해 기득권 세력을 무너뜨릴 필요가 있다. 트럼프 지지층 중에 실제로 반체제 운동이 벌어지던 시대를 살아온 사람들이 있다는 사실은 참으로 흥미롭다. 히피들의 혁명은 미국에 변화가 필요하다는 인식을 불러일으켰다. 하지만 대중 운동은 쉽게 흥했다가도 쉽게 망하는 법이다. 실제로 히피 시대가 끝날 무렵 미국에서는 리처드 닉슨이 상당히 높은 득표율로 재선에 성공했다. (얼마 뒤 워터게이트 사건이 터지기는 했지만) 히피가 원했던 변화로부터는 도리어 퇴보한 셈이다. 2016년에 도널드 트럼프가 대통령에 당선된 사건 역시 히피가 바랐던 목표와는 현격한 대조를 이룬다. 하지만 영악한 여우인 트럼프는 정치적 올바름을 미국에서 뿌리 뽑아야 할 악의 근원으로 몰아가 일부 미국인의 혁명 정서를 다시 불러일으켰다. 참으로 영리한 전략이다.

거짓말쟁이 군주는 가스라이팅과 위장술을 통해 언어를 교묘하게 조작하여 자신의 목적에 맞게 사람들의 인식을 왜곡시킬 줄 안다. 그는 물리적인 위협을 가하는 대신 도그휘슬과 은유를 사용해 자신이 조작한 현실을 사람들의 취약한 정신 속에 끊임없이 심어 넣는다. 거짓말쟁이 군주가 자신들의 뜻을 지지한다고 믿게 된 사람들은 무슨 일이 있어도 그에게 충성을 다한다. 마키아벨리는 이렇게 말한다. "자기 몫을 늘려줄 것 같은 기대가 든다면 사람들은 금방이라도 통치자를 갈아치운다."[198] 마키아벨리가 살던 시기의 피렌체에는 부패 정치가 만연했고, 영악한 정치인들은 거짓말의 기술을 사용해 손쉽게 권력을 쥐었다. 이런 상황 속에서 나온 책이 바로 《군주론》이다. 거짓말의 원리를 이해하여 부디 우리가 거짓말의 기술에 기반을 둔 정치가 성공적인 정치라는 마키아벨리적인 시각을 넘어설 수 있기를 바란다.

6장

언어적 무기
타인을 무너트리는 언어 전략

인간에게 상처를 입히는 것은
마음을 훑고 지나가는 거짓말이 아니라
마음속 깊이 잠겨 똬리를 트는 거짓말이다.

−프랜시스 베이컨

트럼프의 말, 말, 말

마키아벨리의 권고에 따르면 공격을 받을 때 취할 수 있는 최선의 전략은 공격을 맞받아치거나 상대보다 먼저 공격하는 것이다. 상대가 방어 태세를 취하도록 강요해 효과적으로 공격하지 못하게 막으면 된다. 초창기 카우보이 영화에 걸핏하면 등장하는 "선수를 치자!"라는 대사가 바로 이 전략을 정확히 압축한다. 능수능란한 거짓말쟁이는 상대의 공격이 예상될 때면 선수를 쳐서 똑같은 방식으로 상대를 먼저 공격한다. 결과적으로 대중의 관심과 주의는 거짓말쟁이를 비판하려고 한 상대에게 돌아간다. 군사적인 전략 중에도 선제공격이라는 전술이 있다. 적군을 무력화시켜 공격받을 가능성을 미리 차단하는 전술이다. 마키아벨리는 이와 같은 선제공격 전술을 병이 악화되기 전에 조기에 치료하는 행위에 빗대기까지 한다.[199]

이러한 유형의 술책은 군사 전술과 유사하며, 따라서 거짓말쟁이의 "언어적 무기"에 속한다고 말할 수 있다. 언어적 무기란 기만, 부인, 왜곡 등 온갖 언어적 전술을 통칭하는 대표적인 거짓말의 기술 중 하나다. 여기에는 다음과 같은 원칙들이 깔려 있다. 첫째, 비난하는 사람을 비난하라. 둘째, 잘못을 절대 인정하지 마라. 셋째, 주의를 다른 곳으로 돌려라. 넷째, 상대에게 악당이나 약자처럼 여겨지는 이름을 붙여라. 다섯째, 상대의 행동에 의혹을 제기하라. 트럼프는 이런 식의 언어 사용에 도가 튼 인물이다. 그는 비난을 받을 때면 끊임없이 시치미를 떼 진실을 숨기면서 오히려 상대방을 똑같은 이유로 비난한다. 예컨

거짓말의 기술

대 트럼프가 러시아의 대선 개입 사태에 연루되었는지 조사하기 위해 2017년에 수사가 시작되었을 때, 트럼프는 자신이 받고 있는 혐의(즉 거짓말)와 똑같은 혐의를 로버트 뮬러 특별검사에게 제기했다. 뮬러가 별도의 정치적 의도를 가지고 "마녀사냥" 중이라고 의혹을 제기한 것이다. 이는 수사 대상인 자신에게 집중되어 있는 관심을 수사관들에게 돌리는 효과를 낳았다. 이 과정이 반복되면 트럼프의 맞비난은 딥스테이트 음모론 내에서 나름의 개연성과 정당성을 얻기 시작한다.

물론 언어적 무기에 맞비난만 있는 것은 아니다. "마녀사냥" 같은 표현은 상대의 평판, 명예, 인성에 흠집을 내기 위해 사용되는 무기와 같다. 이러한 무기 덕분에 거짓말쟁이는 직접 맞설 수 없는 상대를 언어라는 간접적인 수단을 통해 공격할 수 있다. 특정 명분을 지지하는 추종자들 입장에서 언어적 무기는 "민중의 적"을 끌어내리려면 반드시 사용해야 하는 전술로 여겨진다. 요컨대 거짓말쟁이 군주는 언어적 무기 덕분에 자신에게 쏠린 관심을 다른 곳으로 돌릴 수 있을 뿐만 아니라, 상대를 악랄하게 깎아내려 "상처"를 입힐 수도 있다.

언어적 무기 중에는 주의 돌리기 전략, 거짓말로 선수 치기 전략, 기만 전략, 불명예스러운 이름 붙이기 전략, 피장파장 전략 등이 있다. 이처럼 속임수와 위선으로 가득 찬 무기고에서 거짓말쟁이는 그때그때 필요한 무기를 골라잡아 아무런 근거도 없이 비난을 쏟아내 상대의 신용을 떨어뜨린다. 트럼프가 대선 중에 폭스뉴스의 빌 오라일리와 진행한 인터뷰에서 완벽한 사례를 찾아볼 수 있다. 인터뷰 중에 트럼프는 미국의 행적을 푸틴의 행적과 동일 선상에 놓는다. 오라일리가 "푸틴은 살인마인걸요."라고 의문을 제기하자 트럼프는 이렇게 답한다. "살인마가 한둘입니까? 우리나라는 결백하다고 생각하시는 거예요?"

이번 장은 거짓말쟁이 군주가 사용하는 언어적 무기에 초점을 맞춘다. 예컨대 트럼프가 러시아 게이트 공모 혐의를 부인하는 방식은 교활하고 영악한 주의 돌리기 전술에 바탕을 두고 있다. 구도를 뒤집어 스스로를 악의적인 음모의 피해자로 둔갑시킨 것이다. 상대 정치인이나 언론인을 폄하하기 위해 모멸적인 별명을 붙이는 전술도 있다. 트럼프는 문화 전쟁을 명분으로 내세우지만, 이와 같은 인신공격은 독화살과도 같아서 미국 정치 환경의 기틀을 서서히 갉아먹고 있다. 랠프 월도 에머슨이 지적한 대로다. "진실을 위배하는 일은 거짓말쟁이의 자살 행위일 뿐만 아니라, 인간 사회의 건전성을 위협하는 행위이기도 하다."[200] 미국 내에서 펼쳐지고 있는 문화 전쟁은 물리적인 무기가 아니라 언어적인 무기로 치러지고 있다. 리베카 솔닛의 주장에 따르면 현재 미국은 트럼프가 일으킨 제2차 남북전쟁을 겪고 있는 중일지도 모른다. 트럼프는 백인이 지배하는 환상 속 세상을 꿈꾸면서 (정작 본인은 뉴욕 출신임에도) 남북전쟁 이래 최초의 남부 연방 대통령이 되려고 한다.[201] 트럼프 연방의 목표는 허울은 그럴듯하다. 트럼프는 딥스테이트의 억압을 받고 있는 백인들의 권리를 되찾아주겠다고 약속한다. 모든 백인이 트럼프를 지지하지는 않지만, 적어도 트럼프를 지지하는 백인들은 실제로 자신들이 과거에 지니고 있던 특권을 딥스테이트에게 빼앗기고 있다고 확신한다. 이 전쟁은 언어라는 돌팔매와 화살로 치러지고 있기에 (이미 소개한 것처럼) 내부 냉전이라고 불린다. 하지만 문제는 말이 행동으로 이어질 수 있다는 점이다. 러시아혁명, 파시즘, 나치 즘이 등장할 때처럼 시작은 냉전이었지만 언제든 불이 붙어 물리적인 싸움으로 번질 수 있다. 진부한 표현을 빌리자면 미국의 "장벽" 위에도 불길한 문구가 새겨지기 시작한 셈이다.

직설적인 화법

선제공격이든 반격이든 효과를 거두려면 갑작스럽고 결정적이며 (5장에서 살펴본 큰 거짓말처럼) 대담해야 한다. 거짓말쟁이 군주는 자신에게 공격이 가해질 때마다 언제든 받아칠 준비가 되어 있어야 한다. 반격은 고상하거나 논증적일 필요가 없다. 오히려 악랄하고 즉각적이어야한다. 한마디로 "대놓고" 반격해야 한다. 거짓말쟁이는 이런 방식으로힘과 카리스마를 풍길 뿐만 아니라 상대방이 유리한 고지를 차지하지못하도록 막을 수 있다. 마키아벨리의 설명대로 군주는 여우로서 상대방의 의중을 파악했다면 사자로서 대담한 공격을 펼칠 줄도 알아야한다.[202]

> 군주가 짐승을 닮아야 한다면 여우와 사자를 선택해야만 한다. 사자는 스스로를 덫으로부터 보호할 수 없고 여우는 스스로를 늑대로부터 보호할 수 없기 때문이다. 따라서 군주는 여우가 되어 덫을 찾아낼 줄 알아야 하고, 사자가되어 늑대를 겁줄 줄 알아야 한다. 사자의 방식에만 의존하는 군주는 사태를

제대로 이해하지 못한다. 그러므로 현명한 군주는 신의를 지키는 것이 자신에게 불리할 때 또는 약속을 맺은 이유가 사라졌을 때 약속을 지킬 수 없으며, 또 지켜서도 안 된다. 만약 사람들이 모두 선하다면 이러한 원칙은 의미가 없겠지만, 사람들은 악하며 당신에게 신의를 지키지 않을 것이기 때문에 당신 역시 그들에게 반드시 신의를 지켜야 한다고 생각해서는 안 된다. 어차피 신의를 지키지 않는 정당한 이유를 요구하는 사람도 없을 것이다.

거짓말쟁이 군주 입장에서는 적을 뒤흔들기에 아주 좋은 조언이다. 트럼프는 자신에게 비판적인 "가짜 뉴스" 언론을 공격적으로 비난할 때면 사자의 탈을 쓴다. 예컨대 집회 중에 청중 뒤편에 있는 기자단을 향해 위협적으로 손가락질을 하면서 "민중의 적"이나 "사악한 인간들"이라고 부르는 식이다. 이와 같은 호전적인 언어는 트럼프의 추종자들에게 크나큰 감정적 공명을 일으킨다. 기자들이 사용하는 정중한 언어와는 현격한 대조를 이루는 사자의 "급습"형 포효는 재빠른 카운터펀치와 같아서 자신에게 가해지는 비난을 떨쳐내고, 오히려 상대가 방어 태세를 취하게 만드는 데 매우 효과적이다. 이는 거짓말의 기술 중에서도 핵심적인 반격 전략이다. 어차피 지지자들은 그러한 언어를 천박하다기보다는 강력한 위력의 상징으로 해석하기 때문이다. 이에 대해 마키아벨리는 이렇게 설명한다.[203]

현명한 군주라면 무례하다는 평판을 얻기를 두려워해서는 안 된다. (……) 그러면 그는 모든 공격으로부터 스스로를 보호할 수 있으며, 자신을 따르는 사람들에게 짐을 지우지 않고도 계획을 실현할 수 있다. 그러므로 현명한 군주는 자신이 이득을 나눠주지 않는 극소수의 사람들을 무례하게 대한다.

무솔리니 역시 사자의 인격을 입은 채 자신의 적들("상대주의자들")을 공격한다. 무솔리니는 그들이 "영구적인 진리"를 아는 척 위선을 떨지만, 자신만의 이념을 창조해 실행할 자는 파시스트라고 대담하게 주장했다.[204]

> 상대주의가 곧 고정된 범주를 싫어하는 것, 객관적이고 영구적인 진리가 존재한다고 믿는 사람을 싫어하는 것을 의미한다면 파시즘적인 생각과 행동만큼 상대주의적인 것이 없습니다. 모든 이념이 동등한 가치를 지닌다는 사실을 바탕으로 우리 파시스트는 우리에게 우리만의 이념을 창조할 권리, 그 이념을 온 힘을 다해 실행할 권리가 있음을 확신합니다.

스스로를 위협적이면서도 진술한 사람으로 포장하는 한 가지 방법은 자신이 사용하는 언어의 형식적인 수준을 낮추는 것이다. 실제로 오를리 카얌은 트럼프가 언론 인터뷰나 예비선거 토론 중에 발언한 내용을 분석한 뒤 그가 초등학교 수준의 언어를 구사한다는 사실을 발견했다. 미국 내의 반지성주의 정서를 이용해 대중적인 인기를 얻으려는 수사적 전략이었다.[205] 이는 영리한 전술이다. 트럼프의 직설적이고 노골적인 언어는 "교육을 못 받은 것"이 아니라 "솔직한 것"으로 인식되기 때문이다. 지지자들은 그가 "엘리트"처럼 정치적으로 올바르게 정제된 언어를 사용하지 않고 직설적인 언어를 사용하는 것을 좋아한다. 영국의 언어학자 배질 번스타인의 연구에 따르면 섬세하고 신중한 화법이 "나"에게, 즉 개인에게 주안점을 두는 반면 직설적인 화법은 사회집단으로서의 "우리"에게 주안점을 둔다. 결국 직설적인 언어가 집단의 결속력을 높여주는 셈이다.

트럼프는 진보 진영 악당들이 "진짜" 미국인을 공격하기 위해 사용하는 PC적인 언어를 "노동자 계층 사람들"이 혐오한다는 사실을 대선 초창기부터 잘 알고 있었다. 그렇기에 그는 트위터에서든 유세장에서든 카메라 앞에서든 기회가 있을 때마다 이 사실을 악착같이 이용했다. 따라서 트럼프의 거친 언어는 저속하다거나 수준이 낮다고 여겨지기는커녕, 엘리트에게 정면으로 대항하기 위한 언어적 무기로서 받아들여졌다. 예컨대 트럼프는 "이는 정말 참담한 상황입니다."라고 말할 상황에 그저 "슬프군!"이라고 말을 던진다. "이는 이치에 맞지 않습니다."라고 말할 상황에서는 "멍청하긴!"이라고 말한다. 이처럼 노골적이고 직설적인 화법은 반대 진영 사람들이 교양 있다고 드높이는 정중한 화법과는 정반대다. 따라서 반대자들은 트럼프의 언어가 "천박한 비속어" 수준이라고 비난한다. 하지만 트럼프는 비속어를 사용하는 것이 아니다. 실재하는 적이든 허구의 적이든 적에게 대항하기 위한 군사적인 언어를 사용하는 것이다.

이러한 종류의 화법은 대개 코메디아델라르테 배우들이 귀족 특유의 점잔 빼는 화법을 풍자하기 위해 사용하던 것이다. '코메디아델라르테'는 르네상스 시대에 유행한 길거리 희극으로, 줄거리는 기본적인 뼈대만 존재하는 상황에서 배우들이 즉흥적으로 살을 붙여나가는 극이다. 유머러스하고 생동감 넘치며 정제되지 않은 희극 형식인 만큼 대사 역시 의도적으로 공격적이다. 배우들은 오히려 저속한 언어가 관중으로부터 사회적 공감을 이끌어낼 수 있음을 알고 있었다. 그러한 언어가 권력자나 학자의 세계에는 어울리지 않을지라도 평범한 시민의 현실적인 일상에는 훨씬 잘 어울렸기 때문이다. 코메디아델라르테의 등장인물처럼 트럼프는 지식인 집단(무솔리니가 말하는 상대주의자 집단)에서 뛰쳐나와 대중이 사용하는 "진짜 언어"를 말한다. 실제로 트럼프의 화법에는 지식인 풍자하기, 웃음 유발하기, 은근히 조롱하기 등 희극적인 요소가 자주 나타난다. 물론 국정 연설을 할 때처럼 비교적 격식을 차려야 하는 상황에서는 직설적이고 저속한 언어가 역효과를 불러일으킬 것임을 알기에 트럼프 역시 무미건조한 화법을 사용한다. 하지만 트럼프가 집회에서 사용하는 언어는 감정을 뒤흔드는 힘이 있어서 매번 청중의 웃음과 흥분을 이끌어내는 데 성공한다. 미국의 작가 엘리자베스 하드윅은 이러한 종류의 화법이 "도시 특유의 냉혹함과 위협적인 힘"을 가지고 있다고 평한다. "이는 군대 언어 같고, 연극적이며, 허울뿐인 예의나 요식적인 미사여구를 끊임없이 거부한다."[206]

저속함은 트럼프가 사용하는 노골적인 화법의 고유한 특징 중 하나다. 항상 그러다 보니 이제는 아무도 그 저속함을 알아차리지 못하거나 외면하는 지경이다. 트럼프가 민주당 하원의원 애덤 시프를 "애덤 쉬트"["쉬트"는 똥을 뜻하는 영어 비속어와 발음이 같음—옮긴이]라고 불렀을 때 이를 비판하는 주류 언론은 거의 찾아볼 수 없었다. 이미 무신경해진 것이다. 트럼프의 모멸적인 인신공격은 사람들의 기억 속에 딱 달라붙은 채 사람들이 시프를 바라보는 시각에 영향을 미칠 것이다.

Donald J. Trump ✔ @realDonaldTrump ⌄
매슈 휘터커 법무장관 대행이 상원의 인준을 받지 않았다는 사실을 두고 땅딸보 애덤 쉬프가 왈가왈부한다는 게 우습다. (논란이 많은) 밥 뮬러가 상원 인준을 받지 못했다는 사실은 언급도 하지 않으면서!

2018.11.18. 오후 1:1

물론 대중매체의 시대에는 저속한 언어가 이미 감정적인 힘을 잃었을지도 모른다. 그러한 언어가 영화나 뮤직비디오에서 멋있게 묘사되고 인터넷 곳곳에서도 사용되다 보니, 이제 사람들도 단지 터프해 보이고 싶어서 거친 말을 내뱉는다. 하지만 이 경우에는 적어도 저속함이 상쇄되거나 그 영향력이 줄어들어 있다. 예를 들어 "F 워드"[영어의 대표적인 비속어인 "Fuck"을 일컫는 말—옮긴이]를 생각해보자. 요즘 영화를 보면 F 워드가 툭하면 나오기는 하지만, 워낙 사무적인 방식으로 사용되기 때문에 사람들의 관심을 거의 끌지 못한다. 하지만 얼마 전만 하더라도 F 워드는 체제 전복적인 기능을 가지고 있었다. 일례로 논란의 중심에 서 있던 코미디언 레니 브루스는 코미디 연기 중에 관습을 뒤엎는 기술로써 F 워드를 사용했다. 다른 코미디언과는 달리 그는 농담으로 사람들을 웃기지 않았다. 그 대신 이디시어[유대인 언어—옮긴이]나

F 워드 같은 비속어를 잔뜩 섞은 일상적인 어투로 성, 정치, 종교 같은 주제에 대한 사람들의 위선적인 태도를 공격했다. 당연히 많은 사람들이 불쾌해했다. 심지어 브루스가 외설죄로 체포당하는 경우도 허다했다. 브루스의 언어는 분명 체제 전복적인 힘을 가지고 있었다. 그러나 요즘 영화나 TV에 등장하는 비속어는 그런 힘을 이미 잃어버렸다.

정치적 올바름을 향한 공격

저속한 언어가 효과적인 이유는 트럼프 지지자 대다수가 그러한 언어를 기득권에 저항하는 구호이자 위선적인 PC 화법에 비해 훨씬 진솔한 화법이라고 받아들이기 때문이다. 트럼프 팬들은 생각나는 대로 내뱉는 트럼프의 꾸밈없는 화법에 진정성이 담겨 있다고 믿는다. 또한 트럼프의 화법이 예의나 언어 예절을 대놓고 조롱하는 체제 전복적인 힘을 발휘하는 것을 보고 큰 기쁨을 느낀다. 따라서 트럼프는 정치적 올바름에 관한 논쟁에 맹렬히 뛰어들어 칼 든 망나니처럼 PC적인 언어를 망가뜨리려 한다. 이는 트럼프가 사자로서 밀어붙이는 전략 중에서도 특히 효과적이다. 트럼프 지지자들은 딥스테이트가 정치적 올바름을 장려하고 표현의 자유를 제한하는 식으로 사람들을 억압하고 있으므로 이에 맞설 수단이 필요하다고 생각하기 때문이다.

정치적 올바름을 향한 공격은 앨런 블룸의 1987년도 저서 《미국 정신의 종말》과 함께 시작되었다.[207] 블룸의 주장에 따르면 미국 사회는 특정 집단의 감정이 상하는 일이 없도록 언어를 사용할 것을 강요하는데, 이는 인종차별이나 성차별의 진정한 해결책이라기보다는 급진 좌파의 이념적 무기에 지나지 않는다. 이러한 정책은 사회적으로 불리한 위치에 있거나 지속적인 차별에 노출되는 소외 계층을 보호한다고 주장하지만, 실상은 반대 입장을 억눌러 열린 토론을 가로막는다는 점에서 역효과를 일으킨다. 블룸의 책이 널리 알려진 이후로 이러한 종류의 언어는 "정치적으로 올바른" 언어라고 불리게 되었다. 당시에 정제 과정을 거친 표현들은 아직까지 남아 있다. 예컨대 "멍청하다"라는 표현 대신 "정신적으로 어려움이 있다"를 쓰거나, "틀리다"라는 표현 대신 "부정확하다"를 쓰는 식이다.

이에 자극을 받은 보수주의자들은 정치적 올바름이 진보주의자들의 실속 없는 술책에 불과하다고 비난하며, 좀 더 극단적으로는 진실부의 언어 통제 시도와 다를 바 없다고 보았다. 캣 차우가 지적하는 것처럼, 정치적 올바름이라는 표현의 의미가 어떤 정치적 맥락에서 형성되었든 간에, 도널드 트럼프가 당선된 이후로는 정치적 올바름에 관한 논쟁이 아예 극단적인 감정싸움으로 변했다.**208**

1793년에 미국 대법원이 연방 정부의 관할 경계를 결정할 때 처음 사용된 이래로 "정치적 올바름"이라는 표현은 다양한 의미를 지녀왔다. 때로는 정치적으로 현명한 판단을 가리켰고, 때로는 자기 풍자적인 의도를 전달했다. 표현의 자유와 선택의 자유가 먼저인지, 아니면 예절과 포용이 먼저인지 뜨거운 논쟁을 불러일으키기도 했다. 하지만 정치적 올바름은 그 의미만 달라진 것

거짓말의 기술

이 아니라 그 표적 역시 달라졌다. 11월에 트럼프가 당선되면서 분명해진 사실은 특히 다문화나 다양성 문제와 관련된 정치적 올바름이 그 대가를 치르게 되었다는 점이다.

정치적 올바름에 관한 논쟁이 보수 진영 입장에서 강력한 대응 전략이 될 수 있음을 이해한 조지 H. W. 부시 대통령은 1991년 5월 미시간대학 졸업식 축사 중에 이렇게 반격을 시작했다. "정치적 올바름이라는 개념은 미국 전역에 논쟁을 불러일으켰습니다. 물론 처음에는 인종차별과 성차별과 혐오의 잔재를 쓸어버리겠다는 바람직한 열망에서 시작됐겠지만, 결국 정치적 올바름은 오랜 편견을 새로운 편견으로 갈아치울 뿐입니다. 정치적 올바름은 특정한 주제를 다루는 것을 가로막고, 특정한 표현을 사용하는 것을 가로막으며, 심지어 특정한 몸짓을 취하는 일도 가로막습니다."[209] 부시의 발언도 충분히 일리가 있다. 또한 민주주의 사회에서 다름을 어떻게 포용할 것인지 한 번도 결론이 난 적이 없다고 한들 적어도 언어가 늘 중요한 화두였음은 부정할 수 없다. 결국 앨런 블룸의 책은 미국의 진보 좌파가 민주주의의 기본 원칙인 표현의 자유를 저버렸다는 보수 진영 권위자들의 염려를 명확히 대변했다. 그들 입장에서 정치적 올바름은 전체주의의 악몽이 실현되는 것이나 다름없었다. 실제로 1990년대 초반 미국(특히 대학)에서는 정치적으로 올바른 말하기 방식을 다른 사람에게 강요하는 자를 가리키기 위해 "사상경찰"이라는 용어까지 사용했다. 디네시 더수자의 1991년 저서 《자유를 억누르는 교육Illiberal Education》에서 지적하는 것처럼 수많은 대학생이 평등보다는 소수집단의 피해나 문화적 도용 등에 초점을 맞춘 사상경찰의 경고에 순응해야 했다.[210] 이 책은 언어와 생각과의 관계를 기반으로 한 문화 전쟁과 정체성 정치를 둘러싼 논쟁에 불을 붙였다.

이 논쟁은 사람들이 다름과 다양성 같은 중대한 화제에서 주의를 돌려 언어와 언어의 의미에 초점을 맞추게 만들었다. 아이러니하게도 (나를 포함한) 수많은 언어학자는 언어와 정치를 연관시키는 것이 늘 골칫거리였음을 알고 있었기에 가능한 한 이 논쟁에서 거리를 두려고 했다. 그럼에도 언어가 사회적 행동, 구조, 관점과 밀접한 관련이 있다는 언어학의 핵심 원칙은 부정할 수 없다. 언어가 변하면 우리의 생각과 행동 역시 변할 수밖에 없다. 고전적인 예로 언뜻 중립적인 단어로 보이는 '맨man'을 생각해보자. 영어에서 맨은 줄곧 "보편적인 인간"을 의미했다. 문제는 오늘날 맨이 "남성 인간"을 가리키기도 한다는 점이다. 사실 고대영어에서 이 단어는 "사람" 또는 "인간"을 가리켰으며, 남성과 여성 둘 다에게 사용되었다. 남성과 여성을 구별하는 표현은 따로 있었다. '웨르wer'가 "성인 남성"을 '위프wif'가 "성인 여성"을 뜻하는 식이었다. 따라서 합성어인 '웨프만waepman'과 '위프만wifman'은 각각 "성인 남성 인간"과 "성인 여성 인간"을 뜻했다. 시간이 지나면서 위프만은 현대의 '우먼woman'으로 변화했고 위프는 의미의 범위가 좁아져 '아내wife'만을 가리키게 되었다. 그러자 성인 남성을 가리키는 표현으로 웨르와 웨프만 대신 '맨'이 쓰이기 시작했다. 하지만 맨은 여전히 남성과 여성 둘 다 포함한 인간 전반을 가리키기도 했다. 이렇듯 맨이 두 축의 의미를 동시에 담게 되면서 여성은 언어적으로 드러나는 빈도가 줄어들었다. 이와 같은 의미적 편향을 바로잡기 위해 지난 수십 년 동안 영어에는 여러 변화가 시도되었다. '체어맨chairman' 대신 '체어퍼슨 chairperson,' '프레쉬맨freshman' 대신 '퍼스트이어 스튜던트first-year student,' '맨 카인드mankind' 대신 '휴매너티humanity'를 사용하는 것이 그 예다. 이러한 맥락에서 정치적 올바름의 목적은 언어 내의 부적절함을 바로잡는 것 이다.

요컨대 정치적 올바름이란 언어 내에서 불평등을 내포할 가능성이 있는 구조적 요소를 "바로잡는 것"을 목표로 하는 일종의 "언어 운동" 이다. 이번에는 직함 표현을 예로 들어보자. 지난 70~80년간 점점 많 은 여성이 과거에 남성의 전유물이라고 생각됐던 직종에 뛰어들기 시 작했다. 초창기에는 단지 전통에서 벗어난 특수한 사례라고 여겨졌기 에, 이 여성들의 직함은 남성 직함 표현에 '-ess' 같은 접미사를 붙이는 식으로 만들어졌다. '웨이트리스waitress'나 '액트리스actress' 같은 표현이 그 예다. 그러한 직군에서 여성의 지위가 남성과 동등한 직함('웨이터 waiter'나 '액터actor')을 얻을 만큼 올라가기까지는 수십 년이 걸렸다. 사실 지금도 새로운 현실을 반영하도록 언어 표현을 바꾸는 데는 부단한 투 쟁이 필요하다. 게다가 특정한 언어 변화가 늘 동일한 사회적 결과를 초래하지 않는다는 점도 기억해야 한다. 이는 상황에 따라 얼마든지 달라질 수 있다. 예를 들어 프랑스어를 사용하는 페미니스트는 어차피 "성별 구분이 프랑스어 문법 체계의 내재적인 특징으로 자리 잡고 있 기 때문에 남성 표현과 여성 표현을 구분하는 것을 옹호"한다.[211] 그러므로 '아보카avocat(남성 변호사)'에 접미사 '–e'를 붙여 '아보카트avocate(여성 변호사)'를 만들어도, 이는 단지 직군 내의 여성을 나타내는 언어적 변주일 뿐이다. 하지만 영어의 문법 체계 안에는 이러한 성별 구분이 내재되어 있지 않기 때문에, 웨이트리스나 액트리스 같은 단어가 불필요하게도 성별 특정적이라고 규정할 수밖에 없다.

또 다른 예로 호칭에서의 성 불균형을 바로잡기 위해 영어에 도입한 '미즈Ms.'라는 표현을 생각해보자. 전통적으로 '미시즈Mrs.'라는 호칭은 기혼 여성의 지위를, '미스Miss'라는 호칭은 미혼 여성의 지위를 강조한다. 이처럼 여성을 "기혼"과 "비혼"으로 양분해 묘사하는 관행을 바로잡기 위해 1970년대에 '미즈'라는 표현이 생겨났다. 이 표현은 혼인 여부가 표시되지 않는 남성 호칭 '미스터Mr.'와 동일 선상에 있는 만큼 호칭 체계에서 여성의 혼인 여부를 빼버리는 효과를 낳는다. 하지만 언어학자 데버라 태넌은 이렇게 지적한다. "물론 '미즈'가 혼인 여부를 밝히기를 거부하는 표현이기는 하지만(남성에게는 애초에 무엇도 묻지 않는다는 점에서 '미스터'는 무엇도 거부하지 않는다), 관찰자의 태도나 전제에 따라 자유롭거나 반항적인 여성임을 나타내는 표현이 되기도 한다."[212] 결국 진정한 평등을 위한 해결책은 성별에 관계없이 모두를 똑같은 호칭으로 부르는 것밖에 없을지도 모른다.

이렇듯 정치적 올바름은 전통적인 직함이나 호칭이 오늘날의 현실을 제대로 반영하지 못한다는 인식 등 불평등한 사회적 역할을 바로잡기 위한 보상 기제로서 출발했다. 하지만 모순적이게도 직장 및 사회 내 성 평등이 널리 퍼져나가고 있는 오늘날에도 '미시즈'나 '미스' 같은 표현은 여전히 사용되고 있다. 오랜 습관을 끊어내기가 얼마나 어려운지 잘 알 수 있는 지점이다.

언어는 사회적 변화에 발맞춰 진화한다. 하지만 이 당연한 원칙이 정치적 올바름에 관한 논의에서는 완전히 빠져 있다. 보수주의자들은 사회적 역할 간의 지위를 평등하게 만들려는 언어적 기제가 변화하고 있다는 사실은 고려하지 않은 채, PC적인 언어가 이념 갈등에 기반을 둔 정체성 정치에 영합할 뿐이라며 무시한다. 진보주의자들 역시 보수주의자들이 인종차별이나 성차별 같은 문제는 해결되지 않은 상태로 내버려둔 채 자신들의 명분을 위해 정치적 올바름 논쟁을 이용하고 있다고 비난한다. 공교롭게도 양쪽 다 나름 일리가 있기에 정치적 올바름에 관한 논쟁은 지극히 감정적인 싸움으로 번지고 만다. 트럼프는 이 기회를 놓치지 않고 논쟁에 뛰어들어 양쪽 진영을 이간질하면서 스스로를 정치적 올바름에 맞서 싸우는 세력의 지도자로 내세운다. 그는 "구리다", "멍청하다", "패배자" 같은 비난을 마구 퍼부으면서 정치적으로 올바른 언어를 망쳐버린다.

트럼프가 정치적 올바름을 공격하자 이를 진보 세력에 대항하는 완벽한 해결책으로 인식한 수많은 보수주의자가 트럼프의 편에 섰다. 정치적 올바름을 향한 선전포고는 사실상 "PC스테이트"나 다름없는 딥스테이트를 향한 선전포고를 암시하기 때문이다. 이러한 맥락 속에서 트럼프는 표현의 자유를 수호하는 영웅으로 인식된다. 이 사실은 2016년 예비선거 중에 트럼프가 폭스뉴스와 나눈 인터뷰에서 명확히 드러난다.

제 생각에 이 나라가 직면한 가장 큰 문제는 정치적 올바름입니다. (……) 정말 많은 사람들이 저한테 문제를 제기하는데, 툭 까놓고 말해서 저는 정치적 올바름을 온전히 지킬 시간이 없어요. 솔직히 이 나라 자체에도 그럴 시간적 여유가 없습니다.

한편 2017년 사우스캐롤라이나에서 열린 집회에서는 환호하는 군중을 향해 "무슬림이 미국에 들어오지 못하도록 전면적으로 완벽히 차단할 것"을 촉구하기도 했다. 영리하게도 트럼프는 이 요구가 "굉장히 중요하지만 정치적으로 올바르지 않을 수도 있는" 요구라는 말도 덧붙였다. 이는 PC 정치를 향한 우회적인 공격일 뿐만 아니라, 수많은 보수주의자가 비생산적이라고 주장하는 다양성 정치(다문화 정책 및 소수자 우대 정책)를 향한 공격이기도 했다. 다시 말해 트럼프는 정치적 올바름 자체를 비난했을 뿐만 아니라, PC 문화가 지양할 만한 터무니없는 주장을 내뱉음으로써 간접적인 비난도 얹은 셈이다. 결과적으로 트럼프는 정치적 올바름과 그로 인한 표현의 억압에 맞서 싸우는 전사로서 자리매김했다. 그가 받은 사명은 자신의 말과 행동을 통해 정치적 올바름을 박살 내는 것이었다. 심지어 그는 예비선거 중에 신체적 장애가 있는 기자를 조롱하기까지 했다. 청중은 격렬히 웃음을 터뜨렸다. 1950년대 TV 프로그램 〈슈퍼맨〉에 등장하는 구호를 빌리자면, 트럼프는 처음부터 스스로를 "진실, 정의, 미국적인 방식"을 위해 싸우는 진정한 전사로 내세운 셈이다. 급진적인 우파 입장에서 그는 슈퍼맨과 같았다. 따라서 슈퍼 히어로의 결점이 크게 문제가 되지 않듯, 병역기

피자라는 사실을 비롯한 트럼프의 "결점" 역시 조용히 묻혔다.

1992년에 집필한 의미 깊은 에세이에서 루스 페리는 타인이 불쾌하지 않도록 말을 가려 쓰는 사람을 공격하는 자들이 결국 사회 흐름을 주도해 정치적 저항 운동의 기틀을 마련하게 될 것이라고 경고했다.[213] 페리의 예측에 따르면 정치적 올바름이라는 용어는 일종의 정치적 무기로 재활용되어, 정치적 올바름을 언어적 불평등이나 편견을 바로잡기 위한 수단으로 사용한 적이 없는 사람들마저 곤경에 빠뜨릴 것이었다. 페리는 이렇게 이어나간다. "대학에서는 1960~1970년대의 유산인 소수자우대정책, 즉 학계 인구의 대다수를 차지해온 백인 중산층 이성애자 남성이 아닌 학생이나 교수를 뽑는 정책을 향한 공격이 벌어지고 있다."[214]

한편 블룸은《미국 정신의 종말》에서 1960~1970년대에 벌어진 흑인권리운동이 오히려 인권 운동에 역효과를 불러일으켰다고 비판한다.[215]

기존의 인권 운동을 대신해 등장한 흑인권리운동은 그 성격이 난폭하다는 점과 인정을 구걸하지 않고 자긍심을 강조한다는 점은 차치하더라도, 미국의 헌법 전통이 늘 부패해 있었으며 노예제도를 지키려는 수단에 불과했다는 관점을 핵심 전제로 가지고 있었다. 흑인권리운동은 흑인의 정체성을 위한 것이었지 보편적인 권리를 위한 것이 아니었다. 이것이 미국의 젊은 세대 교육에 미친 결과는 청년들이 미국의 역사와 영웅적인 인물들에 대해 아는 것이 없어졌다는 점이다. 그들이 대학에 올 때 함께 가지고 오던 몇 안 되는 유용한 지식이 사라진 셈이다. 이제 그 자리는 다른 나라나 문화에 대한 지식, 몇몇 사회과학 원리만이 수박 겉핥기로 채워져 있을 뿐이다.

물론 논란의 여지가 많은 설명이지만 지금 우리가 다룰 내용은 아니다. 지금으로서는 정치적 올바름에 (언어적인 측면을 비롯한) 다양한 측면이 존재한다는 사실을 이해하는 것만으로도 충분하다. 정치적 올바름이라는 이슈를 단지 좌우간의 이념 논쟁으로만 바라보는 것은 사안을 지나치게 단순화시키는 관점이다.

정치학자들은 정치적 올바름이라는 개념의 뿌리를 1930년대 소련 공산주의 정권의 가스라이팅 전략에서 찾는다. 당시 소련 정권은 당원들이 실제 현실 대신 공산당이 바라보는 현실을 믿게 만들었다. 사람들의 정신을 통제하는 이중 언어의 형태로 정치적 올바름이 존재한 셈이다. 1930년대 이탈리아의 마르크스주의자 안토니오 그람시 역시 그러한 언어가 파시스트 국가의 대중 통제 수단이 될 수 있다고 보았다.[216] 그람시의 설명에 따르면 과거 마키아벨리가 지적했듯 인간 정신을 좌우하는 것은 이성이나 진실이 아니라 모순이나 신념이다. 능수능란한 거짓말쟁이는 (독재자든 정권 자체든 간에) 이 사실을 이용해 갖가지 술책을 부린다. 《군주론》 5장에서 마키아벨리는 이미 특정한 생활 방식에 익숙해진 사람들을 조종하는 "가장 확실한 방법"이 거짓말, 속임수, 노골적인 비난을 통해 바로 그 생활 방식을 망가뜨리는 것이라고 말한다.[217] 마치 소련 정권, 파시즘 정권, 나치즘 정권, 트럼프 정권의 정신 통제 전략을 예견한 것만 같다. 마키아벨리는 거짓말쟁이 군주가 이 전략을 사용하는 목적이 사람들의 정신을 파괴하는 것이 아니라 정복하는 것이 되어야 한다고 강조한다. 《군주론》 6장에서 인정하는 것처럼 사람들의 머릿속에 "새로운 양식과 질서"를 심어 넣는 것만큼 어려운 일은 없지만, 일단 성공하면 거짓말쟁이 군주는 "권력과 안전과 명예와 행복"을 누릴 수 있다.[218] 마키아벨리의 통찰은 《로마사 논고》 2권 5장에도 명확히 서술되어 있다. "새로운 종교의 창시자가 이전과 다른 언어를 말하면 기존의 종교는 손쉽게 무너진다." 그러므로 거짓말쟁이 군주는 사람들이 자신을 따르게 하는 새로운 언어를 사용해야만 한다. 트럼프의 경우에는 바로 그 언어가 반PC 언어인 셈이다. 마키아벨리는 사람들의 정신에 침투해 행동을 조종하는 데 언어만큼 효과적인 무기가 없다고 주장했다. 따라서 그람시가 지적하듯 가장 뛰어난 전사는 말로 사람들의 정신을 뒤흔들줄 아는 "무기를 들지 않은 선지자"다. 의미심장하게도 그람시가 옥중에서 이러한 기록을 남기는 동안, 무솔리니는 (마치 트럼프가 복음주의교회 신도들의 선지자를 자처하듯) 무기를 들지 않은 선지자를 자처하며 가톨릭교회와 동반자 관계를 구축하고 있었다.

요컨대 정치적 올바름을 향한 공격은 과거부터 다양한 형태로 이루어진 전략이다. 트럼프는 보수주의자들이 PC 사상경찰 때문에 생겨났다고 생각하는 제약들을 박살 내어 보수 진영을 대표하는 용맹한 전사로 떠올랐다. 트럼프 덕분에 다른 보수주의자들 역시 금기를 깨부수고 누구든 마음대로 조롱할 수 있게 되었다. 따라서 그들에게 트럼프는 특유의 직설적인 화법을 통해 표현의 자유를 회복시킨 영웅이나 다름없다. 여우가 사자로 둔갑하는 데 성공한 셈이다.

멸칭

트럼프는 특유의 몸짓과 저속한 언어 덕분에 정치적 올바름을 무찌를 영웅으로 완벽히 위장했으며, 실제로 수많은 사람이 그를 미국의 뿌리를 되찾아줄 유일한 희망으로 바라본다. 트럼프가 내뱉는 말은 죄다 체제 전복적이고 올바르지 않으며 규범을 벗어나기 때문에 오히려 그를 권위, 규제, 관습에 맞서는 저항의 아이콘으로 드높인다. 심지어 철자를 틀리게 쓰는 것 역시 기만적이고도 영악한 전술의 일환이다. 표면적으로는 트럼프가 교육을 덜 받았거나 문맹인가 싶을지도 모른다. 하지만 그렇게 치부하고 넘어갈 일이 아니다. 트럼프는 일부러 철자를 틀림으로써 "기득권"에 저항하며 그들의 위선적인 규범과 관습을 조롱한다. 더 나아가 틀린 철자 자체가 무의식중에 미묘한 메시지를 전달하기도 한다. 트럼프의 트윗을 하나 살펴보자.

Donald J. Trump ✔ @realDonaldTrump

"제임스 코미의 증언 후에도 민주당은 트럼프 선거 캠프와 러시아 사이의 연관성을 입증하는 '결정적 증거'를 찾는 데 실패했습니다. 러시아와 공모했다는 '결정적 증거'는 없었습니다." @FoxNews 그럴 수밖에 없는 게 난 **공모한 적이 없거든**. 그러니 이제 민주당 녀석들은 단지 개인 간에 거래가 오간 것을 트집 잡아 선거 자금을 받은 것이라고 억지를 부리고 있고 말이야.

2018.12.10. 오전 6:46

당연한 말이지만 제대로 된 철자는 "결정적 증거smocking gun"가 아니라 "결정적 증거smoking gun"이다. 트럼프 본인도 알고 있었을 것이다. 철자를 두 번이나 똑같이 틀린 것을 보면 의도적인 행동임이 분명하다. 이러한 철자 오류는 주류 언론이 트럼프 수사 건을 보도할 때 사용하는 "결정적 증거"라는 표현을 조롱하려는 의도를 담고 있다. 실제로 언론에서는 트럼프의 유죄를 입증할 뒤집을 수 없는 단서가 있는 것처럼 "결정적 증거"라는 표현을 자주 사용했다. 따라서 트럼프는 일부러 철자를 틀리게 씀으로써 그러한 노력을 비웃는 것은 물론 반격까지 해낸다. 특히 '스목smock'라는 단어는 입고 있는 옷이 더러워지지 않도록 위에 덧입는 작업복을 가리키기에, 진보 진영이 자신들의 잘못을 가리기 위해 트럼프 수사로 주의를 돌리는 모습을 비꼬기에도 적합하다. 결국 이러한 행태는 암시에 기반을 둔 여우 같은 전략이자 올바름에 집착하는 기득권을 향한 공격의 일환이다.

트럼프가 스스로를 반항적인 영웅으로 내세우기 위해 사용하는 전략 중에는 인신공격성 별명을 붙이는 전략도 있다. 공개적으로 여성을 향해 "개"나 "돼지"라는 표현을 쏟아내는 것만큼 반PC적인 언행은 없을 것이다. 실제로 트럼프는 트위터를 통해 자신의 보좌관 오마로사 매니골트 뉴먼을 개라고 비난했다. 그럼에도 언론의 반응은 미지근했다.

Donald J. Trump ✔ @realDonaldTrump ⌄

징징대는 것밖에 모르는 미치광이 하류 인생에게 새로운 기회를 준답시고 백악관에 자리를 내줘봐야 역시 아무 소용이 없다니까. 개를 빠르게 내쫓아준 켈리 장군에게 박수를!

2018.08.14. 오전 6:31

여성을 겨냥해 '개'라는 표현을 사용한 것은 제대로 선을 넘은 행동이다. 여성을 지적 능력 없이 성적 욕구만 가득한 존재로 비유한 것이나 다름없기 때문이다. 그럼에도 트럼프 진영에서는 그러한 발언을 용감한 반PC 활동으로 여긴다. 다른 사례도 쉽게 찾아볼 수 있다.

Donald J. Trump ✔ @realDonaldTrump ⌄

로버트 패틴슨은 크리스틴 스튜어트를 다시 받아주면 안 됐어. 이미 개처럼 바람을 피웠는데 또 바람피울 게 뻔하지. 내 말이 틀리나 보라고. 패틴슨 정도면 훨씬 나은 여자를 만날 수 있을 텐데!

2012.10.17. 오후 1:47

Donald J. Trump ✔ @realDonaldTrump ⌄

왜 굳이 @ariannahuff의 외모 품평을 하냐고? 왜냐하면 나한테 억지 악평만 남기는 개니까.

2015.04.06 오후 10:22

거짓말의 기술

'개'나 '돼지' 같은 여성혐오적인 비유가 어떻게 생겨났고 어떤 영향을 미쳤는지 설명하려면 지면이 꽤 많이 필요할 것이다. 따라서 일단은 그러한 비유가 반PC 전략의 일환이라는 점만 기억해두자. 첫 공화당 대선 후보 토론 중에 메긴 켈리는 트럼프에게 이런 의문을 제기했다. "후보자님은 마음에 안 드는 여성을 뚱돼지, 개, 굼벵이 같은 역겨운 동물 이름으로 부르셨죠." 그러자 트럼프는 켈리의 말을 재빨리 끊고 들어와 냉소적으로 답했다. "로지 오도널[트럼프가 정계에 들어서기 전부터 상호 비방전을 벌였던 미국의 여성 코미디언—옮긴이]한테만 그랬죠." 청중은 웃음을 터뜨렸다.

트럼프는 비방이나 여성혐오적인 비유가 머릿속에 이미지를 불러일으키는 것은 물론 반PC 전략에도 잘 부합하기 때문에, 사람들의 관심을 쉽게 끌고 기억에도 또렷이 남는다는 사실을 잘 알고 있다. 학창 시절에 악랄한 별명으로 놀림을 당해본 경험이 있는 사람이라면 이해하겠지만, 한번 붙은 별명을 떨쳐내기란 굉장히 어렵다. 사실 트럼프가 하는 짓은 불량한 학생들과 다를 바가 없다. 둘 다 별명, 비방, 욕설을 사용해 상대를 공격함으로써 자신에게 쏟아지는 부정적인 시선을 상대에게 돌리고, 역으로 본인은 우위를 점한다. 모욕적인 별명 역시 언어적 무기에 속한다. 사실 거짓말쟁이가 보유한 무기 중 모욕적인 별명만 한 파괴력을 가진 무기도 드물다.

별명은 (좋은 쪽으로든 나쁜 쪽으로든) 상대의 성격, 외모, 배경 가운데 도드라진 특징으로 넌지시 주의를 이끎으로써 타인을 특정한 한계 내에 가둬놓는 역할을 한다. 예컨대 트럼프는 플로리다 상원의원 마코 루비오와 하원의원 애덤 시프를 가리켜 "땅딸보"라는 표현(각각 "땅딸보 마코"와 "땅딸보 애덤 쉬트")을 사용했는데, 이는 단순히 상대의 키를 조롱하는 것으로 끝나지 않는다. 여기에는 그들이 트럼프보다 키가 작은 만큼 지적 수준 역시 떨어진다는 함의가 담겨 있다. 또 어떤 면에서는 그들이 상대적으로 하찮은 존재라는 암시 역시 전달한다. 결국 이러한 별명의 궁극적인 목적은 트럼프의 "위대함"과 비교해 마코 루비오와 애덤 시프의 "하찮음"을 강조함으로써 둘의 성격이나 외모를 조롱의 대상으로 탈바꿈시키는 것이다.

이와 같은 언어적 무기는 범죄 조직에서도 자주 사용된다. 일례로 마피아는 별명이 지닌 "브랜드 가치"를 오래전부터 잘 알고 있었다. 《타임》의 설명에 따르면 1930~1940년대 미국 내 마피아의 "수상"이라 불린 프랭크 코스텔로는 이렇게 말했다.[219]

나는 코카콜라 같은 사람이지. 물론 코카콜라만큼 맛있는 음료수도 많아. 펩시콜라도 괜찮지. 하지만 펩시콜라는 코카콜라만큼 널리 광고된 적이 없어. 그런 의미에서 난 펩시콜라가 아니야. 난 코카콜라지. 온 사방에 광고가 된 몸이니까.

트럼프가 붙이는 별명은 상대의 특징을 묘사하기만 하는 것이 아니라 상대의 특징을 훼손해버린다. 트럼프가 대선 중에 경쟁자 힐러리 클린턴을 겨냥해 가장 자주 사용한 별명은 "사기꾼 힐러리"였다. 이는 클린턴이 과거에 저지른 것으로 추정되는 불법 거래 행위를 끄집어내기 위함이었으며, 실제로 이때 이후로 대안 우파 진영에서는 온갖 음모론을 만들어 지금까지도 클린턴을 추궁하고 있다. 더 나아가 클린턴이 민주당을 대표해 선거에 출마한 만큼, 트럼프가 붙인 별명은 민주당 전체가 부패했음을 암시하는 효과도 보였다. 트럼프가 이와 같은 전략을 갖가지 상황에서 어떻게 활용하는지 알아보기 위해 크리스천 R. 호프먼은 1965건의 트윗을 말뭉치로 수집해 면밀히 조사했다.[220] 조사 결과 트럼프는 역시나 상대가 지닌 특성을 훼손하는 데 능한 것으로 나타났다. 반면 클린턴은 미국 정치계의 전통적인 언어 예절에 따라 트럼프를 공격했기 때문에 그 효과가 미비했다. 대선 결과만 보더라도 트럼프의 언어 전략이 얼마나 효과적이었는지 알 수 있다. 물론 언어적인 공격이 대선에 영향을 미친 유일한 요인은 아니지만 가장 효과적인 무기 중 하나였음은 분명하다. 편의상 이와 같은 별명 붙이기 전략을 "멸칭$_{attackonym}$"이라고 부르도록 하자.

트럼프가 북한의 수령 김정은을 겨냥해 붙인 "로켓 맨"이라는 별명 역시 상대의 특성을 단 하나의 행동에 연관시켜 묘사함으로써 상대를 하찮은 존재로 만드는 멸칭의 한 예이다. 이 별명은 처음에는 단순히 비방이 목적인 표현처럼 보였으나, 결과적으로는 상대를 협상 테이블에 앉히는 전략적인 술책 역할을 해냈다(아이러니하게도 이 경우에는 상대가 트럼프보다 훨씬 똑똑했지만). 이는 표면적으로는 매번 미사일을 쏘겠다며 세상을 향해 으름장을 놓는 김정은을 조롱하는 표현에 지나지 않지만, 잠재적으로는 우주 미아가 된 우주 비행사 이야기를 다루는 엘튼 존의 노래 〈로켓 맨〉을 연상시킨다는 점에서 김정은이 길을 잃은 존재임을 암시하기도 한다. 사실 이 멸칭은 트럼프가 처음 만들어낸 것이 아니다. 2006년 7월에 《이코노미스트》는 김정은의 아버지 김정일에 관한 표제 기사를 보도하면서, 김정일이 로켓을 타고 날아오르는 모습을 '로켓 맨'이라는 제목과 함께 표지에 실었던 적이 있다.

트럼프가 사용한 또 다른 멸칭의 예로는 예비선거 중에 플로리다 주지사 출신 젭 부시를 겨냥해 사용한 "맥없는 부시"라는 별명이 있다. 이러한 별명은 젭 부시에게 미국의 대통령직을 수행하기에 육체적·정신적 활력이 부족하다는 꼬리표로 작용했고, 그는 이 치명상을 회복하지 못했다. "맥없는 부시"라는 표현이 특히 효과적이었던 이유는 트럼프가 사용한 것 치고는 비교적 절제된 표현이었기 때문이다. 대중의 머릿속에는 젭 부시가 미국 안팎의 적을 상대하기에 두 발로 서 있기도 힘들어 할 만큼 연약한 존재라는 인상이 은연중에 스며들었다.

트럼프가 상대의 이름 앞에 붙이는 "거짓말쟁이"라는 멸칭("거짓말쟁이 힐러리", "거짓말쟁이 테드" 등)은 공격 수단임과 동시에 사람들의 시선을 상대에게 돌리는 방어 전략이기도 하다. 어떻게 거짓말쟁이가 다른 누군가를 거짓말쟁이라고 부를 수 있을까? 프로이트는 이처럼 자신의 약점을 상대에게 뒤집어씌우는 술책을 '투사$_{projection}$'라고 부른다.[221]

한편 "미치광이"라는 멸칭은 일종의 도그휘슬로서, 상대의 정신적 역량에 의문을 제기하는 것은 물론 상대의 인종을 비난하는 효과까지 지닌다. 예컨대 트럼프는 캘리포니아주 민주당 하원의원 맥신 워터스를 겨냥해 "미치광이 맥신 워터스"라는 별명을 붙였는데, 이는 워터스가 아프리카계 미국인 것과 무관하지 않다. 같은 맥락에서 트럼프가 워터스를 "저능아 맥신"이라고 비난한 것 역시 도그휘슬의 일종이다. 트럼프는 MSNBC 아나운서 미카 브레진스키에게도 "미치광이"라는 멸칭을 붙였다. 또한 포르노 배우 스토미 대니얼스와 불륜 관계였다는 의심을 받자 대니얼스를 "말상"이라고 칭함으로써 외모는 물론 지적 수준까지 비하했다. 예비선거 중에 유일한 여성 경쟁자였던 칼리 피오리나를 상대로는 토론 중에 "저 얼굴 좀 봐요! 저기다 표를 주고 싶으세요?"라는 발언까지 일삼았다.

여성혐오와 남성우월주의가 어째서 아직까지 만연한지, 트럼프가 이를 어떻게 반PC 전략으로 활용하는지 설명하자면 따로 책을 한 권 써야 할 정도다. 따라서 트럼프가 여성을 어떤 시각으로 바라보든 일단은 그의 멸칭 전술에 집중하도록 하자.

마지막으로 트럼프의 멸칭 전략 중에는 상대의 실제 이름과 발음이 비슷한 별명을 사용하는 전략이 있다. 일례로 애리조나주 공화당 하원의원과 상원의원을 역임한 제프 플레이크가 트럼프 대통령이 민주주의에 가하는 위협을 지속적으로 경고하자, 트럼프는 플레이크를 가리켜 "제프 플레이키"라고 불렀다['플레이키'는 제정신이 아니라는 사상을 전달함─옮긴이]. 또한 일리노이주 민주당 상원의원 딕 더빈에게는 "디키 Dicky 더빈"이라는 별명을 붙였는데, 영어 접미사 '-y'가 작다는 뉘앙스를 더하기 때문에 상대를 하찮아 보이게 만드는 효과를 가져왔다. 이는 과거 추악한 속임수를 쓰던 리처드 닉슨에게 붙은 별명 "음흉한 놈 Tricky Dicky"을 연상시키기도 한다. 네바다주 상원의원 재키 로젠에게는 "정신 나간 재키"라는 멸칭을 붙여 여성의 지적 능력에 문제가 있다는 여성혐오적인 비난을 이어나갔다.

트럼프가 저속하고 외설적인 말을 내뱉고도 아무런 책임을 지지 않을 수 있는 이유는 보수적인 미국 전역에(또는 미국 너머까지) 팽배한 반 PC 정서에 기대고 있기 때문이다. 트럼프가 비방 하나를 내뱉을 때마다 사람들 눈에는 PC라는 갑옷을 뚫기 위한 총알 하나가 날아가는 모습이 보일 뿐이다. 또한 트럼프의 멸칭 전략은 주의를 다른 곳으로 돌리는 전략이기도 하다. 트럼프는 자신에게 비판적인 상대, 특히 여성이나 흑인에게 "바보"나 "멍청이" 같은 단어를 수도 없이 사용하여 제대로 된 지성을 가진 건 바로 자기 자신임을 암시한다. 예컨대 그는 CNN의 흑인 아나운서 겸 비평가 돈 레몬을 여러 차례 "멍청이"라고 비난했다. 이는 아프리카계 미국인이 지능지수가 낮다는 편견을 겨냥한 명백한 도그휘슬이다. 이 도그휘슬은 트위터에서도 반복됐다.

Donald J. Trump ✔ @realDonaldTrump ⌄

방금 TV에서 제일 멍청한 인간인 돈 레몬이 르브론 제임스를 인터뷰했네. 어찌나 멍청한지 르브론이 똑똑해 보일 정도야. 그러기가 쉽지 않은데 말이지. 난 마이클 조던이 좋아!

2018.08.03 오후 8:37

트윗이 올라오자마자 순식간에 리트윗이 5만 건 이상 이루어졌다는 사실은 트럼프의 멸칭 전략이 얼마나 효과적인지 잘 보여준다. 트럼프 지지자들은 그와 같은 멸칭 전략이 흑인을 노골적이고 인종차별적인 방식으로 비난하지 못하게 막는 PC 언어를 향한 최선의 공격이자 방어 전략이라고 믿는다. 결국 트럼프의 발언을 인종차별적이라고 생각하는 사람들이 있는가 하면, 속 시원하다고 생각하는 사람들도 있는 셈이다. 미국 사회가 극도로 분열되어 있음을 이보다 잘 보여줄 수는 없다. 지혜롭게도 돈 레몬은 이렇게 응대했다.

> 아프리카계 미국인에게 멍청하다고 말하는 건 케케묵은 유언비어 중 하나죠. 과거에나 지금이나 미국의 인종차별주의자들은 흑인의 지능이 열등하다는 말도 안 되는 헛소문을 퍼뜨려왔습니다. 우리나라 대통령은 유색인종과 여성을 끊임없이 폄하하는군요.

물론 엄밀히 말해 멸칭은 거짓말이 아니다. 하지만 상대를 공격하는 수단으로 언어를 활용한다는 점에서 거짓말의 기술에 속하는 것은 분명하다. 이는 거짓말쟁이 군주가 마키아벨리의 권고대로 사자로 둔갑하여 권력을 획득하고 유지하게 돕는다. 적들에게 강력한 힘을 마구 휘둘러 이를 지켜보는 사람들 역시 겁을 먹게 만드는 전략이다. 사람들은 일단 멸칭이 붙으면 그것을 떨쳐버리기가 불가능에 가깝다는 사실을 잘 알고 있다. 따라서 그들은 혹시라도 이름에 오명이 붙을까 봐 거짓말쟁이 군주에게 굽실거리면서 평판을 유지하려고 애쓴다.

트럼프의 멸칭 전략은 상대에게 두려움을 불러일으켜 자신을 비판하지 못하게 가로막는다는 점에서 효과적인 무기다. 또한 멸칭 전략은 PC 국가를 무너뜨리는 전략으로도 유효하다. 미국의 사상경찰을 공격하는 척해 지지자들에게 제멋대로 말해도 괜찮다는 해방감을 안겨주는 셈이다. 아이러니한 사실은 1980년대 초기에 정치적 올바름이 미국을 괴롭히는 문제로 떠오르자 대부분의 진보주의자들 역시 비판의 목소리를 높였다는 점이다. 그럼에도 극우 언론에서는 진보 진영이 PC 언어를 전체주의적 전술로 활용해 표현의 자유를 말살하고 있는 것처럼 묘사했다. 특히 그들은 PC 언어를 퍼뜨리는 주동자이자 PC 국가의 지도자로 오바마를 낙인찍었다. 트럼프는 이 기회를 놓치지 않고 특유의 직설적인 화법으로 비난을 이어나갔다. 교활한 여우답게 트럼프는 시대정신이 PC를 공격하기에 딱 알맞게 준비되어 있음을 파악했다. 적들을 대놓고 비난해도 여성혐오나 명예훼손이라고 지탄받는 대신, 시원한 욕지거리로 정치적 올바름에 당당히 맞서는 용감한 영웅으로 칭송받을 게 뻔했다. 마키아벨리가 권고하듯 군주가 권력을 쥐고 상대의 공격을 막아내기를 바란다면, 속임수와 위장술은 물론 허세와 객기도 부릴 줄 알아야 한다. 트럼프는 수많은 보수주의자가 정치적 올바름의 감시 아래 혹시라도 상대를 불쾌하게 할까 봐 하고 싶은 말도, 행동도 제대로 하지 못한다고 느끼는 때를 정확히 파고들어 등장했다.

반PC 정서가 팽배한 지금 트럼프의 잔혹한 언어 전술에 효과적으로 대응하기란 불가능해 보인다. 여기서 문제는, 표현의 자유가 우리가 느낀 점을 말할 권리를 제공하는 동시에 다른 사람을 모욕할 권리 또한 제공한다는 점이다. 트럼프 지지자 입장에서는 그의 저속하고 노골적인 언어에서 해방감을 찾을지도 모른다. 하지만 분명 트럼프의 화법은 우리가 원치 않는 악랄한 대가를 치르게 만들 수도 있다. CNN의 논평가 크리스 실리자는 이렇게 말한다. "트럼프가 정치적 올바름을 비난함으로써 초래한 문제는, 그 비난의 정도가 선을 넘은 나머지 혐오 표현을 쏟아낼 날만 기다리며 음지에 숨어 있던 자들에게 용기를 불어넣은 것에서 그치지 않습니다. 그는 미국의 정치인이나 지도자가 어느 정도 수위까지 발언해도 괜찮은지 그 경계를 낮춰버렸습니다."[222]

부인, 전가, 회피

《군주론》18장에서 마키아벨리는 군주가 잘못을 인정하는 순간, 그의 지배도 막을 내릴 것이라고 경고한다. 따라서 권력을 놓치기 싫은 군주라면 누가 잘못을 지적하거나 그 증거를 들이밀더라도 언제든 잘못을 부인denial하고, 책임을 전가deflection하고, 이목을 회피distraction할 줄 알아야 한다. 이와 같은 "3D" 전략은 효과적인 반격 기술이자 방어 기술이다. 트럼프가 이러한 전략을 어떻게 활용하는지 한 가지 예를 살펴보자. 트럼프는 그의 개인 변호사였던 마이클 코언을 통해 과거에 불륜 관계였던 것으로 추정되는 포르노 배우 스토미 대니얼스에게 입막음 비용을 건넸다는 혐의를 받았다. 트럼프는 일단 입막음 비용에 대해 아는 바가 전혀 없다고 부인했다. 그다음에는 기자의 질문에 사건 당시 자신의 변호사였던 마이클 코언에게 물어보라고 답함으로써 책임을 회피했다. 마지막으로 코언이 자신에게 불리한 증언을 하자 코언이 거짓말쟁이라는 둥 온갖 비난을 쏟아내 사람들의 관심을 코언에게로 돌렸다. 트럼프는 한순간도 혐의를 시인하지 않았다. 그랬다가는 마키아벨리의 경고대로 자신이 몰락할 것임을 알았기 때문이다.

2016년 대통령 선거일 나흘 전에《월스트리트저널》은《내셔널인콰이어러》가 플레이보이 모델 출신 캐런 맥두걸에게서 트럼프 관련 의혹이 담긴 기삿감을 돈을 주고 산 뒤, 일부러 기사를 내보내지 않았다고 보도했다. 트럼프의 평판을 보호해 선거 여론에 영향을 미치려는 의도가 분명했다. 증거가 하나둘 쌓이고 진상이 점점 드러났지만 트럼프는 모든 혐의를 부인했으며, 맥두걸과 부적절한 관계를 맺었다는 사실조차 단 한 번도 시인하지 않았다. 부인하는 것만으로는 언론의 관심을 돌리기에 불충분하자 트럼프는 관련 질문 자체를 아예 무시함으로써 다른 문제로 이목을 돌리려 했다.

이러한 사례들은 3D 전략이 어떤 식으로 펼쳐지는지 잘 압축해 보여준다. 첫째, 사실을 부인하라. 둘째, 발뺌이 통하지 않으면 새로운 거짓말을 추가하라. 셋째, 위기가 지나갈 때까지 사람들의 관심을 다른 곳으로 돌려라. 트럼프는 이와 같은 세 갈래 전략을 사용해 대선 중에 러시아와 금전적으로 결탁한 정황이 있다는 혐의에도 대응했다. 더 이상 사실을 부인할 수 없는 상황이 되자 그는 자신의 행동이 사업가라면 누구든 취했을 행동이라며 "별일" 아니라고 주장했다. 그러자 트럼프의 예상대로 관련 기사들이 하나둘 1면에서 내려가기 시작했다.

제니퍼 메르시카의 설명대로 트럼프의 3D 전략은 고대 그리스인들이 '아폴로지아apologia'라고 부르던 자기변명 기술에 해당한다.[223] 메르시카는 이에 더해 트럼프의 옹호자들이 "쟁점이론stasis theory"을 적용해 상황을 새로운 시각으로 해석하여 트럼프가 위기를 빠져나갈 구실을 만들어준다는 점을 지적한다. 트럼프가 스포트라이트를 코언에게 돌렸던 것처럼 관점의 전환을 유도하는 전략이다. 새로운 관점 속에서 트럼프는 피해자로 둔갑한다. 메르시카가 지적하듯 쟁점이론은 논점의 재해석을 통해 트럼프에게 쏠리는 관심을 다른 곳으로 돌리는 것은 물론 혼란과 의심을 불러일으킨다. 트럼프 본인이 잘못을 저질렀다는 혐의는 없다거나, 설령 입막음 비용을 지불했다고 한들 불법은 아니라거나, 어차피 기소될 가능성은 없다고 합리화하는 식이다.[224]

아마도 3D 전략 중에서도 상대의 공격을 회피하기에 가장 탁월한 전략은 "피장파장"이라고도 불리는 책임 전가 전략일 것이다. 피장파장 전략의 목적은 상대가 나를 비난할 때 굳이 부정하거나 방어하려고 애쓰기보다는, 상대를 똑같은 혐의로 추궁해 신용을 떨어뜨리는 것이다. 말하자면 최선의 방어책으로 공격을 택하는 전략이다. 트럼프와 트럼프의 대변인이 사용하는 책임 전가 전략의 핵심은 "그러는 너는?"이라는 말로 요약할 수 있다. 대표적인 예로 트럼프는 러시아 게이트가 터졌을 때 오히려 대선 경쟁자인 힐러리 클린턴의 잘못을 조사하라거나, 클린턴이 러시아와 공모하지는 않았는지 확인하라며 수사관과 국회 측을 채근했다.

현대 정치 역사에서 피장파장 전략의 기원을 찾자면 소련 정권을 꼽을 수 있겠지만, 사실 피장파장 전략의 진짜 뿌리는 마키아벨리에게서 찾을 수 있다. 마키아벨리는 어차피 지지자들은 거짓말쟁이 군주의

의도대로 속아줄 것이기 때문에, 아폴로지아 중에서도 피장파장 전략이 특히 효과적이라고 보았다.[225]

이러한 특성을 잘 숨긴 채 위대한 위선자이자 연기자가 될 줄 알아야 한다. 인간은 너무나 단순하고 기본적인 물질에도 쉽게 마음을 빼앗기므로 거짓말쟁이 입장에서는 언제든 자신의 속임수에 속아줄 사람을 찾을 수 있기 때문이다.

거짓말쟁이 군주는 책임 전가의 대가이기에, 터무니없는 주장을 지어내서라도 사람들의 관심을 자신이 저지른 명백한 잘못으로부터 상대방의 잘못으로 옮길 줄 안다. 트럼프는 때때로 제대로 반격을 당해서 할 말이 없을 때를 대비해 면피용 문구까지 한가득 준비해뒀다. 이를 통해 그는 직접적인 비난을 회피하며 일단 대답을 먼 훗날로 유보한 뒤 대답을 할 필요가 없을 때까지 기다린다. 면피용 문구에는 다음과 같은 표현들이 있다.

"사람들 말로는 ……하다고 하는데요."
"……하다는 건 모두가 아는 사실입니다."
"사람들이 저한테 ……하다고 말해주더군요."
"제가 듣기로는 ……하다고 하던데요."
"사람들은 결국 ……할 것이라고 생각합니다."
"사람들이 이제는 ……하다고 말하더군요."

언론이 자신의 성추행이나 거짓말 혐의에 관심을 가지자, 트럼프는 아무런 증거도 없이 부정선거가 발생했다고 주장하거나 오바마가 트럼프타워에 도청 장치를 설치했다고 주장해 언론의 관심을 돌리고 비난을 회피했다. 이 역시 이중 언어의 일종으로서 사람들 사이에 의심과 혼란을 불러일으켜 트럼프에게 쏟아지는 비난을 언어적으로 막아주는 역할을 한다. 결국 사람들의 이성을 마비시키는 것이 주된 목적인 셈이다. 켄 키지가 1962년에 발표한 소설 《뻐꾸기 둥지 위로 날아간 새》를 보면 온갖 속임수로 정신병원을 장악한 사기꾼이 나온다. 어떤 면에서 이 소설은 우리에게 경각심을 불러일으킨다. 인간은 누구나 속임수에 심리적으로 취약하므로, 우리 역시 사기꾼의 거짓말에 넘어가 비유적인 의미에서 사회적 정신병원에 수감될 수 있기 때문이다. 트럼프 같은 사기꾼은 늘 자신의 적들을 교란시켜 뻐꾸기 둥지 속에 던져 넣으려고 한다. 흔히 하는 말대로 "말은 중요"하다. 말에는 사람들이 행동하도록 부추기는 힘이 있기 때문에 결코 무시할 수 없다. 전략으로써 효과적이면 되지 결과가 무슨 상관이냐는 주장은 순진하기 그지없다. 말은 제정신을 유지시키든 파멸시키든 우리의 정신에 영향을 미친다. 물론 아폴로지아에 기반을 둔 트럼프의 언어 전술은 우리의 정신을 파멸시키고 있는 듯하다.

말은 중요하다

이쯤에서 말의 중요성을 강조하고 넘어가는 편이 좋겠다. 이중 언어가 우리의 정신에 얼마나 파괴적인 영향을 미치는지 잘 모를 수 있기 때문이다. 의료심리학 연구에 따르면 의료 환경에서 언어, 특히 비유는 단순한 정보 전달에 그치지 않고 환자가 질병을 구체적으로 이해하도록 도와 진단 및 치료 과정에 긍정적인 영향을 미칠 수 있다. 일례로 캐서렛, 피커드, 피시먼, 알렉산더, 아널드, 폴락, 털스키가 진행한 연구에 따르면 의사가 환자를 진단할 때 무의식적으로 하는 말 중 약 3분의 2는 비유적인 언어로 이루어져 있다. 환자는 바로 그 비유적인 언어를 능숙하게 사용해 질병의 증상과 징후를 훨씬 명확히 이해시켜주는 의사를 소통에 더 유능한 의사라고 보았다.[226] 특정 질병을 진단하고 대처하는 데 유독 효과적인 비유도 따로 존재했다. 예컨대 서양에서는 '전쟁'이라는 표현이 일상 언어에서 자주 사용되는 만큼 "암은 곧 전쟁"이라는 비유가 환자의 마음에 더 와닿는 경향이 있다.[227]

임상 치료 상황에서 비유를 이용한 대화가 얼마나 유용한지 흥미롭게 소개하는 책 《내가 바라는 나Wish I Were》에서 린다 로저스는 비유적인 언어가 환자에게 자신을 이해하고 표현할 수단이 될 수 있음을 강력한 증거를 통해 뒷받침한다.[228] 예를 들어 로저스는 특히 장애가 심각한 환자 JR과 상담을 진행하면서 삶은 곧 여행이라는 개념적인 비유("아직 가야 할 길이 많이 남아 있어요.", "당신의 삶이 바로 눈앞에 있어요.", "뒤를 돌아보지 말아요." 등)를 사용해 JR이 사회적으로 용인되는 범위 내에서 자신의 질환에 대처하는 법을 깨우칠 수 있도록 도왔다. JR이 로저스를 찾아온 이유는 3년 이상 최선을 다해 노력했음에도 자신이 원하는 일자리를 얻지 못했기 때문이었다. 하지만 로저스는 JR이 성공하지 못한 것이 업무 능력이 부족하기 때문이 아니라 대화를 통해 협상을 풀어갈 줄 몰랐기 때문임을 파악했다. 이때 여행 비유는 JR이 비유적 추론을 통해 근원적인 문제가 무엇인지 이해하도록 도왔다. 대화 중에 자신을 표현할 때 문화적 관습에 따라 주어지는 특정한 규칙들을 따라야 한다는 사실을 깨달은 것이다.

또 다른 사례에서 로저스는 비슷한 기법을 사용해 세라라는 환자가 심각한 정신적 외상을 극복하도록 도왔다. 과거에 세라는 어느 대학 건물 밖에서 남편이 차로 태우러 오기를 기다리다가 정신이 온전치 못한 사내에게 총을 맞은 경험이 있었다. 마침 그 건물에서 강의 중이었던 로저스는 얼른 밖으로 달려 나와 인공호흡을 하고 계속 말을 걸면서 세라를 지켜냈다. 세라는 그런 일이 아예 없었던 것처럼 사건으로부터 자신을 완전히 분리하려고 했지만, 로저스는 계속해서 세라가 당시 사건을 이야기로 풀어내도록 이끌어 감정적인 상처를 회복할 수 있게 도왔다. 이야기를 풀어내는 과정에서 특수교육 교사인 세라는 자신이 그 가해자를 돕기를 원했다는 사실을 발견했다. 가해자는 당시 경찰과 대치하던 중에 총격으로 사망했다. 가해자와 대화하는 상황을 가정하자 세라는 어떻게 하면 그 가해자가 스스로를 이해하도록 도울 수 있었을지, 어떻게 하면 그의 감정적 혼란을 이해할 수 있었을지 집중했다. 하지만 이 대화 속에서 가해자는 늘 입을 닫고 있었다. 결과적으로 세라가 풀어낸 이야기는 응어리를 해소해주지 못했다. 따라서 세라는 다른 해결책을 찾았다. 자신의 신체에 변화를 줌으로써 자아를 바꾸기로 결심한 것이다. 세라는 자신의 인격을 새롭게 단장하기 위해 문신을 새기기로 했다. 로저스가 사용한 여행 비유 덕에 세라는 자신에게 일어난 상황을 받아들일 수 있는 유일한 방법이 가야 할 길을 바꿔 새로운 여정을 시작하는 것뿐임을 깨달은 것이다. JR과 마찬가지로 세라에게도 로저스의 전략이 효과가 있었다.

여기서 하고 싶은 이야기는 결국 말이 중요하다는 점이다. 말은 정신 건강을 악화시킬 수도, 회복시킬 수도 있다. 따라서 트럼프식 이중언어가 대중의 정신을 불안정하게 만들고 있다고 해도 과언은 아니다. 이번 장에서 트럼프를 비롯한 거짓말쟁이들이 사람들을 공격하고 스스로를 보호하기 위해 "언어적 무기"를 사용한다고 표현한 것 역시, 언어가 마치 무기처럼 사람들의 정신에 상처와 피해를 입힐 수 있음을 암시하려는 의도였다. 거짓말쟁이는 "뻐꾸기 둥지"를 만듦으로써 어떤 방법보다 손쉽게 정신병원을 장악할 수 있다.

미국의 언어학자 조지 레이코프는 비유가 가진 힘을 늘 강조해왔다. "비유는 비교적 덜 명확한 방식으로도, 즉 신체적 증상, 사회제도, 사회적 관습, 법, 대외 정책, 담론과 역사의 형태로 실현될 수도 있다."[229] 비유가 인식, 행동, 감정에 그처럼 강력한 힘을 미치는 이유는 "정신 혼성"이라는 개념에서 찾을 수 있다.[230] 정신 혼성은 두뇌가 신경학적으로 서로 다른 영역에 존재하는 개체들을 제3의 영역에서 같은 개체로 인식할 때 발생한다. 다른 개체들이 하나의 혼성체를 구성하는 것이다. 암과 전쟁을 벌인다는 비유를 예로 들면 여기에는 "암"과 "전쟁"이라는 별개의 개념이 존재한다. 하지만 질병은 전쟁과 같다는 추론에 의해 혼성 과정이 일어나면서, 신경 지도에는 두 개체가 서로 다른 영역에 별개로 존재하면서도 제3의 영역에서 단일한 개체로 존재하기도 한다. 이때 익숙한 용어나 화제를 접하면 두 영역이 반응하여 한데 뒤섞이고, 이 혼성체는 비유에 의해 새로운 의미를 만들어낸다.

수전 손택의 고전 《은유로서의 질병》에서는 인간이 질병 자체보다는 질병을 비유적으로 개념화하는 과정에서 더 큰 고통을 받는다고 주장한다. 오늘날 우리가 놓인 "뻐꾸기 둥지" 같은 상황을 고려한다면 참으로 시기적절한 교훈이다.[231] 말은 정치와 문화는 물론 정신적·신체적 건강에도 영향을 미친다. 따라서 멸칭, 비난, 거짓말이 사람들의 정신에 미치는 악영향을 결코 간과해서는 안 된다. 어떤 의미에서 PC 운동은 언어를 정화해 사람들의 정신을 해로운 언어적 공격으로부터 보호하려는 정신 건강 진흥 운동이었다. 그 정도가 지나치게 공격적이었을 수는 있겠지만, 적어도 우리 사회의 정신 건강을 해치지는 않았다. 우리의 정신을 망가뜨린 것은 바로 언어적 무기다.

속지 마세요

《트럼프의 실체Trump Revealed》에서 마이클 크래니시는 트럼프가 멸칭과 아폴로지아(3D 전략)를 어떤 식으로 사용하는지 방대한 예를 들어 설명한다.[232] 가장 두드러지는 사례로 트럼프가 흑인에게 부동산을 고의로 임대해주지 않자 법무부가 인종차별 혐의로 트럼프에게 소송을 제기했을 때 그가 어떤 반응을 보였는지 살펴보자. 트럼프는 오히려 법무부를 명예훼손 혐의로 고발하여 비난의 화살을 자신에게서 상대방에게로 돌렸다. 결과적으로 법무부는 법정 밖에서 사건을 마무리할 수밖에 없었다. 트럼프는 언어를 적대적으로 활용해 자신이 원하는 바를 얻거나, 최소한 자신을 비난으로부터 보호할 수 있음을 깨달았다. 마키아벨리가 지적하는 것처럼 스스로를 지키는 데 있어서 언어적 무기는 어쩌면 군사적 무기보다도 중요할지 모른다.

이번 장에서 소개한 언어적 무기들은 실제로 거짓말쟁이 군주가 사용하는 공격 및 반격 수단 중에서도 일부에 불과하다. 하지만 어쨌든 우리가 그러한 무기들의 특성과 원리를 명확히 설명할 수 있다는 사실은 한 가지 의문을 불러일으킨다. 왜 그렇게나 많은 사람이 언어적 무기에 속아 넘어가는 것일까? 여러 번 언급한 것처럼 한 가지 이유는 언어적 무기가 딥스테이트를 상대로 전쟁을 치르는 데 꼭 필요한 수단으로 인식되기 때문이다. 트럼프라는 영웅이 상대의 온갖 공격으로부터 스스로를 지키려면 언어적 무기에 기대는 수밖에 없다. 결국 마키아벨리가 역설하는 대로 거짓말의 기술 중 가장 중요한 부분은 공격적이면서도 방어적인 언어를 사용해 힘을 손에 넣는 것이다.

심리학자 토머스 페티그루의 연구는 이러한 전략이 심리학적으로 왜 유효한지 설명해준다.[233] 이 설명은 속담 한마디로 압축할 수 있다. "사랑과 전쟁은 수단을 가리지 않는다." 페티그루는 트럼프의 정신 통제가 권위주의적인 인물을 타고난 지배자로 인식하는 성향, 즉 "사회 지배 지향성"에 기대고 있다고 주장한다. 실제로 대선에서 트럼프를 지지한 사람들은 트럼프가 전체주의적인 PC 정권을 무너뜨릴 타고난 지도자라고 인식했다. 트럼프의 유세장에서 터져 나오는 통쾌한 웃음소리는 트럼프가 스스로를 세계를 바로잡을 구원자로 각인시키는 데 성공했다는 간접적인 증거다. 2015년에 CNN 〈언론 대담〉과 진행한 인터뷰에서 트럼프는 반PC적인 언어를 딥스테이트를 공격하는 주된 무기로 사용할 것임을 명확히 밝혔다. "우리는 미국을 바로잡아야 합니다. 우리는 미국을 다시 위대하게 만들어야 합니다. 우리는 활력과 열정을 발산해야 합니다. 특히나 정치적 올바름이 우리나라를 완전히 도륙 내고 있으니까요. 우리는 아무 말도 하지 못합니다. 무슨 말을 내뱉든 그 말이 옳지 않은 이유를 들이밀기 때문이죠."

트럼프가 우리의 정신을 갖고 놀고 있지만 이 사실을 알아차리는 사람은 많지 않다. 1943년에 미국 국방부는 워너스튜디오와 합작해 흥미로운 단편 영화 〈속지 마세요〉를 발표했다. 영화의 목적은 미국 내의 나치 동조자들이 사람들을 뻐꾸기 둥지 속으로 끌어들이기 위해 사용하는 언어를 조심하라고 경고하는 것이었다. 영화 속에서 한 프리메이슨 청년은 미국의 "좋은 일자리"를 국내외의 소수집단이 독차지하고 있다는 길거리 웅변가의 그럴싸한 주장에 속아 넘어간다. 뒤이어 청년은 미국으로 망명해 온 어느 교수와 설전을 벌이기 시작한다. 교수는 바로 그 길거리 웅변가가 사용하는 것과 같은 화법이 히틀러에게 권력을 가져다주고 독일을 분열시켜 서로를 증오하도록 만들었다고 경고한다. 이 영화가 발하는 경고 메시지는 오늘날 사회에도 딱 맞아 떨어진다.

마키아벨리가 강조하듯 거짓말쟁이 군주가 사용하는 핵심 술책은 자신의 "정체를 제대로 아는 사람이 거의 없게" 만드는 것이다.[234] 거짓말쟁이 군주는 겉으로는 늘 사자처럼 보이지만 속으로는 늘 여우처럼 생각하고 행동해야 한다. 그래야 자신을 꿰뚫어 보는 사람이 있더라도 잘못을 부인하거나 책임을 전가하는 전략을 통해 무력화시킬 수 있기 때문이다. 마키아벨리의 영웅은 체사레 보르자(1475~1507)였다. 그는 여우처럼 거짓말의 기술을 활용하면서도 무대 위에서는 무자비한 사자처럼 위용을 뽐낼 줄 아는 정치 지도자였다. 따라서 마키아벨리는 《군주론》에서 무슨 짓을 하더라도 권력을 유지할 줄 아는 군주로서 보르자를 칭송했다. 적들이 반란을 모의하자 보르자는 친밀한 척을 해서 그들을 꾀어낸 다음 몰살해버렸고, 정치적인 이유 때문에 자기 누이의 남편을 암살하기도 했다. 마키아벨리의 사상은 인간의 삶이 곧 "끝없는 권력 추구"에 지나지 않는다는 토머스 홉스의 주장으로 요약할 수 있다.[235] 오늘날에는 바로 트럼프가 어떤 수단을 동원해서라도, 설령 수많은 피해자가 생겨나더라도 끊임없이 권력을 갈구하는 인물의 완벽한 전형임에 틀림없다.

마키아벨리는 대부분의 사람들이 원인보다는 결과만 바라본다고 주장한다. 그렇기 때문에 트럼프 역시 자신이 미국 사회를 바로잡고 과거의 영광을 되찾겠다는 약속을 지켰음을 계속 강조하는 것이다. 만약 사람들의 머리에 총을 겨눴다면 트럼프는 살아남지 못했을 것이다.

하지만 사람들의 머리에 거짓말을 집어넣어 트럼프는 권력을 쥐었으며, 자신의 말에 속아 넘어간 자들의 든든한 지원을 받고 있다.

7장

진실된 과장법
허풍쟁이의 큰소리치기

홍보하지 않으면 끔찍하게도,
아무 일도 일어나지 않는다!

-P. T. 바넘

과장된 언어

서문에서 언급한 트럼프의 책 《거래의 기술》에는 "진실된 과장법"이라는 표현이 등장한다. 이는 "사람들의 판타지"를 자극하는 동시에 "스스로를 대단하다고 생각할 줄 모르는 사람들"이 야심을 품도록 만드는 언어 사용 방식을 뜻한다.[236] 진실된 과장법 전략은 다음과 같은 세계관을 담고 있다. "크게 생각하려면 크게 말할 줄 알아야 한다."

이러한 철학이 트럼프에게서 비롯된 것은 아니다. 이미 19세기부터 "수단과 방법을 가리지 않는" 미국 사업가들은 서커스 기획자나 사회자가 관중에게 어필하기 위해 고래고래 "허풍"을 외치는 모습에 영감을 받아, 과장된 언어를 마구 사용해 상품과 서비스를 홍보하기 시작했다. 허풍은 상대를 강제로 설득하는 힘을 지닌 언어적 기술이다. 이러한 말하기 방식을 웅변의 영역에서 일상 담화의 영역으로 끌고 온 인물이 바로 전설적인 사업가이자 쇼맨이자 서커스 단장인 P. T. 바넘이다. 그는 과장된 화법이 사람들의 감정을 자극해 평소라면 하지 않을 행동을 하게 만들 수 있음을 알았다. 바넘이 크나큰 성공을 거두면서 그의 과장된 화법이 장터 곳곳을 채워나갔다. 허풍에 매혹당한 사람들은 장터로 모여 쇼핑을 즐기고 볼거리를 만끽했다. 19세기 후반에는 사업계와 오락업계 역시 이러한 흐름에 동참했다.

바넘 덕분에 미국에 자리 잡게 된 표현 중에는 "일생에 단 한 번뿐인 기회를 놓치지 마세요!"라든가 "믿을 수 없는 가격!" 등이 있다. 바넘의 전략적인 작명이 돋보이는 "지상 최고의 쇼"에서는 누구든 즐길 거리를 찾을 수 있었다. 물론 이는 객관적인 사실이라기보다는 일종의 약속이었다. 미국의 언어 사용 방식에 바넘이 미친 영향은 결코 과소평가할 수 없다. 오늘날에도 바넘의 화법은 미디어와 광고는 물론 특히 인터넷에서 쉽게 찾아볼 수 있다. 교활한 협잡꾼, 사기꾼, 정치인은 과장된 화법을 사용할 때 바넘이 사람들의 관심을 끌었던 것처럼, 자신들 역시 사람들의 신용을 얻을 수 있음을 깨달았다. 그들은 허풍을 잘만 떨면 상대가 무엇이든 믿게 만들 수 있음을, 특히 스스로를 과장되게 홍보할 수 있음을 알고 있다. 이와 같은 과장된 화법을 그대로 물려받은 인물이 바로 트럼프이며,《거래의 기술》은 현대판 허풍 성명서나 다름없다. 트럼프는 과장된 언어가 사람들의 감정을 요동치게 만든다는 사실을 알고 있다. 맥락은 다를지언정 무솔리니와 히틀러 또한 이를 잘 알고 있었다. 예컨대 무솔리니는 연설을 할 때면 거창한 호언장담으로 "두체, 두체, 두체여!"라는 외침을 이끌어냈다. 히틀러도 비슷한 방식으로 청중의 감정을 자극해 "승리 만세! 승리 만세!"라는 외침을 유도했다. 트럼프의 집회에 울려 퍼지는 "힐러리를 감방으로!"라는 외침 역시 과장된 화법이 이끌어내는 작품이다.

이번 장에서는 과장된 언어에 초점을 맞춘다. 장사꾼이 허세를 부리면서 상품을 강매하듯이 트럼프는 과장된 언어를 사용해 자신의 생각과 거짓말과 "헛소리"를 믿게 만든다. 문제는 진실된 과장법이 트럼프의 집회 내에만 머무르지 않는다는 점이다. 진실된 과장법은 사회 곳곳으로, 특히 사이버 공간으로까지 퍼져나간다. "표현의 자유"를 약속했던 웹 2.0의 세계는 "진실된 과장법"과 "대안적 사실"이 가득한 세계로 변질되고 말았다. 전부 자기 홍보를 위한 속임수에 불과함에도 사람들은 눈치를 채지 못한 채 속아 넘어간다. 선전, 과장, 헛소리가 부지불식간에 온갖 디지털 플랫폼을 장악하자 진정성 있는 대화는 설 자리를 잃었다. 이러한 언어를 사용하는 목적은 분명하다. 사기를 치고, 이익을 갈취하고, 음모론을 꾸며내는 것이다. 매트릭스와 다름없는 오늘날의 세계에서 진정성 있는 대화 바로 옆에는 진실된 과장법이 도사리고 있다. 시간이 지날수록 둘 사이의 차이는 점점 모호해진다.

바로 이 과장의 시대에는 자신이 이룬 업적을 전부 "부풀려" 말하는 트럼프가 영웅적인 인물로 떠오른다. 따라서 팬들은 트럼프의 허풍을 부정적인 시선으로 바라보지 않고, 미국의 정수를 담은 화법으로 인식한다. 트럼프가 사업가로서 거뒀다는 성공 역시 미국적인 신화에 딱 들어맞는다. 말하자면 그는 영리하면서도 끈질기게 아메리칸드림을 실현시킨 미국의 상징과도 같은 존재다. 사람들은 그런 트럼프라면 미국인의 경제적·사회적 수준을 끌어올릴 실속 있는 협상가로서 활약할 수 있으리라고 기대한다. 이러한 세계관을 공유하지 않는 사람은 트럼프가 연설이나 트윗을 통해 여러 차례 공언했듯이 "반미국적인" 이방인 취급을 받는다. 트럼프는 가는 곳마다 "지상 최고의 쇼"를 개최하면서 아무런 근거도 없이 허울뿐인 희망을 약속하고 또 약속한다.

트럼프의 의도적인 과장법은 《거래의 기술》이 내세우는 핵심 전략이다. 클로디아 클래리지가 《영어의 과장법Hyperbole in English》에서 주장하는 것처럼 과장법은 일상 곳곳에 스며들어 있다는 점에서 매우 효과적이다.[237] 클래리지는 일상 대화, TV 프로그램, 신문 기사, 문학 작품

등 다양한 데이터를 조사한 뒤 과장법이 예외적인 수사법이라기보다는 매일매일 사람들의 무의식에 작용하는 강력한 설득의 언어라고 결론지었다. 사업 협상 언어가 대부분 그렇듯 과장법은 과시하고 부풀리고 떠벌림으로써 화자의 존재감을 극대화해, 상대가 특정한 상품을 사게 하거나 특정한 생각을 믿게 만든다. 상대는 허풍쟁이가 오만하다기보다는 카리스마가 넘친다고 착각한다.

사실 과장법은 기원전 466년 시칠리아의 시라쿠사라는 도시에서 코락스가 제자 티시아스와 함께 공개 연설의 원칙을 체계적으로 정립했을 때부터 전통적인 웅변 기술로 자리 잡았다. 기원전 5세기의 아테네 시민들은 총회에 참석해 공공 정책을 제안하고 논의해야 했다. 법정에서도 따로 판사가 없었기 때문에 논객이 판결을 제시하면 배심원이 최종 판결을 내리는 식이었다. 자연스럽게 사람들은 어떻게 말을 설득력 있게 할 수 있는지 고민하기 시작했고, 이는 화술 연구로 이어졌다. 그들은 최초로 이름을 널리 알린 로마의 웅변가 키케로가 남긴 문헌을 살펴본 뒤 다양한 말하기 형태 중에서 특히 웅변이 가장 강력한 설득력을 지녔음을 이해했다. 그리고 오늘날 과장된 웅변술은 자신을 한없이 과시하려고 애쓰는 트럼프 덕분에 미국에서 다시 한번 그 전성기를 맞이했다.

사업과 종교의 언어

다시 한번 강조하지만 바넘이 미국 사회에 남긴 유산은 결코 과소평가할 수 없다. 반은 사업 아이템을 홍보하는 세일즈맨 같고 반은 종교 부흥회의 목회자 같은 바넘 특유의 격양된 화법은 오늘날 광고, 마케팅, 홍보, 미디어, 인터넷 등 분야를 가리지 않고 등장해 무엇이든 실제보다 부풀리는 데 사용되고 있다. 슬로건이나 캐치프레이즈 역시 이러한 화법을 통해 만들어진다. "저스트 두 잇"라는 나이키 슬로건에 관한 마티 노이마이어의 고백은 어째서 바넘식 화법이 그처럼 효과적인지 명확히 드러낸다.[238]

> 주말에만 겨우 운동하는 나로서는 내가 선천적으로 게으른 건 아닐까 하는 의심과 나에게 실천력이 거의 없는 건 아닐까 하는 의심은 가졌어도, 딱히 내 신발 때문에 고민한 적은 없었다. 하지만 나이키에서 "그냥 해봐Just do it."라고 말하는 순간 무언가가 내 영혼을 들여다보는 것만 같았다. 만약 저들이 나를 그렇게 잘 이해한다면 신발도 잘 만들지 않았을까 하는 생각이 들기 시작했다. 그러자 기꺼이 나이키에 합류하고자 하는 마음이 생겼다.

노이마이어의 고백에서 드러나듯, 진실된 과장법이 효과적인 이유는 일종의 약속을 제시하기 때문이다. 다시 말해 추상적인 정보를 전시하는 대신 잠재적 구매자에게 직접 다가가 말을 건넨다는 느낌을 준다. 이와 같은 화법을 일상 대화에서 접하면 우리는 스스로가 중요한 존재이며 "거창한 계획"의 일부라는 느낌을 갖게 된다. 트럼프를 비롯한 거짓말쟁이 군주들이 흔히 사용하는 과장된 수식 어구에는 "너무 많이", "위대한", "매우", "어마어마한" 등이 있다. 실제로 트럼프가 예비 선거와 대선 중에 어떤 발언들을 쏟아냈는지 살펴보자.

> "제가 당선되고 나면 지겨워질 만큼 수도 없는 승리를 안겨드리겠습니다."
> "저는 거대한 장벽을 세울 것입니다. 저만큼 장벽을 잘 세우는 사람은 없죠. 정말입니다. 저는 우리나라 남쪽 국경에 크나큰 장벽을 세울 것입니다. 제 말을 기억해두세요."
> (오바마에 관한 음모론을 제기한 후에) "나는 내가 우리나라뿐만 아니라 오바마를 위해서도 훌륭한 일을 해냈다고 생각해. 내 덕분에 오바마가 출생증명서를 뽑을 테니까."
> (자신이 제안한 세금 감면 정책에 관해) "이것은 어마어마한 수의 일자리를 만들어낼 거야."
> "무언가 나쁜 일이 벌어지고 있어요. 아주 나쁜 일이요."

이처럼 과장된 화법은 늘 "지금 미국의 상황이 '나쁘지만' 앞으로 '나아질 것'이며 더 나아가 미국이 '위대해질 것'"이라는 함의를 품고 있다. 한편 바넘은 이와 같은 과장법을 능수능란하게 사용해 "좋은 삶"을 홍보하기도 했다. 사업을 종교와 결합시킨 셈이다. 실제로 바넘의 과장된 화법은 열렬한 종교적 설교와 닮아 있다. 물론 바넘의 목표는 돈을 버는 것이었지만, 그는 돈을 버는 활동을 "성직"의 일환이라고 보았다.[239]

오늘날의 상업 세계에서 남녀노소 누구든 진중함만으로 살 수는 없으며 가볍고 즐겁게 마음을 채워줄 무언가를 필요로 한다. 이러한 필요를 위해 봉사하는 자는 사실상 만물의 창조주께서 확립하신 사업에 종사하는 것이다. 악에 기대지 않고 사람들을 즐겁게 만듦으로써 자신의 사명을 다한 자는 결코 헛된 삶을 살았다고 느낄 필요가 없다.

사업과 종교가 융합(또는 혼재)되는 양상은 트럼프의 연설에서도 명확히 드러난다. 종교 부흥회를 연상시키는 유사 종교적인 분위기 속에서 트럼프는 특히 미국이 오래도록 간직한 종교적 가치가 쇠퇴하고 있음을 강조한다. S. 로미 무케르지는 이렇게 설명한다. "트럼프가 이야기하는 전통적 가치의 쇠퇴는 백인 및 기독교인의 쇠퇴와 밀접하게 관련되어 있다. 사실상 '미국다움'을 상상 속의 인종적 순수성으로 재정립한 셈이다."[240] 무솔리니나 히틀러의 연설이 그랬듯 트럼프가 웅변조로 쏟아내는 과장된 말은 종교 부흥회에서 "죄"(트럼프 입장에서는 다양성과 평등)를 씻어주겠다고 약속하는 목회자의 외침과 유사하다. 트럼프가 미국을 구원해 다시 위대하게 만들 것이라고 호언장담할 때마다 청중은 우레와 같은 환호성을 보낸다. 논란을 불러일으킨 마이클 울프의 저서 《화염과 분노》에도 비슷한 주장이 등장한다. 울프는 트럼프의 집회를 "대형 천막에서 열리는 부흥회"에 빗대어 서커스와 부흥회의 요란한 특성을 모두 가지고 있음을 암시한다.[241] 하지만 트럼프는 실제 교회 설교에서 들을 수 있는 복음의 "좋은 소식"을 전하는 대신 세속적인 이단(딥스테이트)과 PC 설교 때문에 고통을 받는다고 느끼는 청중의 상처를 치유하겠다며 혐오를 부추긴다. 트럼프 지지자들은 굴욕감을 정복감으로 바꿔주고 미국의 영광을 되찾아주겠다는 트럼프의 "허풍"으로부터 영적 치유를 경험한다.

이와 같은 담화 환경 속에서 트럼프의 과장된 슬로건과 서사에는 특이한 목적의식이 스며든다. 바로 미국 사회에 비종교적인 가치를 심어 넣고 모든 종교가 평등하다는 사상을 퍼뜨린 딥스테이트를 전복시키는 것이다. 사업가와 목회자는 (물질적 약속인지 영적 약속인지만 다를 뿐) '약속'에 기반을 둔 언어를 사용한다는 점에서 늘 접점을 공유해왔다. 트럼프는 프로테스탄트 윤리를 기반으로 이 둘, 즉 사업가와 목회자를 뒤섞은 인물이 되어 지지자들의 공감을 이끌어낸다. 이처럼 혼재된 인식 속에서 "가짜 뉴스"는 "구세주"를 공격하는 악마의 목소리로 들린다. "대형 천막에서 열리는 부흥회"라는 말이 정말 제격이다. 트럼프의 집회는 좋은 소식을 외치는 전통적인 설교가 가짜 뉴스와 딥스테이트를 향한 과장된 비난과 한데 뒤얽히는 장관을 연출한다. 서커스와 부흥회가 결합한 집회라니, 관중이 열렬한 환호로 화답하는 것도 당연한 일이다.

촌시 드베가가 예리하게 지적하듯이 트럼프는 사업과 종교를 결합한 특유의 과장법 덕분에 스스로를 번영과 구원을 가져다줄 "백인 예수"로 내세울 수 있었다.[242]

트럼프는 "백인 예수", 즉 유사 기독교적인 구원자가 되었다. 열렬한 기독교인들은 바로 이 신의 허상을 숭배하면서 자신들의 표와 충성을 바친다. 오늘날 미국의 보수주의는 지극히 근본주의적이다. 하지만 동시에 기만적인 방식으로 포용적이기도 하다. 권위주의자, 편견이 심한 자, 인종차별주의자, 여성혐오주의자, 백인우월주의자, 국수주의자, 깡패자본주의자, 고의로 무지한 자, 반지성주의자, 이성보다 감성이 앞서는 자들 모두를 환영하기 때문이다.

물론 트럼프의 지지층에는 종교인 말고도 수많은 부류가 존재한다. 하지만 드베가 주장하는 내용의 요지는 훨씬 폭넓게 적용될 수 있다. 트럼프의 유세 집회는 빌리 그레이엄 같은 부흥 목사의 설교와 토니 로빈스 같은 거물 사업가의 강연을 하나로 합쳐놓은 것과 같다. 트럼프가 집권하기 전까지 수많은 사람이 억눌러온 공포, 분노, 증오를 해방시키는 것을 목표로 하는, 이성이나 객관적인 진실보다는 감정에 호소하는 시간인 셈이다. 엘리자베스 앵커의 표현을 빌리자면 트럼프의 집회는 "감정의 난교 의식"을 보는 듯하다.[243] 〈짐 베이커 쇼〉에서 오순절파 목사 폴라 화이트가 트럼프를 하느님께서 미국의 기독교적 뿌리를 되찾기 위해 지상으로 보낸 존재라고 주장한 일도 우연의 일치가 아니다. 트럼프 집회에서 사용되는 과장된 언어는 백인의 종교를 회복시키겠다는 외침이자, 백인의 분노를 표출하고 해소하는 창구 역할을 한다. 따라서 트럼프는 서커스 단장이나 카리스마 넘치는 목회자로서 사람들의 열광을 이끌어낸다.

레자 아슬란은 이렇게 말한다. "트럼프는 정치 집회보다는 종교 부흥회에 훨씬 어울릴 법한 청중으로부터 강렬한 감정을 이끌어낸다. 그리고 이는 의식을 치르는 것 같은 집단적인 구호로 완성된다."[244] 흥미롭게도 바넘 역시 사람들을 고무시키는 데 능한 부흥회 스타일 연사였다. 그는 실제 신자로서 특히 금주를 광적으로 지지하기도 했다. 트럼프 역시 신자라는 증거는 없다. 그는 오히려 여러 면에서 "도토레"에 가깝다(이에 대해 나중에 자세히 살펴보겠다). 그럼에도 트럼프와 바넘 사이의 공통점은 놀라울 정도다. 바넘은 쇼맨으로서 활동하는 것에 더해 정계에도 발을 들여 정치력과 쇼맨십의 경계가 흐려지는 현대의 모습을 미리 보여주기도 했다. 바넘은 1865~1866년에 코네티컷주 의회에서 임기를 보냈고 1875~1876년에는 코네티컷주 브리지포트의 시장을 한 차례 역임했다. 또한 그는 끈질기고 완고한 금주 전파자였으며, 미국 역사상 가장 유명한 자서전 중 하나인 《위대한 쇼맨》을 출간하기도 했다.[245]

케빈 영의 저서 《속임수》에 따르면 바넘과 트럼프는 둘 다 속임수와 가짜 뉴스를 적극적으로 이용하면서도 정작 똑같은 전략을 쓰는 사람들을 비난한다는 점에서도 유사성을 보인다.[246] 트럼프처럼 바넘 역시 언론이 가진 힘을 잘 알았기 때문에 당시 황색 언론이 사용하던 과장된 언어를 능가하는 웅변조의 화법을 장착하려고 애썼다. 또한 언론의 주의를 돌리고 신빙성에 의문을 제기하기 위해 주기적으로 가짜 뉴스를 심어 넣기도 했다. 바넘과 트럼프 둘 다 파산을 경험했으며, 공직에 출마했다. 자신을 대외적으로 널리 알리기 위해 바넘은 서커스라는 무대를 이용했고, 트럼프는 리얼리티 TV 쇼를 이용했다. 영은 이렇게 말한다. "바넘이 미국에 남긴 유산을 시청자로서 바라보는 입장에서 우리는 혼재된 감정을 느낀다. 처음에는 '내가 이 광경을 지켜보고 있다니.'

라든가 '저런 짓을 하다니 믿을 수 없어.'라는 생각이 들다가도, 이내 '다음에는 무슨 일이 벌어질지 너무 기대되는군.'이라는 생각이 뒤섞인다."

아이러니하게도 바넘은 미국의 무절제한 사치와 유흥을 예찬하는 동시에 미국의 도덕적 쇠퇴를 통탄했다. 트럼프가 사용하는 전략과 일치한다. 대선 후보 토론회에서 트럼프는 도심 지역 공동체가 부패한 정치인(민주당원)을 배출했다고 생각하면서도 이렇게 주장했다. "제가 여기저기를 다녀봤지만 이곳 공동체에서 만난 사람들이 제일 멋진 사람들이었어요." 본인이 도그휘슬을 통해 비난한 바로 그 사람들을 칭찬한 셈이다. 트럼프는 계속해서 이렇게 말했다. "그리고 그들은 자기네 정치인들이 한 말과 행동 때문에 매우 화가 나 있습니다." 트럼프는 "아무 생각"이 없는 "총체적 난국"인 오바마와 달리 자신이 역대 대통령 누구보다도 "제정신이 박힌 천재"라고 주장했다. 바넘이 강조했듯이 자기 홍보는 사업가의 필수 요건이다. 게다가 자기 홍보에는 정당한 이유도 필요 없다. 무작정 주장하는 것만으로도 사람들이 믿게 만들 수 있다. "나"라면 할 수 있다는 식으로 1인칭 대명사를 반복해서 쓰기만 하면 된다.

1장에서 간략히 소개한 것처럼 제임스 페니베이커는 대명사와 성격의 상관관계를 경험적으로 증명했다.[247] 예컨대 페니베이커는 여러 미국 대통령의 담화문을 분석한 결과 버락 오바마가 "나"라는 대명사를 가장 적게 사용한 대통령임을 발견했다. 그의 주장에 따르면 대통령이 연설 중에 1인칭 대명사를 자주 사용하면 특정한 명분이나 목적을 위해 한 개인으로서 헌신하겠다는 의도를 전달한다. 오바마가 1인칭 대명사 사용을 지양한다고 해서 확신이나 열정이 부족하다는 뜻은 아니다. 오히려 정반대이다. 오바마는 공식 석상에서 연설할 때 1인칭 대명사 사용을 줄임으로써 정치적 변화를 이루겠다는 자신감과 열성을 암시적인 방식으로 강렬히 전달했다. 페니베이커의 연구에 담긴 요지는 단순한 대명사가 명사, 형용사, 동사 같은 내용어보다 화자의 성격에 대해 더 많은 사실을 알려준다는 점이다. 말하자면 대명사에는 "눈에 띄지 않는" 의미가 숨겨져 있어서 성격을 짐작하게 하는 흔적을 남긴다. 오바마와는 대조적으로 트럼프는 1인칭 대명사를 끊임없이 사용해 세상의 이목을 자신에게 집중시켜 오직 자신만이 오바마가 저질러놓은 난장판에서 사람들을 인도할 피리 부는 사나이가 될 수 있음을 암시한다. 물론 트럼프를 피리 부는 사나이에 빗댄 것은 다분히 의도적이다. 피리 부는 사나이가 맞이한 결말이 우리에게 경종을 울리기 때문이다. 〈하멜른의 피리 부는 사나이〉는 1842년에 로버트 브라우닝이 독일 전설을 기반으로 집필해 발표한 장문의 시다. 형형색색의 옷차림을 한 피리 부는 사나이는 하멜른 마을의 쥐를 피리 소리로 전부 꾀어내 강물에 빠뜨린다. 하지만 마을 측에서 약속한 보수를 건네주지 않자 그는 피리 소리로 마을 아이들을 모두 꾀어내 영영 사라져버린다.

흥미롭게도 페니베이커는 연구 초기에 정신적 외상이나 우울증을 겪는 사람들의 일지를 대량으로 분석한 적이 있었다. 분석 결과 그는 대명사가 정신 건강의 척도 역할을 할 수 있음을 발견했다. 정신적 외상이나 우울증을 극복하는 데는 일종의 "관점 전환"이 수반되어야 하는데, 대명사가 이를 촉진할 수 있기 때문이다. 또한 페니베이커는 어린 사람 또는 하층민일수록 상대적으로 "나"를 자주 사용한다는 사실을 발견했다. 1인칭 대명사를 빈번하게 사용하는 사람은 사회적·심리적으로 제한된 범위 내에서 자아를 인식하고 있을 가능성이 높다는 뜻이다. 페니베이커의 연구는 언어학자는 물론 의료인의 관심을 끌었다. 그들은 페니베이커가 "표현적 글쓰기"라고 부르는 기법을 의학적인 목적으로 사용하기 시작했다. 이와 같은 연구 과정을 살펴보면 스스로를 이전 대통령들로부터 차별화하기 위해, 스스로를 국민이 기다려온 "진짜" 지도자로 내세우기 위해 끊임없이 "나"라는 대명사를 사용하는 트럼프가 떠오르지 않을 수 없다. 그가 사용하는 1인칭 대명사의 기저에는 교활한 전략적 의도는 물론 정신적 불안감 역시 깔려 있다.

트럼프가 가장 애용하는 과장 표현 중에는 "거대한"이라는 단어처럼 크기나 정도를 부풀리는 것들이 있다. 대선 중에 트럼프는 시카고의 범죄율과 관련해 이렇게 말했다. "시카고에서는 1월 1일부터 수천 수만 건의 총격 사건이 벌어졌습니다. 무려 수천수만 건이요." 여기서 트럼프가 사용한 애매모호한 수량 표현은 여러 의미론적 효과를 불러일으킨다. 일단 범죄가 만연하다는 이미지가 떠오르고, 범죄자나 갱스터가 우르르 몰려다니는(은근슬쩍 흑인을 겨냥한) 이미지가 떠오르며, 혼란에 빠진 사회의 이미지가 떠오른다. 자연스럽게 "법과 질서"를 회복하고 "무법 지대"를 없앨 강력한 지도자가 필요하다는 인식이 뒤따른다. 한편 트럼프는 트윗이나 연설을 끝마칠 때마다 일종의 감정적 마침표로서 "나쁘다", "너무 안 좋다", "정말 심각하다" 같은 표현을 사용한다. 예컨대 그는 대선 토론회 중에 치안 문제를 논하면서 이렇게 말했다. "무언가 나쁜 일이 벌어지고 있어요. 아주 나쁜 일이요." 이와 같은 과장법이 불러일으키는 함의는 무궁무진하다. 무언가가, 예컨대 "딥스테이트"가 초래한 상황이 나쁘다는 것은 어딘가 모자라고, 끔찍하고, 비참하고, 무력하고, 딱하고, 형편없다는 뜻이다. 딥스테이트는 "난장판"("우리가 처한 난장판을 보세요.")을 만들어놨고 "재앙"("우리나라의 에너지 정책은 재앙입니다.", "태양열 에너지에 투자한 건 재앙이었어요.")을 초래했다. 이는 "끔찍한"("시카고에서 끔찍한 일이 벌어지고 있어요.")이라든가 "믿을 수 없는"("저를 따르는 수많은 사람이 믿을 수 없을 만큼 행복해합니다.") 같은 과장된 표현과 결합해 그 함의가 한층 짙어진다. 사실상 트럼프는 과장법 모음집을 활용해 끝없이 물고 물리는 무의식적인 연상 작용의 고리를 만들어내고, 이는 위대한 협상가인 트럼프 본인만이 "승리"("저는 승리하는 법을 압니다.")를 달성할 수 있다는 필연적인 결론으로 귀결된다.

언어학 연구에 따르면 사람들이 말하는 방식은 함축적인 의미 체계에 의존하기도 하지만, 반대로 의미를 해석하는 방식 자체를 틀 잡기도 한다.[248] 트럼프가 능수능란하게 사용하는 부흥회적인 과장법은 특히 그 해악을 잘 모르는 사람에게 강력한 인식 통제 수단으로 작용한다. 과장법은 그 허풍의 정도가 도저히 무시하거나 틀어막을 수 있는 정도가 아니라는 점에서 우렁찬 나팔 소리에 빗댈 수 있다. 실제로 수많은 사람이 사업가이자 목회자인 트럼프를 미국의 영웅으로 인식하며, 그의 MAGA 슬로건을 "거래의 기술"이 담긴 사업 계획서이자 도덕적 가치를 회복하겠다는 종교 선언문으로 받아들인다. 물론 트럼프의 팬 중에서도 영악한 언어 속의 진의를 꿰뚫어 보는 사람이 있겠지만 트럼프가 정치, 사회, 사법 등의 영역에서 극도로 보수적인 의제를 밀어붙이는 이상 그를 지지할 수밖에 없게 된다. 트럼프만이 그 약속을 실현시킬 수 있으리라고 생각하기 때문이다.

나르시시즘

트럼프가 병적인 수준으로 끊임없이 자기과시를 나타내는 모습을 본 많은 사람은 그가 심각한 나르시시즘을 앓고 있는 것이 분명하다고 생각한다. 트럼프가 트위터나 집회에서 마구 내뱉는 과장법이나 "나"라는 대명사 역시 이러한 가능성을 뒷받침한다. 즉 과장된 화법이 사업가 겸 목회자인 트럼프에게 잘 어울리는 언어라고 생각하는 사람들이 있는가 하면, 트럼프의 사고방식에 문제가 있음을 암시하는 증거라고 생각하는 사람들도 존재한다. 미국정신과협회에서는 그러한 유형의 장애를 "자기애성 성격장애narcissistic personality disorder"로 분류한다. 소위 나르시시즘이라고도 불리는 자기애성 성격장애가 극에 달하면 자기 앞을 가로막는 사람은 누구든 제거해야 한다는 강박을 느끼기까지 한다. 미국의 심리학자 시어도어 밀론의 설명에 따르면, 아무런 근거 없이 과도한 자존감과 자기애를 발달시키는 나르시시즘에는 다섯 종류의 하위 범주가 존재한다.[249] 놀랍게도 트럼프에게서는 다섯 유형의 나르시시즘이 모두 나타나는데, 이제부터 각각의 유형을 하나씩 살펴보

도록 하자.²⁵⁰

무절제형 나르시시스트 무절제형 나르시시즘의 주된 특징은 배신, 변덕, 오만, 보복으로 모두 트럼프의 행동에서 쉽게 찾아볼 수 있는 특성이다. 무절제한 나르시시스트는 사기나 횡령처럼 부도덕한 일을 아무런 거리낌 없이 행한다. 트럼프가 마이클 코언 등 자신에게 불리한 증언을 한 사람에게 앙심을 품고 복수를 가하는 모습을 보면 심히 염려되는 수준이다. 함께 백악관에서 일하던 제임스 마티스나 오마로사 매니골트 뉴먼 같은 인물을 자신의 뜻에 거역한다는 이유만으로 해고해버리는 행태 역시 무절제한 나르시시스트 특유의 거만함과 불충실함에 해당한다.

호색형 나르시시스트 호색형 나르시시스트는 피상적인 매력과 입발림 위주의 말발에서 자존감을 찾으며, 자신의 육체적 만족감을 채우기 위해서라면 다른 이의 희생도 마다하지 않는다. 당연한 말이지만 트럼프가 여성을 다루는 방식은 호색형 나르시시스트의 전형이라고 봐도 무방하다. 트럼프가 대통령이 되기 전 연인 관계였던 캐런 맥두걸은 CNN과의 인터뷰에서 자신이 처음에는 트럼프 특유의 매력과 말발에 넘어갔다고 밝혔다. 하지만 시간이 지남에 따라 트럼프가 진정으로 "사랑"을 나누기보다는 오직 자신의 쾌락과 정복감에만 관심이 있다는 사실이 명백해졌다고 한다.

보상형 나르시시스트 보상형 나르시시즘의 핵심 특징은 자존심을 지키려는 편집증적 강박이다. 보상형 나르시시스트는 불안감에 잡아

먹힌 나머지, 비판이나 실패로부터 자신을 보호하기 위해 허풍으로 스스로를 과대하게 포장한다. 그러다 보니 고압적이고 까다로우며 기만적일 수밖에 없다. 여러 번 지적한 것처럼 트럼프 역시 장성들이나 경제학자들의 비판을 받을 때마다 본인이 아는 것이 훨씬 많다면서 스스로를 전문가인 것처럼 포장하곤 한다. 백악관 구성원을 끊임없이 갈아치우는 것만 봐도 사소한 일 하나하나를 강박적으로 통제하려 드는 보상형 나르시시스트임이 틀림없다.

엘리트형 나르시시스트 엘리트형 나르시시스트는 대개 특권층 출신으로, 자신이 남들보다 많은 권한을 타고났다고 생각하기 때문에 다른 사람을 제멋대로 착취하고 이용한다. 엘리트형 나르시시즘은 성격 형성기에 부모의 영향으로 생겨나는 경우가 많다.《뉴욕타임스》가 2016년 1월 기사에서 밝힌 것처럼 트럼프는 자수성가형 인물이라고 보기 어렵다. 그럼에도 대선 중에 그는 처음 사회에 나설 때부터 아버지의 재정적 지원을 받았다는 사실을 숨긴 채 자신이 무일푼에서 출발했다고 허풍을 부렸다.

악성 나르시시스트 악성 나르시시스트는 공격성, 분노, 앙심, 잔혹함, 타인의 삶을 하찮게 보는 경향을 특성으로 지닌다. 굳이 이 유형을 자세히 설명할 필요는 없을 것 같다. 트럼프가 대통령으로 집권하는 동안 벌어진 모든 일이 그가 악성 나르시시스트임을 증명한다.

지금까지 살펴본 나르시시즘의 유형 다섯 가지에 한 가지 유형을 추가할 필요가 있다. 바로 셀카와 프로필의 세계인 사이버 공간에서 흔히 찾아볼 수 있는 '침묵형 나르시시스트'이다. 소셜미디어 속에서는 누구든 진실된 과장법을 통해 스스로를 크게 부풀릴 수 있다. 사이버 공간은 트럼프가 나르시시즘을 마음껏 뽐내고도 아무렇지 않게 빠져 나갈 수 있는 빌미를 주고 있다. 어차피 소셜미디어 세계에서는 자아도취가 흔한 성격 중 하나로 자리 잡았기에 나르시시즘이 "침묵"한 것처럼 눈에 띄지 않기 때문이다. 웹 2.0의 시대가 오기 전이었다면 트럼프의 나르시시즘은 잘 봐주면 상스럽다, 못 봐주면 제정신이 아니라는 평가를 받았을 것이다. 하지만 지금은 트럼프의 나르시시즘을 지적해도 아무런 효과가 없다. 정신적 질환이 아니라 성격의 일부로 여겨질 뿐이다. 요컨대 우리는 나르시시즘의 황금기를 살고 있으며, 트럼프는 그 덕을 제대로 보고 있다.

　"어마어마한", "나쁜", "난장판", "수천수만의", "재앙", "믿을 수 없는", "끔찍한", "승리" 등 나르시시스트의 언어는 더 이상 허풍으로 여겨지지 않으며, 오히려 대담함의 상징이 되었다. 대선 후보 토론회에서 트럼프는 자신의 돈 버는 능력을 가리켜 "끝내주는 사업 수완"이라고 칭함으로써 자신이 국가 경제를 운영하는 데도 동일한 능력을 발휘해 "어마어마한 수의 일자리"를 창출할 수 있다고 장담했다. 이와 같은 발언은 과거 어느 때를 기준으로 보아도 나르시시스트의 공허한 허풍에 불과했을 것이다. 하지만 오늘날에는 아무런 상관이 없다. 조지프 버고의 지적대로 "도널드 트럼프를 나르시시스트라고 부르는 것은 너무나 진부하고 당연한 말"이 되었기에 사실상 아무런 의미가 없다.[251] 버고는 계속해서 이렇게 말한다.

따라서 도널드 트럼프의 등장은 포퓰리즘과 나르시시즘의 융합을 상징한다. 인구 이동이 활발히 일어나고 경제의 앞날이 불확실한 오늘날, 불안에 떠는 유권자 입장에서는 포퓰리즘이 굉장히 매력적으로 다가온다. 포퓰리즘적인 메시지의 핵심은 복잡한 문제에 지나치게 단순한 해답을 내놓는 것, "우리 대 그들"의 싸움 구도를 만드는 것이다. 물론 트럼프와 같은 포퓰리스트가 반대자를 조롱하는 건 전통적으로 흔한 일이다. 하지만 트럼프는 모두를 "패자"로 만들더라도 본인을 승자로 내세우려는 나르시시스트적인 열망에서 의분, 비난, 경멸과 같은 전쟁 무기를 적극적으로 활용한다. 기성 정권에 불만을 가진 유권자들은 그러한 특성에도 불구하고 트럼프에게 끌리는 것이 아니라, 바로 그러한 특성 때문에 트럼프에게 끌린다.

행상꾼

'행상꾼huckster'이란 순전히 금전적인 이득을 위해 현란한 술책과 과장된 언어를 사용해 상대를 구워삶아서라도 물건을 팔러 다니는 사람을 가리킨다. 행상꾼은 허풍과 허세로 사람들의 정신을 조종할 수 있음을 잘 알기 때문에 진실된 과장법을 적극적으로 사용한다. 역사적으로 '행상꾼'이라는 단어는 어떤 부류의 상인에게든 가리지 않고 쓸 수 있는 단어였지만, 시간이 지나면서 부정적인 함의가 축적돼 이제는 사기꾼이나 협잡꾼을 주로 가리키게 되었다. 역사 문헌이나 문학 작품을 보면 행상꾼에 관한 기록이 넘쳐난다. 예컨대 셰익스피어의 희곡에는 반쪽짜리 진실을 말하거나, 거짓 약속을 맺거나, 다른 사람을 속여서 먹고사는 음흉한 인물들이 한가득 등장한다. 문학 및 예술 분야에서 가장 유명한 행상꾼의 전형을 고르라면 코메디아델라르테의 상투적인 등장인물 '도트레Dottore(의사)'를 꼽을 수 있다. 도토레는 거짓과 대안 사실을 교묘하게 섞어 쉴 새 없이 허풍을 떨어대며 자신의 얕은 지식을 감춘다. 그는 가벼운 간지러움부터 배우자의 바람기까지 어떤 증상이든 그에 맞는 치료제가 있다며 팔려고 시도한다. 게다가 잘난 척을 하려고 학술적인 라틴어를 마구 내뱉지만 죄다 틀린 단어거나 헛소리다. 도토레는 허풍 없이는 한 마디도 꺼내지 못한다. 진실된 과장법에 통달한 행상꾼을 대표하기에 도토레만 한 인물이 없다.

미국에서 행상꾼의 이미지는 사실상 사기꾼과 닮아 있다. 미국을 대표하는 사기꾼의 전형은 허먼 멜빌의 1857년도 소설 《사기꾼》에서 최초로 등장해 미국인들의 인식 속에 쭉 자리 잡았다고 볼 수 있다. 멜빌이 미국 사업계와 정치계에 득실거리는 사기꾼에 격분해 집필한 《사기꾼》은, 진실된 과장법이 협상의 기초로 자리 잡았을 때 사회가 어떻게 파멸에 이를 수 있는지 경고하는 작품이다. 이 소설은 미시시피강을 따라 여행하는 배에 악마가 올라탔을 때 벌어지는 일들을 다룬다. 악마는 악의 일환으로 음흉한 사업 거래를 벌이지만, 겉으로는 변장을 하고 있기 때문에 아무도 그가 "악한 자"임을 알아차리지 못한다. 탐욕과 물질주의가 만연한 사회에서는 사기꾼이 그 정체를 완벽히 숨길 수 있음을 암시하는 것이다. 사람들은 사기꾼이 약속하는 금전적인 보상 때문에 그의 거짓말을 순순히 믿는다. 결국 행상꾼이란 순진하고 무지한 사람들을 제 뜻대로 속이기 위해 위장, 사기, 기만, 속임수 등 거짓말의 기술을 능수능란하게 사용할 줄 아는 인물이다. 게다가 수많은 사람이 성공하고 싶은 열망과 탐욕에 사로잡혀 있기 때문에 행상꾼의 거짓말은 더욱 효과적으로 작용한다. 행상꾼은 정직, 이타주의, 진실이라는 주춧돌 위에 세워진 아메리칸드림에 실질적인 위협을 가한다. 멜빌의 소설에 담긴 교훈 역시 허풍과 거짓말을 이용해 사람들의 신용을 얻어냄으로써 사람들을 마음대로 조종할 줄 아는 사기꾼이 결국 미국을 파멸시킬 것이라는 점이다. 마크 트웨인 역시 행상꾼이 미국 사회를 위협하고 있는 현실을 예리하게 인식해 자신의 소설에 여러 차례 행상꾼을 등장시켰다. 조지 에이드가 1896년에 발표한 소설《아티Artie》에서도 "대담하고 달콤한 거짓말"로 사람들을 속이는 인물들을 찾아볼 수 있다.

이러한 등장인물들과 소름 끼칠 정도로 닮은 트럼프야말로 미국 행상꾼의 정수를 담은 인물이라 할 수 있다. 실제로 맥스 부트는 트럼프가 진짜 행상꾼이나 야바위꾼이라도 되는 것처럼 사람들의 눈을 속인다고 지적한다.[252] 하지만 앞서 언급한 버고의 생각과 마찬가지로 부트 역시 이러한 사실이 트럼프를 협상의 대가로 받아들이는 팬들에게 중요하기는 할지 의문을 가진다. "유권자들은 트럼프를 뽑을 때 그가 어떤 부류의 장사꾼인지 잘 알고 있었다. 이는 2018년의 미국에 대해 무엇을 말해줄까? 바로 너무나 많은 사람이 사기꾼을 우리의 지도자로 받아들일 준비가 되어 있다는 사실이다." 여느 사기꾼과 마찬가지로 트럼프는 하고 싶은 말을 제멋대로 내뱉지만 아무도 신경 쓰지 않는다. 나치 독일에서 탈출한 한나 아렌트는 트럼프처럼 겉만 번지르르한 말을 쏟아내는 사람이 얼마나 위험한지 여러 차례 경고한 바 있다. 트럼프 같은 부류의 사기꾼은 결코 진실을 말하지 않으면서도 허풍을 통해 사람들의 신임을 얻고 비판을 회피할 줄 안다.[253] 미국의 저술가 월터 리프먼이 《여론》에서 주장하는 것처럼 행상꾼의 언어가 우리의 신뢰를 얻는 이유는 우리가 현실에서 쉽게 이룰 수 없는 약속을 "우리의 머릿속"에 "그림"으로 그려주기 때문이다.[254]

트럼프는 현대판 잭 도킨스이기도 하다. 찰스 디킨스의 1837년도 소설 《올리버 트위스트》에 등장하는 도킨스는 "아트풀 다저"라는 별명에 걸맞은 능수능란한 소매치기다. 트럼프처럼 도킨스 역시 위험한 곤경에 처할 때마다 타고난 말발과 헛소리로 상황을 모면하며 스스로를 "사회가 만든 피해자"로 포장하지만, 결국 감방에 들어가고 만다. 마치 트럼프가 스스로를 딥스테이트의 희생양으로 묘사하는 것과 같다. 도킨스든 트럼프든 나름 호감이 가는 구석이 있는 악당처럼 보이지만, 어쨌든 악당임에는 변함이 없다.

미국 역사를 보면 잭 도킨스나 도널드 트럼프 같은 인물들이 수없이 전설로서 남아 있다. 그들은 허풍과 거짓말을 결합한 특유의 말발로 사람들을 속여 넘길 줄 아는 위장술과 속임수의 대가였다. 우리가 트럼프 집권기를 겪으면서 배워야 할 가장 중요한 점은 우리가 사기꾼의 술책에 얼마나 취약한지 깨닫는 것이다. 마키아벨리 역시 인간이 속임수에 쉽게 속기 때문에 장사꾼의 술수가 먹힐 수밖에 없다는 사실을 잘 알고 있었다. 이를 뒷받침하기 위해 그는 가장 논란이 많은 교황

중 한 명인 알렉산데르 6세를 예로 든다.[255]

인간은 너무나 단순하고 기본적인 물질에도 쉽게 마음을 빼앗기므로 거짓말쟁이 입장에서는 언제든 자신의 속임수에 속아줄 사람을 찾을 수 있다. 그냥 지나칠 수 없는 사례가 최근에 하나 있었다. 알렉산데르 6세는 사람들을 속이고 또 속일 뿐 다른 길은 생각조차 하지 않는다. 그는 언제든 희생양을 찾아내고야 만다. 힘차게 주장하는 면에서, 거창한 약속을 하고도 약속을 지키지 않는 면에서 그보다 뛰어난 자를 본 적이 없다. 그럼에도 그의 속임수는 늘 그가 바라는 대로 성공을 거둔다. 속임수에 취약한 인간의 특성을 잘 이해하기 때문이다.

물론 트럼프 팬들의 이야기는 다를지도 모른다. 엄밀히 말하면 행상꾼은 잡다한 물건을 파는 사람을 가리키므로 트럼프는 해당 사항이 없다는 것이다. 하지만 비유적인 관점에서 보자면 트럼프는 이 책에서 언급한 어떤 거짓말쟁이보다도 도토레에 가장 근접한 인물이다. 속임수가 어찌나 뛰어난지 사람들은 트럼프가 미국을 기업처럼 운영할 비범한 사업가형 정치인이라고만 생각한다. 행상꾼이 거짓말의 기술을 손에 쥐는 순간, 그것은 순식간에 사기의 기술로 변모한다. 영리한 행상꾼답게 트럼프는 오히려 다른 이들을 사기꾼이라고 끝없이 몰아붙인다. 이렇듯 자신에게 쏠린 관심을 다른 곳으로 돌리는 기술은 행상꾼이라면 반드시 지녀야 할 능력이다. 벤 짐머가 《애틀랜틱》 기사를 통해 지적하듯이 이는 심리 투사의 대표적인 사례에 해당한다.[256]

하지만 트럼프에게 가장 중요한 단어는 "사기"일 것이다. 트럼프는 이 단어를 수십 번도 넘게 사용했다. 우선 그는 자신이 대법원에 앉힌 브렛 캐버노의 평판을 박살 냈다는 이유로 민주당원들을 "사기꾼"이라고 불렀다. 캐버노의 성추행 혐의 고발 건수가 쌓여만 가는데도 "추악한 사기 행각"이라고 규정했으며, 고소인을 대변해 나선 변호사 마이클 아베나티 역시 "사기꾼"으로 지목했다. 트럼프는 또한 "(상원의원 척) 슈머를 비롯한 사기꾼 일당은 조지 워싱턴이라도 100퍼센트 반대표를 던질 것"이라고 주장했다.

언어학자 데이비드 모리에가 1940년에 발표한 저서 《거대한 사기 The Big Con》는 사기꾼의 허풍이 어떤 특징을 가지고 있으며 어떤 영향을 미치는지, 우리는 그것이 거짓인 줄 알면서도 왜 속아 넘어가는지 전면적으로 다룬 최초의 저서다.[257] 이 책은 어떻게 행상꾼 정신이 미국 문화의 본질을 이루게 되었는지 묘사한 1973년도 영화 〈스팅〉에 영감을 주기도 했다. 사실 사기꾼의 심리와 사기꾼이 미국 사회에 미치는 부정적인 영향을 묘사한 영화는 이미 1940년대부터 할리우드에서 나오기 시작했다. 예컨대 1947년도 영화 〈헉스터〉는 타고난 말발과 상품에 딱 맞는 슬로건을 바로바로 떠올리는 재능이 있는 어느 뉴욕 광고인의 이야기를 다룬다. 그는 할리우드로 출장을 떠나 당시의 시엠송 스타일을 본떠서 만든 "뷰티 비누" 라디오 광고로 큰 성공을 거둔다. 영화에서는 광고 회사가 사람들의 가치관을 틀 잡는 면에서 작가나 예술가보다도 큰 영향력을 발휘할 수 있음을 암시한다. 한편 영화 〈세 부인〉(1949)에서는 앤 소던이 라디오 통속극 작가로 나온다. 그녀의 남편은 미디어와 광고가 미국 문화를 천박하게 만들고 있다며 이렇게 비판한다. "적어도 내가 보기에 라디오 작가가 글을 쓰는 목적은 데오도란트가 행복을 가져다준다고, 구강 청결제가 성공을 보장한다고, 변비약이 삶에 낭만을 더해준다고 대중을 설득하는 것뿐이야." 1957년도 작품 〈군중 속의 얼굴〉에서 앤디 그리피스가 연기한 부랑자는 TV 프로그램 스폰서를 조롱하는 거침없는 입담 덕에 인기를 끌어 결국 TV 광고에까지 출연한다. 이 영화는 미국의 광고 문화가 정치와 사회 영역까지 퍼져나가던 당시 분위기를 풍자한다.

이러한 영화들에 공통적으로 깔려 있는 전제는 행상꾼이 겉으로는 매력적으로 보일지 모르나 실제로는 은연중에 사회의 도덕 체계를 망가뜨리고 있다는 점이다. 1982년에 철학자 맥스 블랙은 장사꾼의 술수와 거짓말에 대해 이렇게 말했다.[258]

거짓말쟁이는 진실에 기생한다. 속임수의 일종인 거짓말은 세상에 진실하고자 하는 노력이 존재하지 않는 이상 쓸모없을 것이다. 따라서 거짓말쟁이가 사회제도의 기반을 뿌리부터 서서히 갉아먹고 있다고 결론짓는 게 합리적이다. 사회제도는 모두 말의 효율성에 의존하므로 문명화된 대화를 불가능하게 만드는 존재인 거짓말쟁이는 실로 사회의 적이라 할 수 있다. 거짓말이 보편화가 된다면 우리는 어떤 말도 이해할 수 없을 것이다.

헛소리

행상꾼은 무엇이든 "과장"해서 말하는 법을 알 뿐만 아니라 온갖 변명으로 곤경을 빠져나가는 법도 안다. 쉽게 말해 "헛소리"를 할 줄 안다. 헛소리란 위기를 모면하기 위해 또는 거짓을 교묘하게 뒷받침하기 위해 즉흥적으로 말을 지어내는 기술을 뜻한다. 문학연구가들은 이 표현이 T. S. 엘리엇의 미출간 시 〈헛소리의 승리〉에서 유래했으리라고 추측한다. 여기서 '헛소리'는 제목에만 등장할 뿐이다. 엘리엇은 자신을 비판하는 비평가를 지저분한 이미지를 이용해 간접적으로 공격하기 위해 이 용어를 만들어낸 듯하다. 유래가 무엇이든 이제 헛소리는 행상꾼이나 사기꾼이 상대를 교란시키고 자신의 정체를 감추기 위해 사용하는 특유의 얼버무리는 화법을 가리키는 단어로 자리 잡았다.

　트럼프가 내뱉은 헛소리가 너무나 많다 보니 일일이 나열하려면 두꺼운 책이 필요할 정도다. 심지어 트럼프에게는 "헛소리 대장"이라는 별명까지 붙었다. 헛소리가 효과적인 이유는 일단 사람들이 헛소리에 즉각적으로 의문을 제기하지는 않기 때문이다. 설령 곧바로 반박하더라도 헛소리꾼은 시간이 지나면 의문이 잊힐 것임을 알기에 "두고 보면 알겠죠."라는 식으로 대답을 미루면 그만이다. 예컨대 러시아가 대선에 절대 영향을 미치지 않았다는 트럼프의 주장은 사실을 알면서도 거짓말한 것임이 밝혀졌다. 이렇듯 트럼프는 의문이 제기될 때마다 그저 자신의 주장을 뒷받침할 증거가 "곧 나타날 것"이라고 말하며 자신의 충신들이 알아서 (거짓) 증거를 제시해주기만을 기다린다. 설령 증거가 나타나지 않더라도 시간이 지나면 증거가 나타날 것이라는 약속 자체가 없던 일이 된다. 트럼프는 자신이 과거 누구보다도 많은 선거 인단의 지지를 받았다고 주장한 적도 있다. 어느 기자가 조금만 찾아 봐도 거짓임을 알 수 있는 정보를 왜 퍼뜨린 것이냐고 묻자 트럼프는 이렇게 답했다. "전 그냥 들어온 정보를 말한 거예요. 나도 모르죠. 들어온 정보가 그렇다는데. 저희가 정말 큰 격차로 이겼대요." 마찬가지로 "수천수만 명"이 불법 투표를 하러 매사추세츠에서 뉴햄프셔로 버스를 타고 왔다는 터무니없는 주장 역시 완전히 헛소리였다. 근거 따위는 전혀 없었다. 하지만 시간이 지나면서 논란은 흔적도 없이 사라졌다.

헛소리가 효과적이려면 진심으로 보여야 한다. 다시 말해 거짓을 전달하는 방식에 확신과 결단력이 드러나야만 반격이나 비난을 차단할 수 있다. 딱 학교에서 무리 지어 다니는 불량배들이 사용할 법한 전략이다. 헛소리에는 뻔뻔한 연기가 수반되며 "제가 제일 잘 압니다."라는 주장 역시 무작정 더해진다. 물론 헛소리의 목적은 자신을 겨냥한 판단을 유보시킴으로써 사안 자체가 묻히기를 기다리는 것이다. "두고 봅시다.", "사람들이 그러던데요.", "당신도 아시겠지만" 같은 표현들에서 그러한 의도가 명확히 드러난다. 트럼프는 2017년 2월에 플로리다주 탬파에 있는 맥딜공군기지에서 연설을 하면서 아무런 근거도 없이 이런 주장을 내세웠다.

파리랑 니스에서 무슨 일이 벌어졌는지 보셨죠. 유럽 전역에서 테러가 발생하고 있습니다. 이제는 사건들이 뉴스로 보도조차 되지 않죠. 대개는 지독히도 부정직한 언론이 보도를 원치 않기 때문입니다. 무슨 이유 때문인지는 여러분도 잘 아시겠죠.

저널리스트 제임스 볼의 《개소리는 어떻게 세상을 정복했는가》에 따르면, 헛소리는 사회가 번영하는 데 꼭 필요한 감정적 균형을 뒤엎는다는 점에서 사회에 치명적인 피해를 입힌다.[259] 우리는 트럼프의 발언이 명백히 잘못됐다는 사실을 알지만, 문제는 헛소리가 우리의 정신을 잠식한다는 점이다. 따라서 헛소리는 정치인으로 하여금 진실을 인정할 필요가 없게 만들어주는 효과적인 책임 회피 전략일 뿐만 아니라 (앞 장에서도 언급했듯) 정신 건강 차원의 문제이기도 하다.

헛소리를 전면적으로 다룬 통찰력이 돋보이는 책 《개소리에 대하여》에서 해리 G. 프랭크퍼트는 노골적인 거짓말과 헛소리의 차이를 이렇게 구별한다.[260]

말하자면 거짓을 말하는 사람과 진실을 말하는 사람은 서로 반대편에 있을 뿐 같은 경기장에 서 있다. 한쪽은 진실이 인도하는 대로 반응하고 다른 한쪽은 진실의 인도를 거슬러 반응하기는 하겠지만, 어쨌든 둘 다 자신이 이해하는 방식대로 사실에 대응한다. 하지만 헛소리꾼은 진실의 요구 자체를 무시해버린다. 그는 거짓말쟁이처럼 진실이 가진 권위를 거부하는 것이 아니라 진실 자체에 관심을 주지 않는다. 따라서 진실에게 있어서 헛소리는 거짓말보다도 위험한 적이다.

프랭크퍼트는 '헛소리' 대신 '허튼소리'라는 표현을 사용한 (앞서 언급한) 철학자 맥스 블랙의 1982년 논문을 인용해 계속해서 이렇게 말한다.[261]

허튼소리는 화자 본인이 아니라 늘 상대에 의해 완성된다는 특이한 성질을 가지고 있다. 그렇기에 허튼소리가 모두의 지탄을 받는 것이다. 허튼소리가 나쁜 것이라는 사실에는 모두가 동의할 것이다. 하지만 정확히 무엇에 동의하는 것일까? 이 질문에 답하기란 놀라울 만큼 어렵다. (······) 이미 살펴본 것처럼 꼭 거짓을 말해야만 의사소통의 틀을 위반하는 것이 아니다. 내가 하는 말이 전부 참이더라도 나는 의도적으로 상대를 속일 수 있다.

트럼프는 헛소리 장인이 갖춰야 할 모든 기술을 갖추고 있다. 스탠턴 필이 정리한 헛소리의 기술은 다음과 같다.[262]

헛소리꾼은 대부분의 사람들이 그의 말을 반박하기를 두려워한다는 사실을 잘 알고 있다. 그런 행위가 사회적 예절을 위반할 뿐만 아니라, 혹시라도 헛소리꾼과 대립하는 과정에서 자신의 잘못이나 위선이 드러날지도 모르기 때문이다.

헛소리꾼은 자신이 거둔 성공을 강조함으로써 자신이 거짓을 말해도 사람들이 믿어줄 심리적 환경을 조성한다. 예컨대 트럼프는 자기 건물에 본인 이름을 새겨 자신이 거둔 성공을 강조했다. 그 덕분에 트럼프는 미국의 정치 환경을 재구성하는 데 자신이 미친 역할을 논의할 때도 본인에게 유리한 헛소리를 당당하게 내세울 수 있다.

헛소리꾼은 끊임없이 거드름을 피움으로써 (속에 여유를 숨긴) 사자처럼 위협할 줄 알아야 한다. 점잖게 말하고 행동하는 것은 허약함을 상징할 뿐이다. 반면 거만하게 상대를 비난하는 행동은 강인함을 상징한다.

소수만 알고 있는 지식을 안다고 주장하는 것 역시 헛소리꾼의 술책 중 하나이다. 트럼프가 군사부터 기후과학에 이르기까지 어느 분야에서든 누구보다 "더 많이 안다"고 끊임없이 주장하는 모습을 보면 이 술책이 얼마나 효과적인지 짐작할 수 있다.

여러 차례 언급한 것처럼 대표적인 헛소리 전략 중 하나는 사람들의 판단을 유보시키는 전략이다. 필은 그 비법을 이렇게 소개한다. "헛소리를 발판 삼아 서 있다가는 가라앉고 말 것이라는 통념과 달리, 헛소리는 의문과 의심을 품은 자들을 쫓아내준다. 이 과정에서 그들은 헛소리가 가진 위력에 다시 한번 위협을 느낀다. 혹시라도 배짱이 있어서 그들이 다시 찾아온다면 원점으로 돌아가 나한테 묻지 말라는 식의 오만한 태도로 똑같은 증거를 가지고 똑같은 주장을 펼치면 된다."

잠깐 옆길로 새서, 트럼프가 헛소리를 비롯한 온갖 거짓말의 기술을 매일같이 사용한 탓에 오늘날 "탈진실" 시대가 도래했다는 사실에 주목해보자. 여기에 깔려 있는 전제는 얼마 전까지만 해도 진실이 모든 영역을 지배하던 이상적인 시대, 적어도 진실이 법과 심의를 통해 강제되기라도 하던 시대가 존재했다는 점이다. 말하자면 계몽주의와 소크라테스 철학에 뿌리를 둔 시대였다. 마키아벨리가 살던 르네상스 시대에는 정치적·공개적 문제를 다루는 데 있어서 실제 진실이 아니라 "진실처럼 보이는 것"이 중요했다. 통치자, 성직자, 권력자가 거짓말을 하는 것은 당연한 상식이었고, 조지프 파인의 지적대로 헛소리 역시 "삶의 기술" 중 하나였다.[263] 이러한 삶의 기술은 고대 소피스트철학의 잔재였다. 하지만 계몽주의 시대에는 그와 같은 술책을 없애고 소크라테스가 말하는 진리를 회복하고자 했다. 이런 맥락에서 보면 행상꾼 정신과 헛소리가 새로운 삶의 기술로 자리 잡은 오늘날은 탈진실의 시대라기보다는 탈계몽주의의 시대라고 보는 편이 더 적합할지도 모른다. 오늘날 헛소리꾼은 그 어느 때보다 설 자리를 방대하게 보장받으며, 오히려 진실을 말하는 사람이 어리석은 자로 비춰진다. 이러한 분석이 옳다면 잠깐 계몽주의 정신을 살펴보는 일이 거짓말의 기술에 대항하는 데 도움이 될지도 모른다.

15세기 후반에 아메리카대륙을 발견하면서 유럽 학계 및 사회에서는 인종에 관한 열띤 논쟁이 벌어졌다. 16세기 후반에 프랑스 저술가 미셸 드 몽테뉴는 아메리카 원주민의 문화 역시 세상에 적응한 방식이 다를 뿐 유럽인의 문화만큼 가치 있다고 주장함으로써 아메리카 원주민을 경멸적으로 바라보는 유럽인의 통념을 바로잡으려고 애썼다. 그러나 시각을 바로잡으려면 유럽인의 가치관, 세계관, 관행이 아니라 보편적인 인간을 기준으로 원주민 문화를 이해할 필요가 있었다. 몽테뉴의 합리적인 관점이 널리 받아들여지기 시작한 것은 18세기부터였다. 바로 이 계몽주의 시대가 돼서야 자연을 연구하듯 합리적인 방식으로 문화를 연구해야 한다는 견해, 어떤 문화도 다른 문화보다 우월하지 않다는 견해가 빛을 보기 시작했다. 과학과 논리가 모든 편견과 아집을 물리칠 것이라는 믿음, 미신과 신화에 기대지 않고도 광범위한 철학적 질문에 답할 수 있다는 믿음이 생겨났다. 오직 이런 방식을 통해서만 "진리"에 도달할 수 있었다. 계몽주의 지식인들은 인류가 당연하게 받아들이던 온갖 사상과 가치에 의문을 제기하면서 새로운 사고 방식을 탐구해나갔다. 계몽주의가 그리는 사회에서는 거짓이 설 자리가 없었다.

계몽주의 사상은 자연과학은 물론 사회과학의 시대를 열었으며, 두 분야는 손을 맞잡고 "진리"라는 단일한 목표를 향해 나아갔다. 물론 믿음 체계도 사회를 결속시킨다는 점에서 중요하지만, 논리적 추론에 기반을 둔 과학의 이상에 비하면 부차적인 것이었다. 여기에 다윈의 진화론까지 등장하면서 미신적인 거짓말을 물리칠 발판이 마련되었다. 계몽주의 사상은 개인의 권리를 강조했으며, 무엇보다도 믿음에 얽매이지 않는 자유로운 생각을 강조했다. 하지만 계몽주의 운동이 깜빡한, 또는 외면한 사실이 있었다. 댈러스 데너리가 지적하듯 인간이 거짓말을 하는 이유가 매우 다양하다는 사실이었다.[264] 계몽주의철학자 장 자크 루소 역시 《인간 불평등 기원론》에서 거짓말과 속임수의 기원을 인류 진화의 역사에서 찾을 수 있다고 주장했다. 인류가 집단을 이루고 농사를 짓기 시작하면서 땅을 나눌 필요가 생겼고, 바로 이때부터 생존이라는 이점을 위해 기만적인 언어를 사용할 수밖에 없었다는 것이다. 이런 관점에서 보면 거짓말은 일종의 생존 기제다. 혹자는 상상에 불과하다고 말할지 모르나 일말의 진실이 담겨 있음은 부정할 수 없다. 어쩌면 거짓말 역시 다른 기술처럼 인간 독창성의 산물일지도 모른다. 어느 쪽이든 간에 핵심은 탈진실 시대가 결코 전례 없는 시기가 아니라는 점이다. 진실을 찾으려는 노력은 인간이 타고난 마키아벨리적 지능 때문에 늘 방해를 받아왔다. 거짓말, 헛소리, 과장법이 영영 사라지는 일은 유토피아에서나 가능하지 우리가 살아가는 현실 세계에서는 불가능할 것이다.

위험한 쇼맨십

과장된 언어는 폭주 기관차처럼 사람들을 강렬하게 덮친다. 이 기차를 멈출 방법은 거의 없다. 과장법은 우렁찬 고함처럼 사람들의 감정을 움직여서 무엇이든 가능하다고, 설령 미천한 배경을 가지고 있는 사람일지라도 성공("명성", "부", "권력")을 거둘 수 있다고 믿게 만든다. 진실된 과장법은 우리의 정신에 작용하는 자양 강장제와 같아서 힘과 활력이 넘친다는 느낌을 불어넣는다. 거짓말쟁이 군주에게 이만큼 효과적인 대화 전략은 없다. 로버트 루이스 스티븐슨은 이렇게 말한다. "인간이라는 동물은 빵만 먹고 사는 게 아니라 입에 착 붙는 말로 살아간다."[265]

광고업계의 언어를 물려받은 진실된 과장법은 우리의 생각이 틀에 박힌 말에 머무르도록 만든다. 단순하게 압축된, 즉각적이고 순간적인 이미지만 떠오르게 만드는 셈이다. 1957년에 밴스 패커드가 《숨은 설득자The Hidden Persuaders》를 통해 광고를 교활한 설득의 언어로서 경고한 것도 이해가 간다.[266] 안타깝게도 진실된 과장법은, 적어도 사이버 공간에서는 모두의 공용어로 빠르게 자리 잡고 있다. 적절하게도 J. B. 트위첼은 이렇게 말했다. "상품과 서비스를 파는 언어가 다른 모든 분야의 언어를 대체했다."[267] 오늘날 정보, 지적 자극, 생활양식은 대부분 광고 이미지에서 나온다고 해도 과언이 아니다. 과거 종교 경전이 그랬던 것처럼 광고 언어는 부지불식간에 우리의 계획, 생각, 행동을 좌우하는 본보기가 되었다. 마셜 매클루언의 표현대로 '매체'가 곧 '메시지'가 되어버린 셈이다.

진실된 과장법이 장악한 세계에서 계몽주의 시대의 '합리적인' 대화 방식은 더 이상 설 자리가 없다. 진실된 과장법은 대상이나 의견을 홍보하기 위한 언어이지 탐구하는 언어가 아니기 때문이다. 이러한 언어는 이성이 아니라 감정에 호소한다. 19세기 말부터 과장법은 소비지상주의를 새로운 생활 방식으로 전파하고 확립하는 면에서 대성공을 거뒀다. 시장 원리가 사실상 모든 사회문제의 해결책으로 자리를 잡으면서 광고 언어는 그 자체로 목적이 되었다. 수많은 사회비평가가 경고하는 대로 어쩌면 우리는 광고가 꾸며낸 세계를 살아가고 있는지도 모른다. 스튜어트 이웬은 이렇게 말한다.[268]

"라이프스타일"이라는 생활 방식이 실제로는 실현 불가능하다고 한들, 우리가 주로 이 단어에서 삶의 시각적 구조를 이끌어낸다는 사실에는 의심의 여지가 없다. 라이프스타일 개념은 현대인의 생존과 욕망에 긴밀히 결합된 행동 양식으로 자리 잡았다. 이 개념을 명확히 정의 내리기는 어려울 수 있으나 최근 역사 속에서 그 모습을 찾아보기란 어렵지 않다.

이러한 유형의 화법이 확립된 것은 미국에서 바넘이 새로운 부류의 영웅으로 떠오른 덕분이었다. 1890년대에서 1920년대 사이에 기업들은 바넘의 홍보 방식을 채택해, 단순히 상품 정보만 전달하는 것이 아니라 그 상품에 뒤따르는 특정한 생활 방식을 선택하도록 강요했다. 1920년대 이후로 진실된 과장법은 거짓된 '약속'의 언어로 자리 잡았다. 진실보다는 무의식 속의 욕망, 충동, 신념을 자극하는 것이 주된 목적이 된 셈이다. 요컨대 현대의 행상꾼은 현실을 강조하기보다는 혹시 뒤따를지도 모르는 이익을 약속하는 데 집중한다. 과거에는 철학자, 예술가, 종교인이 탐구하던 무의식의 영역에 행상꾼이 발을 들여놓은 셈이다.

엄밀히 말해 바넘이 미국 서커스 문화의 창시자는 아니다. 최초로 서커스 순회공연을 유행시킨 인물은 조슈아 퍼디 브라운이었다. 바넘은 1871년에 서커스 업계에 발을 들여놓았으며, 특히 기인들을 모아 진행한 사이드 쇼를 통해 많은 관중을 끌어들였다. 흥미롭게도 미국 서커스 문화와 함께 패스트푸드 문화 역시 시작되었다. 초창기에는 토지 사용권 소유주들이 대형 천막 앞에 줄지어 서서 입장객들에게 음식을 팔았지만, 그 잠재력을 알아본 서커스 단장들이 아예 천막 내에 패스트푸드 부스를 집어넣었다. 앤드루 스미스는 이렇게 설명한다.[269]

1860년대부터 미국에 나타난 서커스 팀은 정기적으로 전국을 순회하기 시작했다. 토지 사용권 소유주들은 천막 입구 쪽에 줄지어 서서 땅콩, 팝콘, 솜사탕 등 다양한 간식을 팔았다. 얼마 지나지 않아 서커스 기획자들이 여태까지 음식을 팔아 돈을 벌 기회를 놓치고 있었음을 깨달았다. 그래서 노점상에게 돈을 받고 인가를 내주거나 공연장 내에서 직접 음식 가판대를 운영했다. 최초의 서커스 노점 계약은 1841년까지 거슬러 올라간다. 남북전쟁 후에는 간식, 핫도그, 음료수가 서커스 공연장의 필수 요소가 되었다.

초창기에는 많은 사람들이 서커스를 정죄했기에 서커스는 은밀히 즐기는 오락 문화로 여겨졌다. 하지만 이내 새로운 시대정신이 불어닥쳐 청교도 정신이 점차 약화되었고, 결국 광란의 1920년대가 도래했다. 요컨대 서커스 문화는 남녀노소 누구든 오락을 즐길 수 있다는 새로운 자유 개념을 정착시킨 전환점 역할을 했다. 서커스는 "쇼"를 제공하는 것은 물론 패스트푸드를 비롯한 온갖 쾌락과 유흥을 가져다준 신흥 사업이었다.

밥 스타인의 설명에 따르면 탈진실 시대는 기술에 병적으로 의존하는 반계몽주의 시대이다.[270]

1984년이 지나가자 미국인들은 오웰이 예견한 빅 브라더가 실체화되지 않았다는 사실을 자축했다. 하지만 그들이 놓친 사실은 그보다 훨씬 어두운 헉슬리의 전망이 실현됐다는 점이다. (……)《멋진 신세계》에서 헉슬리는 사람들이 "억압을 즐기게 될" 때, "기술에게 생각하는 힘을 기꺼이 내줄" 것임을 내다보았다.

트럼프는 2015년에 대선 출마 선언을 하면서 "아메리칸드림은 죽었습니다."라고 공언하며, 오직 "미국이 먼저"라는 원칙에 따라 미국을 다시 위대하게 만들 것이라고 밝혔다. 문학 교수인 세라 처칠은 트럼프의 과장법을 자세히 분석한 뒤, 트럼프의 슬로건이 모두를 위한 평등을 약속하는 아메리칸드림보다는 KKK의 초창기 슬로건과 훨씬 닮아 있다고 주장했다.[271] 의미심장하게도 1927년에 KKK가 일으킨 폭동의 결과로 일곱 명이 체포당했는데, 그중에는 도널드 트럼프의 아버지 프레드 C. 트럼프가 포함되어 있었다. "미국이 먼저"라는 슬로건은 진심 어린 애국심이 아니라 백인우월주의 사상에 바탕을 두고 있는 셈이다.

오늘날 행상꾼과 헛소리꾼의 언어는 너무나 널리 퍼진 나머지 진실한 목소리마저 집어삼킬 힘을 얻었다. 19세기 작가들이 짐작했던 것처럼, 안타깝게도 미국을 오늘날과 같은 모습으로 만든 존재 중에는 아메리칸드림을 꿈꾸던 사람들뿐만 아니라 P. T. 바넘 같은 협잡꾼과 그에 속아 넘어간 희생양들도 있다. 티머시 오브라이언이 집필한 트럼프 전기를 보면 트럼프의 누나가 트럼프를 가리켜 근거 없이 자화자찬만 해대는 허풍쟁이인 "P. T. 바넘"이라고 칭하는 대목이 나온다.[272] 실제로 트럼프는 TV 프로그램에 출연해 허울뿐인 약속을 남발하는 지극히 미국적인 서커스 단장으로서 스스로를 내세웠다. 과거 바넘의 쇼를 보러 간 사람들은 자기 눈앞에 높인 것이 실제 현실이 아니라 허상이라는 사실을 전혀 신경 쓰지 않았다. 판타지 세계 속에 푹 빠지고 싶다는 열망이 현실 인식을 가로막아 허상을 현실로 믿게 만들었던 것이다.

동일한 열망이 훨씬 더 뚜렷이 나타나는 오늘날 트럼프는 미국인들이 쇼맨십과 직설적인 언어에 쉽게 빠져든다는 사실을 잘 이해하고 있다. 트럼프는 양의 탈을 쓴 여우로서 도덕적 문제에 진심으로 관심이 있는 척한다. 실제로는 난봉꾼이지만 '거짓말의 기술'로 거짓 약속을 지어낸다면 사람들은 기꺼이 그를 믿어줄 것이다. 바넘이 그랬듯 꿈(특히 도달할 수 없는 꿈)을 약속하기만 한다면 사람들은 제 발로 서커스를 보러 모여들 테니까.

8장

마키아벨리적 기술
세상에서 가장 유명한 거짓말쟁이

거짓말쟁이보다 나쁜 사람은
가식적인 거짓말쟁이밖에 없지!

-테너시 윌리엄스

기만하는 지능

오래전부터 우리는 그리스신화 속 오디세우스 이야기처럼 속임수, 배신, 계략이 담긴 이야기에 매료되었다. 우리는 거짓말의 파괴적인 힘을 잘 알고 있으며, 속임수를 인간의 특성 중 하나로 받아들였다. 심리학자들은 바로 이 특성에 '마키아벨리적 지능'이라는 적절한 이름을 붙였다. 처음 이 용어를 소개한 인물은 《침팬지 폴리틱스》(1982)의 작가 프란스 드 발이었다. 이 책에서는 마키아벨리를 인용해 거짓말이 인류가 진화하는 과정 중에 사회 집단에 성공적으로 어울리기 위한 능력으로서 등장했다는 이론을 뒷받침한다.273 인간의 두뇌는 사회적 경쟁을 거치면서 진화했는데, 그중 가장 성공적으로 적응한 두뇌는 거짓말하는 능력을 발전시킨 두뇌라는 것이다. 드 발의 마키아벨리적 지능 이론에서 핵심은 (인간을 비롯한) 영장류의 사회적 능력이 수렵 채집 활동 중에 마주한 어려움보다는 사회적 환경의 복잡성에 의해 발달했다는 점이다.

드 발의 이론은 여러 면에서 비판을 받았으나 정치적 성공이 속임수의 사용에 달려 있다는 부수적인 주장만큼은 확실히 일리가 있다. 이러한 주장에 따르면 어떤 사람들은 거짓말하는 면에 더 큰 "재능"을 가지고 있기 때문에, 언어를 비틀어 정신을 조작함으로써 사람들의 신뢰를 이끌어낼 줄 안다. 지금으로서는 인간의 정신이 어째서 속임수에 취약한지 명확히 설명해주는 이론은 없다. 단지 인간이 마키아벨리적 지능을 발휘하는 면에서 모든 영장류 중 가장 압도적인 능력을 보인다

거짓말의 기술

는 사실만 확실할 뿐이다.

인간이라면 거의 누구나 살짝 이득을 얻기 위해서, 또는 원치 않는 결과를 피하기 위해서 거짓말을 한다. 하지만 거짓말 장인은 흔치 않다. 거짓말 장인은 다른 사람의 정신을 파고들어 그 정신을 자신에게 유리한 방식으로 조종할 줄 안다. 거짓말 장인은 언어가 인간의 정신에 미치는 영향을 예리하게 인식하고 있다는 점에서 거짓말의 "기술자"라고 부를 만하다. 마지막 장의 목적은 거짓말의 기술을 간략히 요약한 뒤, 그것이 인간의 삶에 얼마나 파괴적인 영향을 미치는지 알아보는 것이다. 거짓말쟁이 군주는 지지자들을 매혹시켜 자신이 원하는 말과 행동을 하도록 부추긴다. 일단 거짓말쟁이 군주에게 속아 넘어간 사람은 마치 카리스마 넘치는 사이비 교주에게 홀린 것처럼 도저히 떨쳐낼 수 없는 최면 상태에 빠진다. 실제로 사회학자 막스 베버는 사이비 종교가 "카리스마 넘치는 리더십"과 "카리스마가 일상화된" 리더를 따르는 구성원들에게 기반을 두고 있다는 주장을 제시했다. 베버가 내린 정의는 이제 고전이 되었다.[274]

카리스마란 개인을 평범한 인간으로부터 분리해 특별한 힘이나 능력을 지닌 존재로 여겨지게 만드는 특성을 가리킨다. 그와 같은 힘이나 능력은 평범한 인간에게는 허락되지 않으며, 신성하거나 모범적인 자질로 여겨진다. 따라서 그러한 힘이나 능력을 가진 개인은 지도자 대우를 받는다.

밈과 짧은 글이 인기를 끌고 뉴스 동향이 수시로 바뀌는 오늘날, 카리스마를 갖춘 거짓말쟁이의 기만적인 언어는 전혀 해롭다고 여겨지지 않는다. 오히려 많은 사람들은 "대안 사실"과 "진실된 과장법"을 정당한 대화 방식으로 받아들이는 데 익숙해졌다.

바로 지금 거짓말의 기술의 장인을 꼽는다면 주저 없이 도널드 트럼프가 떠오를 것이다. 그는 실제 무기가 아니라 말로써 적들을 학살한다. 트럼프는 힐러리 클린턴에게 "사기꾼"이라는 호칭을 반복해서 사용해 클린턴을 향한 유권자들의 증오를 부추겼다. 결과적으로 트럼프 지지자들은 "힐러리를 감방으로!"라는 구호를 외치면서 클린턴의 이미지와 평판을 실추시켰다. 일단 "사기꾼"이라는 심상이 머릿속에 새겨지자 어떤 논리적인 반박으로도 그 심상을 거둬낼 수 없었다. "거짓말쟁이 테드", "맥없는 부시", "땅딸보 마코" 같은 멸칭 역시 상대의 결점이나 약점을 겨냥한 악랄한 언어적 무기였다. 이 멸칭들은 각각 테드가 상원의원 시절 특정 법안에 표를 던지겠다는 약속을 지키지 못했다는 점, 젭 부시가 플로리다 주지사 시절 우유부단한 모습을 보였으며 공개 토론 중에도 피로한 모습을 보였다는 점을 겨냥했다. "미국을 다시 위대하게!", "장벽을 세우자.", "오물을 퍼내자." 같은 표현은 트럼프 지지자들로 이루어진 "군대"의 사기와 결속을 끌어올리는 슬로건 역할을 했다. 슬로건을 함께 외치는 사람들의 머릿속에는 논리적인 생각 대신 미국이 부패했다는 비유적 이미지만이 차올랐다. 한편 트럼프는 길거리나 로커 룸에서나 쓸 법한 직설적인 언어로 진보 진영을 공격함으로써 "엘리트"와 그들의 PC적 태도를 불신하게 된 사람들의 마음을 훔쳤다.

대선 중에 어느 언론 매체에서는 강경한 트럼프 지지자를 상대로 이런 질문을 던졌다. "트럼프를 그렇게 열렬히 지지하시는 이유가 무엇인가요?" 이에 대한 트럼프 지지자의 대답은 앞 단락을 한 문장으로 압축해준다. "트럼프는 '우리' 언어를 쓰거든요." 트럼프는 많은 미국인이 지성주의, 포스트모더니즘, 상대주의 등 난해하면서도 "진짜 미국"의 가치에 반하는 것 같은 사고방식 때문에 불만에 차 있다는 사실을 잘 알고 있다. 트럼프는 노련한 '코메디아델라르테' 연기자처럼 각 상황에 맞는 속임수를 이용해 극단적인 해결책을 제시함으로써 사람들의 불만을 끝까지 밀어붙인다. 예컨대 멕시코와 국경을 맞대고 있는 주에서는 목소리에 감정을 잔뜩 실어 "그들을 쫓아버릴 것"이라든가 "크고 웅장하고 아름다운 장벽을 세울 것"이라는 진부한 표현을 내뱉는다. 진보 진영 기득권이 정부를 장악했다고 염려하는 시민들이 많은 주에서는 "오물을 퍼낼 것"이라든가 "워싱턴을 새롭게 뜯어고칠 것"이라고 주장한다. "마녀사냥"이나 "민중의 적" 같은 입에 밴 표현들은 단순한 구호가 아니라, 딥스테이트가 장악한 미국을 구원해 과거의 영광을 되찾겠다는 대안 서사의 핵심 화제에 해당한다. 여느 거짓말쟁이 군주와 마찬가지로 트럼프 역시 지지자들의 정신 속에 진짜 적이 누구인지 각인시킴으로써 자신을 향한 비판을 사전에 차단한다. 오웰이 말한 대로다. "인간은 적군이 악행을 저질렀다는 사실은 믿지만, 아군이 악행을 저질렀다는 사실은 믿지 않습니다."[275]

거짓말의 기술은 마키아벨리적 기술이다. 다시 말해 거짓말의 기술은 사기꾼이나 행상꾼이 사용하는 술책일 뿐만 아니라, 무솔리니나 히틀러 같은 극악무도한 정치 지도자가 사용하는 술책이기도 하다. "왜" 이렇게나 많은 사람이 트럼프 같은 거짓말쟁이를 믿고 따르는 것일까? (오디세우스 이야기에서 예견했듯) 어쩌면 그것이 인간 본성의 일부일지도 모른다. 하지만 인류 역사상 오늘날만큼 거짓말의 기술이 파괴적인 힘을 자랑하는 때는 없었다. 알고리즘과 밈의 세계에서 진실은 그저 "요즘 인기 있는" 정보 중 하나에 지나지 않는다. 다행히도 트럼프 같은 거짓말쟁이 군주의 말과 행동 때문에 오히려 진실을 회복시키려는 움직임이 나타났다. 진실을 위한 투쟁은 지금도 진행 중이다. 어쩌면 제2의 계몽주의 시대가 이제 막 시작되는 것일지도 모른다.

마키아벨리즘

현대 심리학 및 사회과학 분야에서 "마키아벨리즘"이라는 용어는 타인에게 무관심한 채 오로지 자기 이익을 위해서 기만적이거나 위선적인 방식으로 사회적 상호작용에 임하는 태도를 가리킨다. 여태까지 쭉 살펴본 것처럼 최초로 거짓말쟁이의 심리를 분석해 묘사한 인물은 마키아벨리였다. 그는 자신의 분석을 바탕으로 절대군주라면 늘 거짓말과 속임수를 사용할 준비가 되어 있어야 한다고 권고했다. 공평히 말하자면 마키아벨리는 군주 한 명이 다스리는 공국보다는 시민들이 정부를 결성하는 "자유 공화국"을 선호하기는 했다. 하지만 정직한 태도가 권력을 얻는 데 별 도움이 되지 않는다는 생각에는 변함이 없었다.

그보다는 영악함과 교활함이 낫다고 보았다.

마키아벨리는 거짓말쟁이 군주를 여우이자 사자인 존재로 묘사한다. 군주는 (적대자인) "늑대"를 격퇴하기 위해 교활하게 언어를 조작할 줄 아는 것은 물론 강력하면서도 위협적으로 보일 줄 알아야 한다. 군주는 반드시 "덫을 피하는 여우"이자 "늑대를 위협하는 사자"가 되어야 한다.[276] 흥미롭게도 가톨릭교회는 1559년에 《군주론》을 비윤리적인 금서로 지정했다. 하지만 《군주론》은 정치 지도자의 심리를 제대로 묘사한 최초의 서적으로 다시 인기를 끌었으며, 그때 이후로 쭉 논쟁적인 작품으로 남아 있다.

마키아벨리가 역사에 미친 영향은 광대하다. 예를 들어 1576년도 저서 《마키아벨리 비판론》에서 위그노교도 장티에는 1572년 파리에서 발생한 성 바르톨로메오 축일 학살 사건이 마키아벨리즘 때문에 발생했다고 주장한다. 셰익스피어는 《헨리 6세 3부》 3막 2장에서 마키아벨리적인 거짓말쟁이를 이익을 위해 끊임없이 모습을 바꾸는 "카멜레온"으로 묘사한다. 프랑스 철학자 드니 디드로는 마키아벨리즘을 "독재의 기술"이라고 부른다.[277] 디드로가 보기에 마키아벨리즘은 온갖 도덕을 거스르면서 남을 속이고 조종하는 것이 유일한 목적인 "끔찍한" 기술이다.

1970년에 리처드 크리스티와 플로렌스 L. 가이스는 마키아벨리즘의 수준을 측정하는 척도로 "마키아벨리 테스트"를 개발했다.[278] 이 테스트에서 높은 점수를 기록하는 사람은 다음과 같은 발언을 옹호하는 경향이 있었다. "아무런 유익이 없다면 굳이 당신 행동의 진짜 동기를 누구에게도 말하지 말라." 테스트 결과에 따르면 마키아벨리즘은 주제나 환경에 따라 다양하게 나타났다. 크리스티와 가이스의 연구 이후로 마키아벨리적 거짓말쟁이의 성격 특성에 대한 깊이 있는 탐구가 이루어졌다. 그중 일부를 살펴보면 거짓말쟁이 군주의 특성과 소름 끼칠 정도로 들어맞는다는 점을 알 수 있다.

- 거짓말쟁이 본인의 야망과 이익에 집중함.
- 관계보다는 돈과 권력이 훨씬 더 중요함.
- 겉으로는 매력적이고 자신감 넘치는 것처럼 보임.
- 이익을 얻기 위해 남을 이용하고 조종하는 법을 앎.
- 필요하다면 거짓말과 속임수를 불사함.
- 원칙과 가치관이 결여되어 있음.
- 자신의 목적을 위해서라면 남에게 해를 입힐 수도 있음.
- 공감 능력이 현저히 떨어짐.
- 진짜 의도를 결코 밝히지 않음.
- 성관계를 가볍게 맺는 경향이 있음.
- 주변의 상황이나 타인의 심리를 잘 파악함.
- 사회적 상호작용을 할 때 따스함이 결여되어 있음.

일부 심리학자들은 마키아벨리즘을 나르시시즘, 반사회적 인격장애와 함께 묶어 "어둠의 3요소"라고 부른다.[279] 나르시시즘은 이미 7장에서 다뤘고, 반사회적 인격장애는 이 책의 논의를 벗어나기는 하지만 역시 거짓말쟁이에게서 쉽게 찾을 수 있는 특성이다. 마키아벨리즘은 독재자, 사이비 교주, 사기꾼 등에게서 높게 측정되는 성격 특성이다. 여기서 기억해야 할 점은 마키아벨리적인 거짓말쟁이가 언어를 조작함으로써 타인을 조종한다는 것이다. 근본적으로 마키아벨리적 거짓말쟁이는 능수능란한 언어술사다. 그는 언어적 기술을 사용해 사람들의 정상적인 인식을 조작하는 법을 안다. 이 책 전반에 걸쳐 살펴본 것처럼 그런 언어적 기술은 비판적·반성적 사고 능력을 저하시키는 힘이 있다. 심리학자 글렌 게어의 조사에 따르면 트럼프는 마키아벨리 테스트와 어둠의 3요소 척도 둘 다에서 높은 점수를 기록했다. 그리고 어쩌면 바로 그 이유 덕분에 선거에서 승리했다.[280]

많은 이들은 자신이 속한 공동체에 기여하거나 다른 사회 구성원을 돕는 데 평생을 헌신하는 등 눈에 띄게 스스로를 희생함으로써 최고의 자리에 오른다. 테레사 수녀가 대표적인 예다. 하지만 어느 사회를 보든 비교적 어두운 방법을 사용해 최고의 자리에 오르려는 자들도 있다. 어둠의 3요소(타인을 개의치 않음, 자기중심적임, 남을 조종함)는 옳고 그르고를 떠나서 높은 곳으로 향하는 효과적인 방법임에는 틀림없다. 사회적으로 바람직한 접근법은 아니겠지만 성공적인 접근법이기는 하다. 특히 사회 구성원들이 이런 종류의 전략이 흥하도록 내버려둔다면 더욱더 그러하다. 도널드 트럼프에게서 어둠의 3요소가 드러나느냐고? 이 분야에 있어서 방대한 양의 논문을 발표한 전문가로서 바라보자면 내 대답은 이렇다. 명백히 그렇다.

거짓말과 정신 건강

6장의 "말은 중요하다" 소제목에서 거짓말과 정신 건강의 연관성을 개략적으로 살펴본 바 있다. 거짓말이 정신 건강은 물론 신체 건강까지 망가뜨릴 수 있다는 것이 이 책의 핵심 주장인 만큼 이 주제를 다시 한 번 되짚어볼 필요가 있다.

우선 병명을 나타내는 언어 표현이 없으면 의학적인 진단을 내릴 수도 없다는 사실을 기억하자. 물론 증상이 있다는 것은 질병이 있을 가능성을 전제하기는 한다. 하지만 '구루병' 같은 의학 용어가 있어야 지만 어떤 질병인지 진단하고 그에 따라 치료할 수 있다. 우리는 언어와 문화가 질병과 얼마나 밀접한 관련이 있는지 간과하는 경향이 있다. 서양에서 사용하는 고통이나 질병과 관련된 비유를 보면("오늘 제 몸이 제대로 작동하지를 않아요.", "몸이 작동을 멈춰버렸어요." 등) 사람들이 몸을 기계로 인식한다는 사실을 알 수 있다. 따라서 고통은 기계(몸)의 오작동으로 개념화된다. 이러한 비유적 틀은 기계의 결함을 바로잡듯이 질병을 찾아내 제거할 수 있다는 의학적 관점을 불러일으킨다. 이와 같은 인지적 틀의 기원은 쥘리앙 오프레 드 라 메트리의 1747년도 저서 《인간기계론》까지 거슬러 올라간다. 이 책에서는 의료 기술을 생물학적 기계를 "수리"하는 것으로 묘사한다.[281] 하지만 인지적 틀이 문화마다 같을 것이라고 생각해서는 안 된다. 예컨대 타갈로그어에는 그에 대응하는 표현이 존재하지 않는다. 그 대신 타갈로그어에서는 신체 건강이 영혼과 자연의 영향을 받는 것처럼 표현한다. 연구 결과에 따르면 이처럼 인지적 틀에 차이가 있는 경우 환자가 고통과 질병에 반응하는 양상도 다르게 나타난다. 영어 화자는 고통을 국부적인 현상으로 느끼는 경향을 보인다. 즉 개인의 총체적인 복지와는 상관없이 고장이 난 부분만 조절하거나 개선하는 것이 가능하다고 인식한다. 반면 타갈로그어 화자는 고통이 정신 상태나 자연적 힘과 총체적으로 얽혀 있다고 느끼는 경향이 있기 때문에 총체적 건강을 떼놓고는 고통을 치료할 수도 없다고 생각한다.

재컬린 더핀 역시 역사 내내 질병이 대개 인간의 정의에 의존해왔다고 주장한다.[282] 예컨대 과거에는 "상사병"도 실제 질병으로 여겨졌다. 상사병이 의학적 치료 대상에서 빠진 것은 20세기에 과학적 연구를 통해 상사병이 문화적 미신에 불과하다는 사실이 밝혀진 뒤부터였다. 또한 약물을 투여하거나 문신 또는 피어싱을 할 때 사용된 오염된 주삿바늘에 의해 감염돼 간경변을 일으키는 주요 원인이 되는 C형 간염도 본래는 미신적인 비유와 서사에 복잡하게 얽혀 있었다. 바이러스학이 발전하고 수혈 치료가 시행착오를 겪고 나서야 비로소 C형 간염은 하나의 질병으로서 정립됐다. 에이즈나 성병 역시 과거에는 도덕적 낙인을 짊어지고 있었다. 요점은 질병 개념이 질병 자체만이 아니라 사회, 언어, 문화, 법률, 과학 등 다양한 요인을 기반으로 구축된다는 사실이다. 마찬가지로 거짓말이 건강에 영향을 미친다는 주장 역시 막연하게 내뱉는 말이 아니다. 거짓말은 실제로 정신 건강에 해를 끼칠 가능성이 높다.

핵심은 언어가 우리가 증상을 해석하는 방식을 틀 잡을 수 있다는 점이다. 따라서 기만적인 언어나 이중적인 언어는 우리가 그 증상을 경험하는 방식에 영향을 미칠 수 있다. 거짓말이 우리의 몸이나 정신과 아무 관련이 없다는 인식은 잘못된 인식이다. 거짓말은 마치 바이러스처럼 우리의 건강에 영향을 미친다. 19세기 독일의 저명한 해부학자이자 생리학자인 프리드리히 헨레가 강조하듯이 고통에 대한 주관적인 반응은 물리적인 존재 근거도 없으며, 고통 경험에 생리적인 근거를 두고 있지도 않다. 오히려 그것은 "기억 중심부에 저장된 인상들이 연상 작용을 통해 다시 떠오른" 결과다. 고통이 생리적 요인은 물론 성격적·사회적 요인에 따라 나타날 수도 있다는 뜻이다.[283] 그러므로 왜곡된 언어는 정신 건강에 영향을 미치는 것은 물론 그 자체로 신체 건강에 영향을 미치는 요인이 될 수 있다.

애니타 켈리와 리주안 왕의 연구에 따르면 미국인들은 매주 평균 11회 거짓말을 하는 것으로 나타났다. 또한 110명의 실험 참가자를 10주에 걸쳐 관찰한 결과, 크고 작은 거짓말을 하지 않도록 지시받은 참가자 중 절반이 눈에 띄게 정신 건강이 좋아졌다.[284] 실제로 최근 진행된 신경과학 연구에 따르면 인간의 두뇌 중 감정을 관장하는 영역은 거짓말에 직접적인 영향을 받는 것으로 나타났다.

인류학자 중 거짓말이 정신 건강에 미치는 해로운 영향을 가장 먼저 인식한 사람은 윌리엄 베이트슨이었다. 그는 조현병이 언어의 문자적인 의미와 비유적인 의미를 구별하기 어려워하는 것과 관련이 있다는 가설을 제시했다.[285] 이는 베이트슨의 이중구속double bind 이론의 근간을 이루는 개념이다. 이중구속이란 모순적인 메시지가 반복되는 의

사소통 상황을 가리킨다. 예컨대 "이거 하지 마."라는 부정 금지 표현이 "그렇다고 이걸 별로 생각하지는 마."라는 부차적인 부정 금지 표현과 충돌을 일으키는 경우다. 명령을 듣는 사람 입장에서는 두 메시지 간의 상반되는 관계를 구별하는 것이 불가능해진다. 여기서 "이중구속"이라는 표현을 "이중 언어"로 바꿔보자. 그리고 우리의 정신 건강에 미치는 영향이 얼마나 더 크게 나타날지 짐작해보자.

기만적인 언어

거짓말의 기술을 능숙하게 다루는 거짓말쟁이 군주의 공통적인 특징은 극도로 기만적인 형태의 마키아벨리즘이다. 그가 최우선시하는 거짓말의 기술은 교묘하게 감정을 자극함으로써 그 감정이 뒷받침하는 믿음을 조종하는 것이다. 다시 말해, 거짓말쟁이 군주는 언어를 조작해 감정적 반응을 불러일으켜 궁극적으로 사람들의 정신 속에 특정한 생각을 불어넣는다. 암시, 비꼬기, 모호한 표현, 과장법, 헛소리와 같은 갖가지 속임수에 가로막혀 자발적인 행동은 더 이상 불가능해진다. 7장에서 언급한 것처럼 마키아벨리는 교황 알렉산데르 6세를 기만적인 언어 사용의 대가로서 제시한다. 인간이 속임수에 취약한 이유가 인간 본성에 있다는 마키아벨리의 주장을 증명이라도 하듯, 그가 교황 임기 내내 언어로 된 술수와 속임수로 사람들을 쉽게 속여 넘겼기 때문이다.[286]

알렉산데르 6세는 사람들을 속이고 또 속일 뿐 다른 길은 생각조차 하지 않았다. 그는 언제든 희생양을 찾아내고야 말았다. 힘차게 주장하는 면에서, 거창한 약속을 하고도 지키지 않는 면에서 그보다 뛰어난 자를 본 적이 없다. 그럼에도 그의 속임수는 늘 그가 바라는 대로 성공을 거뒀다. 속임수에 취약한 인간의 특성을 잘 이해했기 때문이다.

고대 그리스 철학자들은 언어를 '로고스'의 일부로 보았다. 하지만 그들은 언어가 속임수와 논쟁에 사용될 수 있다는 점에서, 그리하여 로고스를 뒤틀 수 있다는 점에서 위험한 도구가 될 수 있다고도 보았다. 이와 같은 이중적인 입장은 오늘날까지 이어진다. 언어는 지식을 습득하고 보존하는 수단인 동시에 오해와 갈등의 근원이기도 하다. 이러한 "이중적인 관점"은 오늘날 우리가 사용하는 말에서도 잘 드러난다. 예컨대 영어에서는 사람들의 의견이 상충할 때 서로 "말싸움"을 한다고 표현한다. 이는 우리가 언어를 단지 의미 이해와 사회적 소통의 수단만이 아니라 무기로서도 인식한다는 사실을 드러낸다. 의미심장하게도 고대 그리스인은 로고스를 사고력으로 이해하기도 했다. 결국 언어가 없으면 생각도 없다는 뜻이다. 오직 감정과 모호한 심상만 남을 뿐이다. 이런 맥락에서 언어는 인간을 합리적이고 지적인 동물로 만들어주는 요소다. 하지만 오디세우스 이야기에서 드러나듯이 고대 그리스인은 거짓말 역시 로고스의 일부임을 암시하여 마키아벨리적 지능 이론을 지지하는 것 같은 입장을 보이기도 했다.

거짓말이 미치는 영향을 평가하는 한 가지 방법은 진실한 언어를 컴퓨터 소프트웨어의 기본 설정에 비유하는 것이다. 물론 프로그래머는 의도적으로 소프트웨어를 수정할 수 있다. 하지만 별다른 수정이 없다면 컴퓨터는 원래 설정에 따라 작동할 것이다. 이와 유사하게 특정한 맥락 속에서 학습된 언어 표현은 인간이 세상을 이해하는 기본 양식을 구성한다. 하지만 프로그래머가 소프트웨어의 설정을 바꿀 수 있는 것처럼, 거짓말쟁이 역시 속임수를 통해 세상을 이해하는 양식을 바꿀 수 있다.

우리는 특정한 단어를 듣거나 읽을 때마다 그 단어가 가리키는 지시체를 머릿속에 불쑥 떠올린다. 실제 고양이가 주변에 없더라도 단지 '고양이'라는 단어를 발화하는 것만으로도 사람들은 화자가 어떤 대상을 지목하는지 이해한다. 마찬가지로 "총명한 생각"이라는 표현을 발화하면 설령 그 존재를 주변에서 감지할 수 없더라도 화자가 무엇을 암시하는지 이해한다. 이렇듯 언어의 놀라운 특징 하나는 무엇이든 원하는 대로 떠오르게 만들 수 있다는 점이다. 그것이 거짓이나 허구여도 상관없다. 일단 이미지가 떠오르고 그 존재가 유효하다고 여겨지면 사실상 머릿속에서 이미지를 뽑아낼 방법은 없다. 기본 설정이 이미 바뀌어버린 것이다. 트럼프가 "사기꾼 힐러리"라는 표현을 반복했을 때, 오바마 정부에 불만을 품고 있던 사람들은 기꺼이 그 표현을 진실로 받아들였다. 정당한 표현이 아닐지라도 상관없었다. 이미 사람들의 정신 속에 믿음이 피어올랐기 때문이다.

언어가 사람들의 현실 인식을 틀 잡을 수 있다는 생각, 거짓말이 현실을 뒤바꿀 수 있다는 생각은 1920~1930년대 게슈탈트심리학자들의 관심을 끌었다. 일례로 카마이클, 호건, 월터는 1932년에 놀랄 만한 실험 하나를 수행했다.[287] 그들은 실험 참가자에게 그림 하나를 주고 나중에 그 그림을 재현해보라고 요청했다. 실험 결과 재현 과정은 각 그림에 할당된 언어적 꼬리표에 영향을 받았다. 예컨대 두 원이 직선 하나로 연결된 그림을 재현해야 했을 때, '안경'이라는 이름표를 본 참가자들은 안경을 닮은 무언가를 그렸고 '아령'이라는 이름표를 본 참가자들은 아령을 닮은 무언가를 그렸다. 언어가 우리의 현실 인식을 틀 잡는다는 사실 말고는 이 결과를 설명할 방법이 없다.

거짓말쟁이 군주는 슬로건, 은유, 작화, 가스라이팅, 도그휘슬, 과장, 멸칭 등 다양한 속임수 기술을 통해 감정을 자극하여 사람들의 정신을 조작할 수 있음을 이해한다. 그는 언어를 조작해 사람들의 생각을 조작한다. 무솔리니, 히틀러, 트럼프가 권력을 쥘 수 있었던 가장 근원적인 이유는 교활하고 악랄하게 언어를 통제했기 때문이다.

언어가 정신을 통제하는 힘을 가지고 있음을 잘 알던 고대 웅변가들은 웅변술을 여러 범주로 구분했다. 이 범주들은 각각 거짓말의 기술에 대응된다. 첫 번째는 '발견inventio', 즉 주목을 끌 만한 화제를 찾는 것이다. 대표적인 사례로 출생지 음모론이 있다. 트럼프는 이를 통해 "반미국적인" 오바마 정권에 불만을 품은 사람들의 증오심을 부추겼다. 오바마가 미국 밖에서 태어났으며 무슬림의 후손이라는 주장은 무슬림이 미국에 위협적인 존재라는 작화에도 잘 들어맞았다.

두 번째는 '배열dispositio', 즉 말을 순서에 따라 조직해 이야기를 구축하는 것이다. 단어 자체는 문자적인 의미만 지니고 있다. 단어는 다른 단어와 합쳐져 입 밖으로 나올 때 비로소 비유적인 힘을 얻어 감정적 공명을 일으킨다. 대표적으로는 트럼프가 사용하는 멸칭과 과장법에 이러한 기술이 드러난다. 트럼프는 단일한 표현을 아무렇게나 내뱉지 않고 여러 표현을 교묘하게 조합해 상대를 비난하거나 실현할 수 없는 약속을 제시한다.

세 번째는 '양식elocutio,' 즉 최대 효과를 거둘 수 있는 방식으로 말을 전달하는 것이다. 이는 트럼프가 자신의 페르소나를 구축하는 주된 전략이다. 집회에서 그는 별명이나 욕설로 상대를 비하하고 조롱해 (속에 여우를 숨긴) 사자로서 스스로를 내세우고, 트위터에서는 저속한 언어를 사용하여 사람들의 감정을 자극하고 정치적 올바름에 반기를 든다.

네 번째 범주는 '기억memoria,' 즉 특정 기억을 환기시켜 청중이 개인적 친밀감을 느끼게 하는 것이다. 대선 중에 트럼프는 공장이나 광산에서 일해본 적이 단 한 번도 없음에도 블루칼라 노동자들의 고통을 "이해"한다고 주장하면서 모두를 부유하게 만들겠다고 약속했다. 자신의 지지층이 진보 정권하에서 느낀 억울함 등의 과거 기억을 자극한 셈이다. 또한 트럼프는 외국인을 향한 두려움을 겨냥해 "일자리를 되찾아오겠다."라고 주장해 외국인이 미국의 일자리를 빼앗기 위해 "침공"하는 이미지를 불러일으키기도 했다.

마지막 범주는 '전달actio,' 즉 청중을 파악하고 그에 맞춰 효과적으로 말을 전달하는 것이다. 이 책에서 쉬지 않고 다룬 내용인 만큼 자세한 설명은 생략하도록 하겠다.

언어와 정신은 복잡하게 뒤얽혀 있다. 언어는 "정말 그런 것처럼" 말하는 힘을 지니고 있기 때문이다. 앤 질은 이와 같은 언어의 힘을 지적하면서 언어가 다른 무엇보다 우리 자신에 대해 많은 것을 알려준다는 사실을 강조한다.[288]

> 언어는 경험을 특정한 방식으로 그려내어 인간에게 무의식적인 마법을 부린다. 예컨대 언어 덕분에 인간은 특정한 물품이 성공에 꼭 필요하다고 인식하거나 무엇이 더 좋고 나쁜지 구별해낸다. 언어 덕분에 인간은 종교적·정치적·예술적 믿음을 가진다. 언어 덕분에 인간은 특정 선수나 정치인이나 배우나 브랜드에 충성심을 품는다. 언어는 우리 손끝 너머의 세계가 내다보이는 영혼의 창문이다. 언어가 가진 본질적인 설득력은 어느 사회의 누구에게든 그 마법을 부린다.

가스라이팅, 진실된 과장법, 헛소리, 위장술은 트럼프가 자신의 팬들에게 "무의식적인 마법"을 부리는 방법들 중 일부이다. 마키아벨리즘만큼 정신에 큰 영향을 미치는 존재는 없다. 유일한 해결책은 고대 그리스 철학자 파르메니데스가 〈진리의 길〉이라는 시를 통해 동시대인에게 간청했던 것처럼 끊임없이 진실을 내세우는 것이다. 파르메니데스는 진리를 찾으려는 노력이 우리를 변하지 않는 존재로 이끌어줄 것이라고 주장했다. 거짓을 퍼뜨리기는 너무나 쉽지만 진실에 도달하기란 너무나 어렵다. 과학, 진리, 논리에 의해 계몽됐다는 세상에서 마키아벨리즘이 얼마나 위세를 떨치고 있는지 생각해보면 마음이 착잡해진다.

인지부조화

음모론이나 대안 서사 등 거짓말쟁이 군주가 내뱉는 말을 믿는 사람들이 그 말에 아무 근거가 없다는 사실을 깨달으면, 심리학자 레온 페스팅거가 1957년에 처음 소개한 증상인 "인지부조화cognitive dissonance"가 발생한다.[289] 믿음과 사실의 충돌인 셈이다. 이 부조화를 해결하기 위해 사람들은 거짓말쟁이를 손절하는 대신, 자신의 거짓된 믿음을 확증할 정보를 찾으려고 애쓴다. 거짓말쟁이 군주의 지지자들이 군주에게 의문을 제기하는 경우가 극히 드문 이유도 바로 이 때문이다. 페스팅거가 연구한 바에 따르면 사람들은 자신의 믿음 체계와 상충하는 정보를 맞닥뜨렸을 때 인지부조화를 약화시킬 전략을 찾거나, 상충하는 정보를 믿음 체계에 끼워 맞출 방법을 찾는 경향을 보인다. 이런 이유 때문에 강한 확신을 가진 사람이 마음을 바꾸는 일은 거의 일어나지 않는다. 레온 페스팅거, 헨리 W. 리켄과 스탠리 삭터 공저인 《예언이 끝났을 때》에서 페스팅거는 이렇게 말한다.[290]

> 확신을 가진 사람을 바꾸기란 어렵다. 당신 생각은 다르다고 말해도 그는 외면한다. 사실과 수치를 보여줘도 그는 출처를 의심한다. 논리에 기대서 설명해도 그는 요점을 파악하지 못한다.

폭군의 지지자들이 사실상 끝까지 폭군을 저버리지 않으려는 이유는 인지부조화 때문일 수 있다. 인지부조화는 (말하자면) 거짓말쟁이 군주가 가진 최고의 심리학적 아군인 셈이다. 사기꾼이나 협잡꾼에게 속아 넘어간 사람들은 자신이 속았다는 사실을 깨달은 뒤에도 그에게 반기를 들지 못하고 침묵을 유지한다. 일단 거짓말쟁이를 믿게 되면 그의 거짓말을 간파하고 진실을 받아들이기란 불가능에 가까워진다. 속았다는 감정은 너무나 절망적이기 때문에 차라리 사실을 부인하거나 터무니없는 방식으로 모순을 해명하는 쪽을 택한다. 페스팅거와 리켄, 샥터가 인지부조화 연구를 통해 밝혀낸 바에 따르면, 거짓말쟁이에게 감정적으로 의존할 만큼 깊은 신뢰를 품게 된 사람에게 믿음과 상충하는 증거를 제시하면 오히려 그 믿음이 강화되는 결과를 낳는다.[291]

누군가가 어떤 사실을 온 마음을 다해 믿는다고 가정해보자. 더 나아가 그 믿음에 완전히 몰입해 돌이킬 수 없는 행동까지 저질렀다고 가정해보자. 이제 이 사람에게 그 믿음이 틀렸다는 부정할 수 없는 증거가 주어진다. 무슨 일이 벌어질까? 그의 믿음은 전혀 흔들리지 않을 뿐만 아니라, 오히려 참이라는 확신이 이전 어느 때보다 더 강해진다. 심지어 다른 사람이 똑같은 믿음을 갖도록 설득하고자 하는 열망까지 생겨난다.

인지부조화는 어째서 그렇게나 많은 사람들이 역사상의 폭군들에게 자유까지 내주면서 복종을 맹세했는지 설명해준다. 무솔리니가 주장한 것처럼 지도자라면 "자유라는 썩은 시체"를 없애는 것을 우선적인 목표로 삼아야 한다.[292]

진실과 거짓, 신화와 과학, 사실과 대안 사실 사이의 경계가 더 이상 구분되지 않는 사이버 공간에서는 매일같이 인지부조화가 생성되고 해소된다. 구분이 모호하니 인지부조화가 생기고, 그 인지부조화를 해소하기 위해 끊임없이 몰두하는 정신 상태가 만들어지는 셈이다. 지구촌이 탄생한 오늘날 우리는 매클루언의 표현대로 찰나의 순간에 붙잡혀 있다. "빛의 속도로 움직이면 순서는 존재하지 않는다. 모든 일은 똑같은 순간에 동시에 일어난다."**293**

한마디로 우리가 사는 세계는 인지부조화의 세계라고 할 수 있다. 이는 닐 포스트먼의 1992년도 저서 《테크노폴리Technopoly》에서 처음 소개한 개념 "테크노폴리"가 초래한 결과일 수도 있다.**294** 테크노폴리란 기술에 병적으로 의존하게 된 나머지 기술에게 허가를 구하고, 기술에서 즐거움을 찾으며, 기술의 명령을 따르는 사회를 말한다.

테크노폴리 속에서는 정보 자체가 중요하지 그 정보가 참인지 거짓인지는 중요하지 않다. 이는 세상에 정보가 지나치게 많기 때문에 생겨난 대응 전략이다. 포스트먼은 역사상 기술 진보와 인류 진화가 딱 맞아떨어지는 시대가 세 차례 있었다고 주장한다. 첫 번째는 '도구 사용' 시대로 인류가 도구를 발명해 생존이라는 물리적인 문제를 해결하고 제사와 예술의 수단으로 사용한 시대이다. 당시 사회는 신God 중심 문화로 형이상학적 세계관을 통해 통합을 이뤘다. 두 번째는 '기술 통치' 시대로 도구가 특정한 세계관이나 "사상 체계"와 결합한 시대이다. 이 시기에는 기존의 형이상학적 세계관이 무너졌으며 뮈토스 대신 로고스 중심의 세계관이 들어섰다. 기술 통치 문화는 사람들의 발명 욕구를 자극해 과학과 문학의 발전을 불러일으켰다. 마지막은 "전제적 기술 통치" 문화가 탄생해 스스로 진화하는 '테크노폴리' 시대이다. 기술이 지배하는 테크노폴리에서는 인간이 기계에게서 의미를 찾는다. 이런 환경에서 객관적인 진실을 찾으려는 노력은 더 이상 아무런 가치를 지니지 못한다. 오로지 정보를 얻는 행위만이 가치를 지닐 뿐이다. 사실과 허구, 진실과 거짓, 가상과 현실이 끊임없이 충돌을 일으키기 때문에 인간은 끊임없이 인지부조화를 해소해야만 한다. 공학자 재론 러니어는 이렇게 경고한다.[295]

> 우리 공학자들은 원격 눈과 귀(웹캠과 휴대폰) 그리고 기억 확장 장치(온라인 속 정보 세계) 등을 통해 당신의 존재를 확장시킨다. 이제 당신은 이러한 구조물들을 통해 타인과 소통하고 세상과 이어진다. (……) 우리는 당신의 인지적 경험을 직접 조작하여 당신의 철학에 손을 댄다. (……) 공학자 몇 명이면 앞으로의 인간 경험을 전부 틀 잡을 기술을 만들어낼 수 있다.

인터넷이 광범위하게 사용되기 시작한 때는 포스트먼이 책을 집필한 이후였다. 그럼에도 그의 통찰은 오늘날 우리가 살아가는 세계를 설명하는 심리 이론으로 손색이 없다. 오늘날 현실은 스크린에 나타나는 이미지에 점점 더 많은 영향을 받고 있다. 1999년에 개봉해 테크노폴리 시대의 개막을 예고한 영화 〈매트릭스〉는 디지털화된 미디어, 소통, 문화에 뿌리를 두고 있다. 이 영화는 인터넷이 발명된 뒤로 세상이 어떻게 바뀌었는지 예리한 시각으로 묘사한다. 영화의 주인공 네오처럼 우리는 현재 컴퓨터 화면 "속에" 존재하고, 컴퓨터 화면을 "통해" 살아간다. 우리의 현실 인식은 바로 그 화면, 즉 매트릭스(컴퓨터 기술 기반의 네트워크 회로)에 지대한 영향을 받는다. 매트릭스라는 단어는 라틴어로 "자궁"을 뜻하기도 한다. 아마도 영화는 사이버 공간의 출현 이후로 신세대가 두 종류의 자궁, 즉 생물학적 자궁과 기술적 자궁을 거쳐 태어난다는 사실을 암시하는 듯하다.

2016년 해외 세력의 미국 대선 개입 사태가 매트릭스를 통해 이루어졌다는 사실은 전혀 놀랍지 않다. 매트릭스에서는 진실과 거짓이 더 이상 구분되지 않으며 (앞서 러니어가 소름 끼칠 만큼 정확히 지적한 것처럼) 사람들의 정신을 "조작"하기 쉽기 때문이다. 미국에 가해진 사이버 공격은 악성 해커들이 청부 받아 저지른 일이었다. 그들은 웹사이트에 침입해 사이트의 작동 방식과 콘텐츠를 변경했다. 따라서 페이스북이 대선 승리를 적어도 트럼프의 문간까지는 가져다놨다고 해도 과언이 아니다. 아이러니하게도 2005년 즈음 페이스북이 널리 쓰이기 시작했을 때 사람들은 페이스북이 우리를 맹목적인 순응으로부터 해방시키고, 의견을 자유롭게 개진할 수 있는 통로를 제공하며, 과학적·철학적 담론을 활성화시킬 것이라고 예견했다. 하지만 이런 견해는 시대착오적 발상임이 금세 드러났다. 현재 사람들은 철학적·예술적 소재를 논하기보다는 페이스북 친구 수를 늘리는 데 급급하다. 수많은 사람이 인터넷에 중독된 채 매일 일상을 중계하면서 사람들의 반응을 갈구한다. 인터넷이 합리적 사고 능력에 미치는 부정적인 영향은 교묘하지만, 그렇기에 더욱 위험하다.

매트릭스의 세계에서 태어나고 자라난 디지털 원주민 세대는 인터넷에 펼쳐지는 "현실"만이 유일한 현실이라고 느낄지도 모른다. 하지만 과거에는 사회적 관계, 문화적 전통, 고정된 생활양식이 안정적으로 의미를 전달하고 경험을 제공했기 때문에 사람들이 현실 공간에 함께 모여 있다는 안정감을 느낄 수 있었다. 인터넷은 이 안정감을 산산조각 내버렸으며, 사람들이 매일의 충격을 견뎌낼 새로운 전략을 만들어내도록 강요한다.

매트릭스 이론은 어째서 트럼프 같은 인물의 거짓말이 수많은 사람을 쉽게 속여 넘기는지 설명해준다. 거짓말쟁이 군주의 사상이 아무 검증도 없이 타당성을 확보한 채 인터넷 공간 곳곳으로 퍼져나가고 있기 때문이다. 스페인의 사회학자 마누엘 카스텔의 주장에 따르면 디지털 기술혁명은 사람들이 자신의 인생과 정체성을 자유롭게 선택하는 면에서 전례 없는 발전을 가져왔다.[296] 하지만 바로 그 동일한 혁명이 "인터넷 대 자아"라는 대립 구도를 초래하기도 했다. 인터넷 공간에 나타나는 조직 구조와 (종교, 인종, 성, 지역적, 국가적) 정체성을 확립하려는 시도가 충돌을 일으키는 셈이다. 여기서 이끌어낼 수 있는 추론은 디지털 공간에서 사람들을 빼내 과거의 "현실 세계"로 옮기려는 사람은 PC 국가는 물론 테크노폴리에도 맞서 싸우는 용맹한 전사가 될 수 있다는 점이다. 매트릭스 세계 덕분에 트럼프는 사람들이 자신을 그와 같은 영웅적인 민중의 지도자로 인식하게 만들 수 있었다.

마셜 매클루언은 정보를 기록하고 전달하는 미디어가 유행을 형성하고 발전 방향을 조정하는 데 결정적인 역할을 한다고 본다. 미디어가 인간의 역량을 지대하게 확장할 뿐만 아니라 정신을 재조정함으로써 뇌의 구조 자체를 변화시키기 때문이다. 따라서 단지 TV를 켜고, 웹사이트를 방문하고, 소셜미디어를 사용하는 것만으로도 우리는 비실재적인 방식으로 다른 사람들과 연결되어 있다고 느낀다. 마셜 매클루언의 지적대로 오늘날 우리가 상호작용하고, 무언가를 창조하고, 스스로를 표현하는 공간은 더 이상 현실 세계가 아니라 전자 세계다. 그리고 이 전자 세계에서는 매일의 상호작용과 의사소통이 점점 실체를 잃어가고 있다. 이곳에서는 우리의 정신이 더 이상 정보를 여과하지 않는다. 그냥 주어지는 그대로 소화시킬 뿐이다. 뜬금없이 도널드 트럼프가 공화당 대통령으로 떠오를 수 있었던 이유도 바로 이러한 상황 덕분이다. 대선 중의 정보 공작 사태는 보수적인 신념과 진보적인 관행의 충돌에 분노를 품은 사람들이 아니었다면 성공하지 못했을 것이다. 우리 모두 정보를 액면 그대로 받아들이는 데 길들여졌기 때문에 해킹 공격에 사용된 광고는 우리의 정신에 지대한 영향을 미쳤다. 혹시 우리가 속은 것일지도 모른다는 의문이 제기되더라도 인지부조화를 해소하기 위해 관련 증거를 받아들이지 않기로 결정한 것이다. 선거 후에 여러 뉴스 매체에서는 트럼프 지지자들에게 그들이 정보 공작의 영향에 노출됐다는 "사실"을 제시했다. 하지만 대부분은 자신이 접한 정보가 참이라며 의문을 묵살했다. 어떤 사람들은 그 정보가 설령 거짓이었을지언정 "진짜 그런 것처럼" 보이기는 했다고 답했다.

오늘날 트럼프가 하는 말과 행동은 전부 거짓이다. "미국을 다시 위대하게!"라는 슬로건조차 "미국을 다시 위대하게 만듭시다!"라는 로널드 레이건의 구호를 표절한 것이나 다름없다. 하지만 거짓말과 이중 언어가 지배하는 세계에서 트럼프의 말은 수많은 사람에게 "정말 그런 것처럼" 들린다. 사실 MAGA의 의미를 정확히 규정하기란 불가능하다. 이는 듣는 사람에 따라 무엇이든 의미할 수 있다. 그렇기에 트럼프의 거짓말이 까발려지더라도 인지부조화는 쉽게 해소된다. 어차피 어떤 이념이나 신화에 끼워 맞춰도 말이 되기 때문이다.

마키아벨리적 지능

거짓말의 기술에 관한 탐구를 끝마치기 전에 마키아벨리적 지능이라는 개념을 좀 더 면밀히 살펴보도록 하자. 인간이 거짓말하는 능력을 갖게 된 이유가 진화라는 주장은 이치에 딱 맞지는 않다. 거짓말이 영장류 전반에 나타나지도 않을뿐더러 모든 인간 문화에 공통적으로 나타나는 특성도 아니기 때문이다. 하지만 마키아벨리적 지능 이론을 옹호하는 사람들이 가지고 있는 한 가지 믿음만큼은 고려할 만한 가치가 있다. 바로 거짓말이 여성보다 남성에게서 보다 빈번히 나타나는 특성이라는 점이다. 실제로 심리학적 증거에 따르면 마키아벨리즘은 누구에게서든, 심지어 아이에게서도 나타날 수 있지만 여성보다는 남성에게서 더 빈번하게 나타나는 것으로 드러났다. 다시 말해 모두가 거짓말을 하지만 모두가 능수능란한 거짓말쟁이는 아니라는 뜻이다. 어떤 생물학적·문화적 원인 때문인지는 불분명하지만 능수능란한 거짓말쟁이는 주로 남성이다. 그렇기에 이 책에서도 거짓말쟁이 군주를 가리킬 때 남성 대명사를 사용했다. 실제로 역사상의 대표적인 거짓말쟁이들은 남성이었다.

혹시 이것이 역사를 성차별적으로 해석하는 것은 아닐까? 여성 거짓말쟁이 군주는 역사상 존재하지 않았을까? 마키아벨리는 여성혐오주의자라는 오명을 가지고 있지만, 미셸 톨먼 클라크의 주장에 따르면 이는 다소 틀린 부분이 있다.[297]

마키아벨리의 주요 정치학 저서 세 권에는 뛰어난 정치적 활동을 수행한 여성이 수십 명 등장한다. 그들이 수행한 활동의 특성과 가치를 온전히 이해하려면, 무엇보다도 여성을 잠재적인 정치적 주체로 바라본 마키아벨리의 시각을 제대로 이해하려면 마키아벨리의 '아니모$_{animo}$' 개념을 주의 깊이 살펴볼 필요가 있다. 보통 "활력"으로 번역되는 '아니모'는 타고난 확신, 활기, 결단력을 나타내며 도시적인 양식과 질서에 따라 잘 훈련만 된다면 '비르투$_{virtù}$'의 기초를 이룰 수 있다. 여성에게 가해진 제약을 살펴본 마키아벨리는 좋은 쪽으로든 나쁜 쪽으로든 도시의 정치체제 밖에서 억제되지 않은 아니모를 마구 실현한 뛰어난 여성들에게 주목한다. 마키아벨리가 체제 밖의 정치적 주체에게 깊이 몰두한 것은 물론 여성성과 관련된 정치적 문제 자체에도 관심이 많았다는 사실은 그의 가장 급진적인 사상 중 하나를 드러낸다. 우리도 오늘날에야 관심을 가지기 시작한 사상, 바로 성에 따른 규범이 부자연스럽다는 사상이다.

이러한 관점에서 잠깐 카산드라 신화를 생각해보자. 카산드라는 프리아모스 왕과 헤카베 여왕 사이에서 태어난 딸이었다. 호메로스가 전하는 바에 따르면 카산드라의 압도적인 미모에 열렬히 반한 아폴론 신은 카산드라에게 미래를 예언하는 능력을 주었다. 하지만 카산드라는 아폴론의 사랑을 받아주지 않았고, 화가 난 아폴론은 아무도 카산드라의 예언을 믿지 않는 형벌을 내렸다. 카산드라는 트로이 사람들에게 헬레네를 다시 그리스로 돌려보내고 트로이 목마를 조심하라고 경고했지만 아무도 그 말을 믿지 않았고, 끔찍한 재앙이 닥치고 말았다. 트로이가 무너지는 순간에도 아테나 신전에서 기도를 올리고 있던 카산드라는 아가멤논 왕에게 잡혀 미케네에 포로로 끌려가 그곳에서 죽임을 당한다. 플로렌스 나이팅게일이 《종교적 진리를 찾는 사람들이 생각할 점Suggestions for Thought to Searchers after Religious Truth》에서 주장하는 것처럼 카산드라는 분명 여성 피해자의 상징처럼 보인다.[298] 미국 대선 중에 분명히 드러났지만 카산드라 증후군은 아직도 우리 곁에 남아 있다. 사람들은 정치나 군사 문제에서 여성이 하는 말을 귀담아들으려고 하지 않는다.

다시 질문으로 돌아가자. 여성 무솔리니나 트럼프가 존재할 수 있을까? 그렇지 않다면 거짓말쟁이 군주가 주로 남성인 이유는 드 발 등이 시도한 대로 생물학에서 해답을 찾아야 할 것이다. 실제로 마키아벨리적 지능 이론을 옹호하는 학자들은 남성이 세상에 적응하는 방식이 곧 거짓말이라고 주장한다. 이 주장이 사실이라면 거짓말은 문화적 특성이라기보다는 유전적 특성일 것이다. 생물학자 E. O. 윌슨 역시 거짓말하는 특성을 남성이 생물학적으로 진화하는 과정에서 나타난 결과물이라고 본다.[299] 이는 다시 한 가지 질문을 불러일으킨다. 남성의 두뇌가 마키아벨리적인 거짓말의 기술을 수행하기에 구조적으로 더 적합한 것일까?[300] 여기에 진화론적인 해답을 찾으려면 순전히 추측에 기대는 수밖에 없지만, 거짓말의 영역에서 나타나는 남과 여의 행동을 비교해보면 그 차이는 꽤 주목할 만할 뿐 아니라 상당히 시사적이기까지 하다.

진실이 무엇이든 한 가지 확실한 점은 정계에서 거짓말을 사용하는 문제에 있어서 이중 잣대가 존재한다는 사실이다. 정치 영역에서 여성은 남성과는 다른 기준으로 평가받는다. 대선 당시 트럼프와 클린턴을 비교해보자. 만약 클린턴이 트럼프처럼 과장법과 속임수를 사용했다면 아마 트럼프보다 훨씬 부정적인 평가를 받았을 것이다. 클린턴에게는 좀 더 "여성적"이어야 한다는 암묵적인 기대가 있었기 때문이다. 이는 선거 패배에도 영향을 미쳤을 것이다. 물론 정치에서의 성 문제는 워낙 방대한 주제라 여기서는 개략적으로 다룰 수밖에 없다. 그렇다고 여성이 능수능란한 거짓말쟁이나 사기꾼이 될 수 없다는 뜻은 아니다. 여성도 남성만큼, 때로는 남성보다 더 속임수에 능할 수 있다. 하지만 중요한 사실은 트럼프나 무솔리니가 드러내는 수준의 거짓말과 속임수는 결코 여성에게서 기대되지 않는다는 점이다. 따라서 거짓말하는 능력에 있어서 남성과 여성의 차이는 생물학적이라기보다는 문화적·역사적 전통에 따른 차이일지도 모른다. 만약 여성이 속임수를 저지른다면 반드시 미묘한 방식으로 저질러야 하는 것이다. 어쩌면 클린턴이 선거에서 패배한 원인은 부분적으로는 허구적인 MAGA 서사 때문일지 모르나, 한편으로는 클린턴이 여성으로서 여성처럼 "행동"해야 한다는 문화적 기대를 받았기 때문일지도 모른다.

마키아벨리적 지능 개념에는 그 밖에도 많은 허점이 있지만 여기서 전부 다룰 수는 없다. 다만 일각에서는 거짓말을 지어내는 독창성이 미래의 사건이나 판단을 예측하는 능력과 관련이 있다는 증거를 제시하기도 한다. 우리는 어린 시절부터 거짓말과 속임수를 배우며, 때로는 이것이 사회적 성공으로 연결되기도 한다. 따라서 거짓말은 문화적 맥락 속에서 발달하는 특성에 해당된다. 상대방의 감정을 예측하고 그에 맞게 대처할 수 있게 해주는 능력인 셈이다. 트럼프의 메시지가 사람들에게 효과적으로 전달되는 이유 역시 이 때문이다. 트럼프는 사람들이 각자의 환경 속에서 어떤 역할을 맡고 있는지 파악하여 그들의 감정을 예측할 줄 안다.

또한 인간이 좋은 쪽으로든 나쁜 쪽으로든 발휘하는 독창성과 창의성을 과소평가해서도 안 된다. 이런 관점에서 보면 거짓말은 일종의 "연기"일지도 모른다. 실제로 트럼프를 마키아벨리적인 거짓말쟁이 군주로 묘사하기는 했지만, 어쩌면 그는 바넘의 뒤를 잇는 협잡꾼이자 쇼맨답게 그저 자신이 출연하던 리얼리티 TV 프로그램 〈어프렌티스〉에서 하던 대로 말하고 행동하는 것일지도 모른다. 제임스 피어슨은 이것이 그저 하나의 가능성에 불과하지 않을 수도 있다고 주장한다.[301]

만약 트럼프가 내리막길을 걷게 된다면 그것은 경기 침체나 국제 분쟁 등 그의 성격과는 관련 없는 사건 때문일 가능성이 높다. 어째서일까? 트럼프의 성격은 본인이 의식적으로 통제할 수 없는 내면 깊숙이 박힌 무언가가 아니라 상황이나 흥미에 따라 바꿔 입는 가면에 불과할지도 모르기 때문이다. 트럼프가 선동가처럼 떠들어대고 할리우드 유명인처럼 허술하고 천박한 언행을 일삼는 것은 혹시 미국을 위해 더 큰 대의를 이루려는 연기는 아닐까? 그렇다면 트럼프는 그야말로 마키아벨리즘의 화신은 아닐까? 충분히 고려할 만한 가능성이다. 이것이 사실이라면 트럼프는 역사상 가장 위대한 배우로 이름을 올려야 할 것이다. 사람들은 다들 그가 정신이 나갔다고 생각하지만, 왠지 트럼프는 본인이 무슨 짓을 하는지 정확히 알고 행동하는 것만 같다. 게다가 그는 제 옷을 입은 것처럼 편안해 보이기도 한다. 일급 배우라면 꼭 지녀야 할 특성이다. 요컨대 유명인과 정치인의 경계가 모호해진 오늘날, 우리가 무대 위에서 보는 도널드 트럼프가 진짜 도널드 트럼프가 아닐 수도 있겠다는 생각이 든다. 어쩌면 무대 위의 트럼프는 우리가 살아가는 이 기이한 문화에 부응하는 동시에 대립하기도 하는 짬뽕 같은 존재일지도 모른다.

진실이라는 해독제

그리스 신화에서 돌로스 신은 온갖 거짓말의 기술을 한데 뒤섞은 것 같은 속임수의 신이다. 그는 진리의 여신인 알레테이아의 조각상을 그대로 베껴서 사람들이 원본 조각상을 보고 있다고 믿게 만들려고 했다. 원본과 모조품이 어찌나 닮았던지 프로메테우스마저 깜짝 놀랐고, 결국 돌로스에게는 속임수의 대가라는 칭호가 돌아갔다. 어쩌면 그리스인들은 거짓이 인간성의 일부이며, 거짓 없이는 진실이 무엇인지 알 수 없다는 사실을 알아차렸는지도 모른다. 돌로스가 이따금 인간의 모습을 하고 우리 앞에 나타나는 것 역시 바로 이 사실을 명확히 상기시키기 위한 것일지도 모른다. 미국의 대표적인 사기꾼인 리처드 닉슨과 도널드 트럼프를 등장시키기에 지금만큼 적절한 타이밍이 없을 듯하다. 둘은 선망과 두려움과 미움을 동시에 받는 허풍쟁이이자, 우리로 하여금 진실과 역사와 미래에 대해 생각하게 만드는 타산지석 같은 존재이기도 하다.

돌로스 이야기는 마키아벨리즘에 관한 논고이자, 사람들이 존재하지도 않는 것을 보도록 속이는 데 마키아벨리즘이 얼마나 손쉽게 이용될 수 있는지 보여주는 우화다. 거짓말쟁이 군주는 갖가지 술수를 사용해 진의를 숨기고 사람들을 "대안 현실" 속으로 몰아넣는 능수능란한 환영술사다. 또한 그는 뛰어난 연기자이자 과장법의 대가이기도 하다. "그녀를 맞이할 준비를 하세요!"라는 힐러리 클린턴의 대선 슬로건은 MAGA 슬로건이 자랑하는 애매모호함에 비하면 지나치게 정적이고, 구체적이고, 배타적이다. 게다가 MAGA 슬로건이 대의명분에 초점을 맞춘 반면 클린턴의 슬로건은 "그녀"라는 개인에게 초점을 맞추고 있다. 이는 클린턴을 "엘리트"의 전형이라고 생각하는 유권자들의 증오만 샀을 뿐이다. 이런 상황 속에서 트럼프는 진보 정권의 PC 규범을 박살 내고 지상에서 상대주의를 말끔히 쓸어버릴 유일한 영웅으로 스스로를 내세웠다. 맨 처음 속아 넘어간 자들은 복음주의교회 신도들이었다. 그들은 트럼프를 세상을 바로잡기 위해 이 땅에 등장한 키루스 왕으로 여겼다. 정치적 올바름에 숨 막혀 하는 사람들의 불만이 쌓여가는 시기에 트럼프의 무차별적인 화법은 대환영을 받았다. 요컨대 모두를 아우르는 것 같지만 언어적으로는 호전적이고, 적대적이고, 반항적이고, 전투적이고, 마초적인 도널드 트럼프의 선거 운동은 유권자들로 하여금 "미국을 다시 위대하게 만들" 때, "장벽을 세울" 때, "오물을 퍼낼" 때가 한참 전에 지났다고 확신하게 만들었다.

트럼프는 쿠데타나 물리적 전투를 통해서가 아니라 언어 전쟁을 통해 권력을 쥐었다. 거짓말과 헛소리와 요란한 허풍은 그를 영웅과 쇼맨을 한데 합쳐놓은 인물로 변모시켰다. 트럼프가 사용하는 언어는 자기 충족적이면서 자기 지시적이라는 점에서 루이스 캐럴의 《거울나라의 앨리스》에 등장하는 험프티덤프티를 떠올리게 한다.[302]

험프티덤프티 내가 사용하는 단어는 더도 덜도 말고 딱 내가 선택한 의미만 전달해.

앨리스 문제는 단어가 그렇게나 다양한 의미를 가져도 되냐는 거지.

험프티덤프티 진짜 문제는 딱 하나, 누가 주인이 될 거냐는 거지.

트럼프는 현대판 험프티덤프티이다. 그는 사람들이 자신이 꾸며낸 현실을 받아들이도록 만드는 법을 안다. 또한 자신의 거짓말을 꿰뚫어보는 사람들에게는 인신공격을 가하거나 "가짜 뉴스", "마녀사냥", "사기"라고 고발하는 식으로 맞대응한다. 하지만 트럼프 본인조차 경각심을 가져야 할 사실이 있는데, 이는 19세기에 자장가로 널리 쓰인 험프티덤프티 노래에 잘 나타나 있다.

> 험프티덤프티 담장 위에 앉았네
> 험프티덤프티 곤두박질을 쳤네
> 왕이 말을 전부 보내고 신하를 전부 보내도
> 험프티덤프티를 원래대로 되돌릴 수 없었네.

마키아벨리의 《군주론》은 속임수에 관한 논문이자 인간 정신의 어두운 이면을 밝히는 이야기다. 하지만 《군주론》은 또 다른 험프티텀프티 이야기이기도 하다. 머지않아 거짓말쟁이 군주는 정체가 밝혀져 "곤두박질"을 경험하고 말 것이다. 18세기 이탈리아 철학자 잠바티스타 비코는 역사를 순환론적인 관점으로 바라보았다.[303] 이러한 관점에 따르면 인류 역사는 신의 시대, 영웅의 시대, 인간의 시대라는 총 세 단계로 이어진다. 각 단계마다 고유의 관습, 법률, 언어, 사상이 나타난다. 하지만 비코는 순서가 역전될 수 없다고 보았기 때문에 초기 시대가 반복된다는 '리코르소ricorso' 개념을 도입했다. 비코의 설명에 따르면 인류 역사의 흐름은 신 중심의 서사에서 출발해 영웅 중심의 서사를 지나 이성 중심의 서사까지 이어진다. 각 단계에는 고유의 문화와 언어가 존재한다. 예컨대 신의 시대에는 신화가, 영웅의 시대에는 전설이, 인간의 시대에는 역사가 탄생한다. 비코의 견해에 따르면 이성은 인간이 이룬 가장 위대한 업적 중 하나다. 단 비코는 데카르트 철학과 달리 이성이 타고난 능력이 아니라 특정한 사회적 환경이 갖추어

져야만 도달할 수 있는 지점이라고 보았다. 인류는 생물학적 유전으로 이성을 가질 수 없으므로, 집단 기억이라 부를 수 있는 문화가 사라진 다면 다시 세계를 신화적 상상력을 바탕으로 이해해야만 한다.

이런 관점에 따르면 우리는 역사적 동력이 기술적·생물학적 동력과 어우러지기도 하고 부딪히기도 하면서 부분(인간 주관성)과 전체(인간 집단성)의 관계를 변화시키는 리코르소의 시기를 보내고 있는 셈이다. 그렇다면 리코르소는 이미 시작된 것이나 마찬가지며, 인류 의식역시 재생되는 과정에 있다. 우리가 다시 인간 의식을 되찾고 나면 결국 돌로스 문화는 알레테이아 문화에 자리를 내줄 것이다. 무솔리니와 히틀러는 담장에서 곤두박질을 치고 말았다. 마침내 사람들이 어두컴컴한 신화의 그늘을 빠져나와 이성이 비추는 빛을 발견했기 때문이다. 플라톤은《국가》에서 인류가 동굴에 갇혀 있다고 비유한다. 인류는 벽에 비치는 그림자를 진짜라고 착각한다. 오직 상상력과 용기를 발휘해 동굴에서 탈출하는 사람(철인)만이 바깥의 현실 세계를 볼 특권을 누린다. 동굴의 어두컴컴한 환경은 속임수가 장악한 사회를 상징한다. 동굴 안에는 트럼프 정신이 가득 차 있다. 하지만 얼마 지나지 않아 사람들은 동굴에서 나와 "빛을 보게 될 것"이다.

동굴 비유는 인류 운명의 역사적 필연성을 내포한다. 결국 인간은 진실의 편에 서게 될 것이라는 뜻이다. 마키아벨리적 지능 이론을 오해하면 안 된다. 우리가 거짓말을 인간의 삶에 내재하는 본질적인 요소로 받아들여야 할 생물학적 근거는 전혀 없다. 유전적으로 타고나는 특성이 아니라는 뜻이다. 움베르토 마투라나와 프란시스코 바렐라가

《자가 생성과 인지Autopoiesis and Cognition》(1973)를 통해 처음 소개한 '자가 생성autopoiesis' 개념을 살펴보자. 이는 유기체가 다양한 생화학 작용제와 구조를 스스로 생성하는 능력이 있기 때문에 자가발전에 직접 참여한다는 개념이다.[304] 특히 인간 정신에 한해서는 자가 생성이 무한한 잠재력을 가지고 있는 듯하다. 다시 말해 인간 정신은 독창적인 방식으로 지식과 통찰을 생산하고 또 재생산함으로써 그 역량을 무한히 키워나간다. 유전적인 요인만으로는 인간이라는 존재를 완벽히 설명할 수 없다. 유전자는 왜 인간이 의미 있는 경험을 창출해내는지, 또는 어째서 험프티덤프티처럼 인생을 마감하는지와 같은 질문에 답하지 못한다.

나치즘, 파시즘, 공산주의 같은 "정신 통제" 실험이 모두 실패했다는 사실은 마키아벨리즘이 언젠가 진실과 정직 앞에 무릎을 꿇고 말 것임을 암시한다. 독재자라고 한들 인간의 상상력을 영원히 붙잡아두지는 못한다. 고대 이스라엘인들은 이와 같은 인간의 본능을 "마음의 지식"이라고 불렀다. 바로 그 지식이 어떤 거짓말쟁이도 인류의 마음을 훔치지 못하게 가로막을 것이다. 성경의 십계명에서도 배신과 거짓과 그 외의 온갖 속임수들을 진실한 마음으로 극복할 것을 이렇게 권고한다. "이웃에 대해 거짓 증언을 하지 말라."

거짓말쟁이 군주를 무찌르는 법을 어쩌면 고대 신화에서 찾을 수 있을지도 모른다. 고대 그리스 문명이 여성에 의해 설립되었다는 사실은 참으로 흥미롭다. 그 여성은 바로 아테나 여신이다. 아테나는 지상에 내려와 속임수를 없애고 로고스를 불어넣어 남성들의 추악한 권모술수를 물리치고 세상을 바로잡았다. 아테나를 신뢰한 제우스는 그녀에게 자신의 방패는 물론 주된 무기인 벼락까지 내주었다. 아테나의 신전 파르테논은 (그녀의 이름을 딴) 아테네에 세워졌다. 그로부터 아테나는 어마어마한 권세를 얻었으며 도시, 예술, 신화, 지혜의 여신이 되었다. 요컨대 고대 아테네 문화는 진실, 정직, 지혜의 구현체인 아테나 여신에게서 비롯해 큰 번영을 이뤘다. 오늘날 우리에게도 아테나가 필요하다. 바이런 경의 명시 〈차일드 해럴드의 순례〉에 등장하는 대목을 인용해보자.[305]

지나간 나날들이여! 위엄 넘치던 아테나 여신이여!
도대체 당신의 힘 있는 자들은 어디로, 당신의 웅장한 영혼은 어디로,
어디로 갔나이까? 꿈속에서만 희미하게 반짝일 뿐이구려.

2018년 미국 중간선거는 수많은 여성이 하원의원으로 당선됐다는 점에서 "아테나의 반란"이라는 신화적인 해석을 내놓을 만하다. 오랜 시간이 흐르긴 했지만 바이런의 간청은 공허한 메아리로 끝나지만은 않은 것 같다. 한 체코 작가도 비슷한 정서를 표현했다.[306]

여성은 남성의 미래다. 한때 남자의 형상대로 만들어진 세상이 이제는 여성의 형상대로 바뀔 것이라는 뜻이다. 세상이 더욱 기술적이고 기계적으로 변해갈수록, 세상에 차가운 쇳덩이가 늘어갈수록, 세상에는 오직 여성만이 내줄 수 있는 따스함이 필요할 것이다. 세상을 구원하기를 바란다면 우리는 여성

에게 적응하고, 여성에게 인도받고, 영원한 여성성에 몸을 적셔야 한다!

거짓말쟁이 군주는 마음의 평화를 앗아가고, 부정적인 분위기를 조성하며, 사람들을 분열시키고, 마음의 "동굴" 속에 억눌려 있는 증오와 공포를 끄집어낸다. 하지만 우리는 거짓말의 기술이 정확히 무엇이고 어떤 영향을 미치는지 이해함으로써, 거짓말쟁이의 가면을 벗기고 균형 잡힌 인식을 되찾을 수 있다. 마치 안데르센의 동화 〈벌거벗은 임금님〉이 그리는 세계와 같다.[307] 이 이야기는 이전 어느 때보다 오늘날 가장 의미가 깊기 때문에 책을 마치기 전에 줄거리를 간략히 살펴보도록 하자. 동화 속에서 두 재봉사는 임금님에게 무능한 사람에게는 보이지 않는 옷을 새로 만들어드리겠다고 거짓으로 약속하고는, 실제로는 아무 옷도 만들지 않는다. 단지 모두가 자기 눈에는 옷이 보인다고 '믿게' 만들 뿐이다. 임금님이 백성들 앞에 나서지만 아무도 그가 벌거벗었다는 사실을 고하지 못한다. 사실대로 말했다가 처벌을 받거나 무능하다고 낙인찍힐까 봐 두려웠기 때문이다. 한참이 지난 후에 마침내 한 아이가 "그렇지만 임금님은 아무것도 안 입고 계신걸요!"라고 외친다. 세계 곳곳에 벌거벗은 임금님이 즐비한 오늘날의 사회에 너무도 시기적절한 교훈을 주는 이야기다.

진실은 반드시 밝혀져야 한다. 진실만이 거짓과 혐오 발언에 대항할 수 있는 유일한 해독제다. 진실만이 우리의 정신을 플라톤의 동굴에서 데리고 나와 자유롭게 만들어준다. 우리가 거짓말쟁이에게 반격할 수 있는 유일한 방법은 그가 악랄한 거짓말쟁이라고 당당히 외치는 것이다. 진실이 아무리 우리의 마음을 불편하게 하더라도 말이다. 우리 모두 오웰의 말을 잘 새겨듣도록 하자. "자유가 의미하는 바가 있다면, 그건 바로 사람들이 듣기 싫어하는 말을 말할 수 있는 권리일걸세."[308]

주석

1장 ——————————————————— '거짓말'을 잘하는 방법

1   Peter Walcott, "Odysseus and the Art of Lying, *Ancient Society* 8 (1977), pp. 1-19.

2   See Richard W. Byrne and Andrew Whiten (eds.), *Machiavellian Intelligence: Social Expertise and the Evolution of Intellect in Monkeys, Apes, and Humans* (Oxford: Oxford University Press, 1988).

3   Richard Wright, *The Moral Animal: Why We Are the Way We Are* (New York: Vintage, 1995).

4   Quoted in Jean Aitchison, *The Seeds of Speech: Language Origin and Evolution* (Cambridge, Cambridge University Press, 2000), p. 65.

5   Sun Tzu, *The Art of War* (Courier Corporation Reprint, 2002), p. 42.

6   Aristotle, *The Nichomean Ethics* (Oxford: Oxford University Press, 2009).

7   Immanuel Kant, *Critique of Pure Reason*, trans. by N. Kemp Smith (New York: St. Martin's, originally 1781)

8   See, for example, Sergey Gavrilets and Aaron Vose, "The Dynamics of Machiavellian Intelligence, *Proceedings of the National Academy of Sciences of the United States* 103 (2006), pp. 16823-16828.

9   See T. Bereczkei, "Machiavellian Intelligence Hypothesis Revisited: What Evolved Cognitive and Social Skills May Underlie Human Manipulation, *Evolutionary Behavioral Sciences*, 12 (2018), pp. 32–51.

10 Richard Byrne, *The Thinking Ape: Evolutionary Origins of Intelligence* (Oxford: Oxford University Press, 1995), DOI:10.1093/acprof:oso/9780198522652.003.0013.

11 Romy Jaster and David Lanius, "What Is Fake News? *Versus* 127 (2018), p. 224.

12 Frank Nuessel, "Lying: A Semiotic Perspective, *Semiotics 2013*, Semiotic Society of America, 2013, pp. 151–162.

13 In Plato, *The Republic*, ed. by C. D. C. Reeve (Indianapolis: Hackett, 2004, originally 380 BCE).

14 내 학생들 중 각 언어의 원어민 화자 셋을 만나 비공식적으로 설문을 진행했으며 인터넷 검색을 통해 용어를 찾아보기도 했다. 절대 학문적인 차원의 통계분석이 이루어진 것은 아니다. 단지 언어가 달라도 거짓말을 나타내는 어휘가 다양하다는 점은 똑같다는 사실을 확인하고 싶었을 뿐이다.

15 Cited in Adolph Hitler, *Mein Kampf* (Munich: Franz Eher Nachfolger, 1925).

16 Quoted in Hannah Arendt: "From an Interview (originally 1974), https://www.nybooks.com/articles/1978/10/26/hannah-arendt-from-an-interview/.

17 Quoted in Plato, *Phaedrus*, Project Gutenberg, http://www.gutenberg.org/ files/1636/1636-h/1636-h.htm, section 262.

18 Desiderius Erasmus, *Praise of Folly*, (London: Reeves & Turner, 1876, originally 1509), Chapter 45.

19 Niccol Machiavelli, *The Prince*, translated by W. K. Marriott (originally 1513), *The Project Gutenberg EBOOK of the Prince,* http://www.gutenberg.org/files/1232/1232-h/1232-h. htm, Chapter XVIII.

20 Friedrich Nietzsche, *Human, All Too Human,* trans. Alecander Harvey (Chicago: Charles H. Kerr, 1908).

21 Niccol Machiavelli, *The Prince*, op. cit., Chapter XVIII.

22 Niccol Machiavelli, *The Prince,* op. cit., Chapter XVIII.

23 Niccol Machiavelli, *The Prince,* op. cit., Chapter XVIII.

24 Antonio Nicaso and Marcel Danesi, *Made Men: Mafia Culture and the Power of Symbols, Rituals,*

and Myth (Lanham: Rowman & Littlefield, 2013), p. 4.

25 Diego Gambetta, *The Sicilian Mafia* (Cambridge: Harvard University Press,1993), p.139.

26 Edward Sapir, *Language* (New York: Harcourt, Brace, and World, 1921), p. 75.

27 Paul Lunde, *Organized Crime: An Inside Guide to the World's Most Successful Industry* (London: Dorling Kindersley, 2004), p. 54.

28 Antonino Cutrera, *La mafia e i mafiosi* (Palermo: Reber, 1900), p. 2 translation mine).

29 Sun Tzu, *The Art of War*, op. cit., p. 40.

30 Oscar Wilde, *Complete Works*, ed. by Josephine M. Guy, volume 4 (Oxford: Oxford University Press. 2007), p. 94.

31 Oscar Wilde, *Complete Works*, op. cit., p. 94.

32 Oscar Wilde, *Complete Works*, op. cit., p. 95.

33 Aldert Vrij, Pär Anders Granhag, and Stephen Porter, "Pitfalls and Opportunities in Nonverbal and Verbal Lie Detection, *Psychological Science in the Public Interest* 11 (2010), pp. 89–121.

34 Samuel Butler, *Notebooks* (New York: E. P. Dutton, 1951, originall 1919), p. 220.

35 Hadley Cantril, *The Invasion from Mars: A Study in the Psychology of Panic* (Edison, NJ: Transaction Publishers, 1940)

36 Mikhail Bakhtin, *The Dialogic Imagination: Four Essays* (Austin: University of Texas Press, 1981); *Rabelais and His World* (Bloomington: Indiana University Press, 1984).

37 Claude Lévi-Strauss, *La pensée sauvage* (Paris: Plon, 1962).

38 Brian Wilson Key, *The Age of Manipulation* (New York: Henry Holt), p. 13.

39 Oscar Wilde, "Aristotle at Afternoon Tea, in *Pall Mall Gazette* (London, 28 Feb. 1885).

40 George Orwell, *Orwell on Orwell* (London: Harvell Secker, 2017), p. 11.

41 Amanda Carpenter, *Gaslighting America: Why We Love It When Trump Lies to Us* (New York: HarperCollins, 2018).

42 Ruth Ben-Ghiat, "An American Authoritarian, *The Atlantic,* August 20, 2016. https://www.theatlantic.com/politics/archive/2016/08/american-authoritarianism-under-donald-trump/495263/

43 Joey Basamanowicz and Katie Poorman, *Believe Me: 21 Lies Told By Donald Trump and What They Reveal About His Vision For America* (CreateSpace Publishing, 2016).

44 James Pennebaker, *The Secret Life of Pronouns* (London: Bloomsbury Press, 2011).

45 Madeleine Albright, *Fascism: A Warning* (New York: HarperCollins, 2018).

46 John Kelly, "What's With All Trump's Talk About "Draining the Swamp? *Slate,* October 26, 2016. https://slate.com/human-interest/2016/10/why-do-trump-and-his- supports-keep-talking-about-draining-the-swamp.html

47 Marshall McLuhan, *The Gutenberg Galaxy* (Toronto: University of Toronto Press, 1962).

48 Karl Marx, *The Economic and Philosophical Manuscripts of 1844* (New York: International Publishers, 1964).

49 Émile Durkheim, *The Elementary Forms of Religious Life* (New York: Collier, 1912).

50 Harriet Sherwood, "Toxic Christianity: The Evangelicals Creating Champions for Trump, *The Guardian,* 21 October 2018, https://www.theguardian.com/us-news/2018/ oct/21/ evangelical-christians-trump-liberty-university-jerry-falwell

51 Niccol Machiavelli, *The Art of War* (Createspace Independent Publication, 2010, originally 1521).

52 George Orwell, *Orwell on Orwell* (London: Harvell Secker, 2017), p. 75.

53 Cited in Ben Vagoda, "Are We in a 'Cold Civil War', *The Chronicle of Higher Education,* October 7, 2018, https://www.chronicle.com/blogs/linguafranca/2018/10/07/ are-we-in-a-cold-civil-war/.

54 Vagoda, op. cit.

55 David Frum, *Trumpocracy: The Corruption of the American Republic* (New York: HarperCollins, 2018), p. 108.

56 Marcel Proust, *Remembrance of Things Past*, vol. 3, (Harmonsworth: Penguin, 1982; originally 1913).

57 Walter Lippmann, *Public Opinion* (New York: Macmillan, 1922).

58 Harold Laswell, *Propaganda Technique in World War I* (Cambridge: MIT Press, 1971)

59 Ralph Waldo Emerson, *Essays*, The Project Gutenberg EBook of Essays, by Ralph Waldo Emerson, https://www.gutenberg.org/files/16643/16643-h/16643-h.htm.

60 Sherry Turkle, *Reclaiming Conversation: The Power of Talk in a Digital Age* (New York: Penguin, 2015), p. 297.

61 Aristotle, *Rhetoric*, in *The Works of Aristotle*, Vol. 11, W. D. Ross (ed.) (Oxford: Clarendon Press, 1952).

62   Norman Mailer, *Advertisements for Myself* (Cambridge, Mass.: Harvard University Press, 1992, reprint; originally, 1959).

2장 ——————————————— 대안 사실: 거짓말쟁이의 말장난

63   George Orwell, *1984* (London: Harvill Secker, 1949)

64   Orwell, *1984*, op. cit., chapter 3.

65   Ralph Banko, "The Left, Not Kellyanne Conway, Invented Alternative Facts, *Forbes*, February 11, 2018. https://www.forbes.com/sites/ralphbenko/2017/02/11/ the-left-not-kellyanne-conway-invented-alternative-facts/#d7188c0658c6

66   Edward S. Herman, *Beyond Hypocrisy: Decoding the News in an Age of Propaganda Including A Doublespeak Dictionary for the 1990s* (Montreal: Black Rose Books, 1992), p. 3.

67   Edward Herman and Noam Chomsky, *Manufacturing Consent: The Political Economy of the Mass Media* (New York: Pantheon, 1988).

68   Cited in Alfred B. Evans, *Soviet Marxism-Leninism: The Decline of an Ideology* (Westport, Connecticut: Greenwood, 1993), p. 39.

69   Edward S. Herman, *Beyond Hypocrisy*, op. cit.

70   Orwell, *1984*, p. 32.

71   Orwell, *1984*, Book 1, Chapter 7.

72   See Benito Mussolini, *Mussolini as Revealed in his Political Speeches, November 1914– August 1923* (Nabu Press, Creative Commons, 2010); *Selected Speeches of Benito Mussolini* (Amazon Digital Services, 2018).

73   Arthur Asa Berger, *Ads, Fads, and Consumer Culture: Advertising's Impact on American Character and Society* (Lanham: Rowman & Littlefield, 2000), p. 131.

74   Orwell, *1984*, Book 1, Chapter 8.

75   Chaim Shinar, "Conspiracy Narratives in Russian Politics: from Stalin to Putin, *European Review* 26 (2018), pp. 648–660.

76   See Antonio Nicaso and Marcel Danesi, *Made Men: Mafia Culture and the Power of Symbols, Rituals, and Myth* (Lanham: Rowman & Littlefield, 2013).

77 See Salvatore di Piazza, Francesca Piazza, and Mauro Serra, "The Need for More Rhetoric in the Public Sphere: A Challenging Thesis about Post-Truth, *Versus* 127 (2018), pp. 225–242.

78 See María Jos Martin-Velasco and María Jos García Blanco, *Greek Philosophy and Mystery Cults* (Cambridge: Cambridge Scholars Publishing, 2016).

79 George Orwell, *The Collected Essays,* vol. 3, edited by Sonia Orwell and Ian Angus (London: Secker and Warburg, 1968), p. 6.

80 Michael Barkun, *A Culture of Conspiracy: Apocalyptic Visions in Contemporary America* (Berkeley: University of California Press, 2003), pp. 3–4.

81 Barkun, ibid.

82 J. P. Linsroth, "Myths on Race and Invasion of the Caravan Horde, *Counterpunch,* November 9, 2018. https://www.counterpunch.org/2018/11/09/ myths-on-race-and-invasion-of-the-caravan-horde/

83 Richard Dawkins, *The Selfish Gene* (Oxford: Oxford University Press, 1976).

84 Marcel Danesi, *Memes and the Future of Popular Culture* (Leiden: Brill Academic Publishers, 2019).

85 Robert Paxton, *The Anatomy of Fascism* (New York: Vintage, 2004).

86 Jean de La Bruyère, *Characters,* (New York: Scribner & Welford, 1885), p. 13.

87 Aldous Huxley, *Beyond the Mexique Bay* (London: Paladin, 1934), p. 12.

88 Emile Durkheim, *The Elementary Forms of Religious Life* (New York: Collier, 1912).

89 Adolph Hitler, *Mein Kampf* (Munich: Franz Eher Nachfolger, 1925), Chapter 6.

90 Francesco Magiapane, "The Discourse of Fake News in Italy, *Versus* 127 (2018), p. 298.

91 Benito Mussolini, quoted in *Selected Speeches of Benito Mussolini* (Amazon Digital Services, 2018).

92 Benito Mussolini, ibid.

93 Hesiod, *Theogony* (CreateSpace Independent Publishing Platform, May 12, 2017, originally c. 700 BCE).

94 Frederik H. Lund, "The Psychology of Belief, *The Journal of Abnormal and Social Psychology* 20 (1925), p. 63. Perhaps the first ever psychological study of belief was by William James, "The Psychology of Belief, *Mind* 14 (1889), pp. 321–353.

95 Charles S. Peirce, *Illustrations of the Logic of Science* (Chicago: Open Court, 2014; originally

1877-1878).

96   Martin Luther King, Jr., Speech in Montgomery, Alabama (25 March 1965), as transcribed from a tape recording.

97   Quoted in Steven R. Weiman (ed.), *Daniel Patrick Moynihan: A Portrait in Letter of an American Visionary*, PublicAffairs, 2010.

98   See Kay M. Porterfield, *Straight Talk about Cults* (New York: Facts on File, 1997).

99   Frank Nuessel, "Lying: A Semiotic Perspective, *Semiotics 2013*, Semiotic Society of America, 2013, pp. 151-162.

100 David Frum, *Trumpocracy: The Corruption of the American Republic* (New York: Harper, 2018), p. 47.

101 Orwell, *1984*, op. cit., pp. 37-38.

102 Cited in F "The Crack-Up, *Esquire Magazine*, February, 1936.

3장 ——————————— 작화: 기억을 왜곡하는 '나쁜' 이야기

103 자아 구축이라는 개념을 최초로 자세히 탐구한 인물은 심리학자 칼 로저스였다.

104 F. Max Mueller, *Biographies of Words and the Home of the Aryas* (Kessinger Publishing Reprint, 2004, originally 1888), p. 120.

105 Benito Mussolini, April 1921 speech in Bologna.

106 Antonio Nicaso and Marcel Danesi, *Made Men: Mafia Culture and the Power of Symbols, Rituals, and Myth* (Lanham: Rowman & Littlefield, 2013).

107 Nicaso and Danesi, *Made Men*, op. cit.

108 Nicaso and Danesi, *Made Men*, op. cit.

109 Paul Lunde, *Organized Crime: An Inside Guide to the World's Most Successful Industry* (London: Dorling Kindersley, 2004), p. 55.

110 Luigi Natoli, *Cloriano della Floresta* (Milano: Sellerio, 2017, originally 1720).

111 See Umberto Santino, *La cosa e il nome* (Soveria Mannelli: Rubbettino, 2000), pp. 119-128.

112 John Lawrence Reynolds, *Shadow People: Inside History's Most Notorious Secret Societies* (Toronto: Key Porter Books, 2006), pp. 177-178.

113   Claude Lévi-Strauss, *The Raw and the Cooked* (London: Cape, 1964), p. 23.

114   W. T. Anderson, *Reality Isn't What It Used to Be* (San Francisco: Harper Collins, 1992).

115   Marcel Proust, *Remembrance of Things Past*, vol. 3, "The Fugitive (New York: Random House, 1981, originally 1925).

116   Anderson, *Reality Isn't What It Used to Be,* op. cit., pp. 126-127.

117   Jean Baudrillard, *Simulations* (New York: Semiotexte, 1983).

118   Cited in George Orwell, *Orwell on Truth* (London: Harvill Secker, 2017), p. 173.

119   Max Weber, *The Protestant Ethic and the Spirit of Capitalism* (New York: Scribner's, 1905).

120   Arthur Asa Berger, *Shop 'til You Drop: Consumer Behavior and American Culture* (Lanham: Rowman & Littlefield, 2005), p. 6.

121   Berger, op. cit. p. 7.

122   Niccol Machiavelli, *The Prince*, translated by W. K. Marriott (originally 1513), *The Project Gutenberg EBOOK of the Prince,* http://www.gutenberg.org/files/1232/1232-h/1232-h. htm, Chapter XVIII.

123   Lao Tzu, *Tao Te Ching*, The Witter Bynner version, https://www.aoi.uzh.ch/dam/ jcr:ffffffff-c059-cfbc-0000-000033ea7e9a/BynnerLao.pdf.

124   Machiavelli, *The Prince,* op. cit., Chapter XVIII.

125   Frank Nuessel, "Deception and Its Manifestations, *Semiotics 2015: Virtual Identities,* 2016, Semiotic Society of America, p. 179.

126   Giampaolo Proni, *Talking to Oneself: A Semiotic Analysis of Donald Trump's Hair Style* (Milano: Bruno Mondadori, 2017), p. 19.

127   Michel Foucault, *The History of Sexuality* (London: Allen Lane, 1976).

128   Desmond Morris, *The Human Zoo* (London: Cape, 1969).

129   Carl Sagan and Ann Druyan, *Shadows of Forgotten Ancestors: A Search for Who We Are* (New York: Random House, 1992), p. 415.

130   Benito Mussolini, cited in Mark Neocleous, *Fascism* (Minneapolis: University of Minnesota Press, 1997), p. 35.

131   George Orwell, *Orwell on Truth* (London: Harvill Secker, 2017), p. 11.

132   Niccol Machiavelli, *The Prince*, op. cit. Chapter XVIII.

133   Niccol Machiavelli, *The Prince*, op. cit. Chapter XVIII.

134 Giampaolo Proni, *Talking to Oneself,* op. cit., p. 3.

135 Arthur Asa Berger, *Three Topes on Trump: Marxism, Semiotics and Psychoanalysis,* pre-publication draft, p. 48.

136 B. Joey Basamanowicz and Katie Poorman, *Believe Me: 21 Lies Told By Donald Trump and What They Reveal About His Vision For America* (CreateSpace Independent Publishing Platform, September, 2016).

137 See, https://www.c-span.org/video/?c4737466/trumps-muslim-ban.

138 Cliff Sims, *Team of Vipers* (New York: Thomas Dunne Books, 2019).

139 William Cummings, "Conspiracy Theories: Here's What Drives People to Them, No Matter How Wacky, *USA Today,* January 15, 2018. https://www.usatoday.com/story/news/nation/2017/12/23/conspiracy-theory-psychology/815121001/

140 Antonio R. Damasio, *Descartes' Error: Emotion, Reason, and the Human Brain* (New York: G. P. Putnam's, 1994).

141 Cummings, "Conspiracy Theories, op. cit.

4장 ——————————————— 가짜 뉴스: 매력적인 음모론

142 Cited in Norman Mailer, *Advertisements for Myself* (Harvard University Press reprint, 1992, originally 1959).

143 Samantha Subramanian, "Inside the Macedonian Fake-News Complex, *Wired* https://www.wired.com/2017/02/veles-macedonia-fake-news/

144 Piero Polidoro, "Post-Truth and Fake News: Preliminary Considerations, *Versus* 127 (2018), pp. 189–206.

145 Kevin Young, "Moon Shot: Race, a Hoax, and the Birth of Fake News, *The New Yorker,* October 21, 2017. https://www.newyorker.com/books/page-turner/ moon-shot-race-a-hoax-and-the-birth-of-fake-news.

146 Reported by Matt Kwong, "Trump Loyalists Accept What Happened in Helsinki—and His Flip Flop, *CBC News,* July 18,2018. https://www.cbc.ca/news/world/ trump-putin-us-maryland-essex-dundalk-edgemere-1.4751215.

147 Brooke Donald, "Stanford Researchers Find Students Have Trouble Judging the Credibility of Information Online, Stanford Graduate School of Information November 22, 2016, https:// ed.stanford.edu/news/stanford-researchers-find-students-have-trouble-judging-credibility-information-online.

148 Edward Herman and Noam Chomsky, *Manufacturing Consent: The Political Economy of the Mass Media* (New York: Pantheon, 1988)

149 Richard Wooley, "Donald Trump, Alex Jones and the Illusion of Knowledge, *CNN,* August 6, 2018. https://www.cnn.com/2017/07/15/opinions/trump-alex-jones-world- problem-opinion-wooley/index.html

150 Gary Lachman, *Turn Off Your Mind: The Mystic Sixties and the Dark Side of the Age of Aquarius* (New York: Disinformation Books, 2001).

151 Lachman, op. cit., pp. 396–397.

152 e. e. cummings, cited in *Vanity Fair,* December 1926.

153 Hadley Cantril, *The Invasion from Mars: A Study in the Psychology of Panic* (Edison, NJ: Transaction Publishers, 1940).

154 Mark Dice, *The True Story of Fake News: How Mainstream Media Manipulates Millions* (The Resistance Manifesto, November 1, 2017).

155 Benito Mussolini, quoted in *Selected Speeches of Benito Mussolini* (Amazon Digital Services, 2018).

156 Mussolini, *Selected Speeches,* op. cit.

157 Mussolini, *Selected Speeches,* op. cit.

158 Cited in Clive Irving, "Trump's War on the Press Follows the Mussolini and Hitler Playbook, *Daily Beast,* https://www.thedailybeast.com/ leaving-neverland-and-the-twisted-cult-of-michael-jackson-truthers?ref=scroll.

159 Cited in Clive Irving, op. cit.

160 Niccol Machiavelli, *On Conspiracies* (Harmondsworth: Pengui, 2010; originally, 1513).

161 Alessandro Campi, *Machiavelli and Political Conspiracies* (New York: Routledge, 2018).

162 Karl Popper, *The Open Society and Its Enemies* (London: Routledge, 1945).

163 Chip Heath and Dan Heath, *Made to Stick: Why Some Ideas Survive and Others Die* (New York: Random House, 2006).

164 Geoff Nunberg, "Why The Term 'Deep State' Speaks To Conspiracy Theorists, *NPR*, August 9, 2018. https://www.npr.org/2018/08/09/633019635/ opinion-why-the-term-deep-state-speaks-to-conspiracy-theorists

165 Sander van der Linden, "The Surprising Power of Conspiracy Theories, *Psychology Today*, August 24, 2015. https://www.psychologytoday.com/ca/blog/socially-relevant/201508/ the-surprising-power-conspiracy-theories

166 Henry Giroux, "Challenging Trump's Language of Fascism, *Truthput,* January 9, 2016, https:// truthout.org/articles/challenging-trumps-language-of-fascism/

167 Lewis Carroll, *Through the Looking-Glass and What Alive Found There* (London: Macmillan, 1871), cited in Chapter 5.

168 Jean Baudrillard, *Simulations.* New York: Semiotexte, 1983).

169 Susan Greenfield, *Mind Change* (New York: Random House, 2015), p. 241.

170 Noam Chomsky, *Media Control: The Spectacular Achievements Propaganda* (New York: Seven Stories Press, 2002, p. 16.

171 Richard Wooley, "Donald Trump, Alex Jones and the Illusion of Knowledge, op. cit.

5장 ———— 가스라이팅: 반복적으로, 우회적으로 빈정거리기

172 Desiderius Erasmus, from *Adages,* Chapter IV, translated and annotated by Denis L. Drysdall, edited by John N. Grant (Toronto: University of Toronto Press, 2005).

173 Amanda Carpenter, *Gaslighting America: Why We Love It When Trump Lies to Us* (New York: HarperCollins, 2018).

174 Bryant Welch, *State of Confusion: Political Manipulation and the Assault on the American Mind* (New York: Macmillan, 2008), p. 23.

175 Carpenter, *Gaslighting America*, op. cit.

176 Karen Grigsby Bates, "Rapists, Huts: Trump's Racist Dog Whistles Aren't New, *NPR Codeswitch,* 13 January 2018. https:// www.npr.org/sections/codeswitch/2018/01/13/577674607/ rapists-huts-shitholes-trumps-racist-dog-whistles-arent-new

177 William Safire, *Safire's Political Dictionary* (New York: Oxford University Press, 2008), p. 190.

178 Amanda Lohrey, *Voting for Jesus: Christianity and Politics in Australia* (Melbourne: Black, 2006).

179 Niccol Machiavelli, *Discourses on the First Decade of Titus Livius,* translated by Ninian Hill Thomson, *The Project Gutenberg EBOOK of the Discourses,* http://www.gutenberg. org/cache/ epub/10827/pg10827-images.html, Chapter XLVI.

180 Cited in Eric Jabbari, *Pierre Laroque and the Welfare State in Postwar France* (Oxford: Oxford University Press, 2012), p. 46.

181 Benito Mussolini, quoted in *Selected Speeches of Benito Mussolini* (Amazon Digital Services, 2018).

182 Bobby Azarian, "Trump Is Gaslighting America Again—Here's How to Fight It, *PsychologyToday,* August 31, 2018. https://www.psychologytoday.com/ca/blog/ mind-in-the-machine/201808/trump-is-gaslighting-america-again-here-s-how-fight-it

183 Adolf Hitler, *Mein Kampf,* Project Guetnberg, http://gutenberg.net.au/ ebooks02/0200601.txt

184 Walter C. Langer, *A Psychological Analysis of Adolph Hitler: His Life and Legend* (Create Space, 2012; originally 1943).

185 See, for example, George Lakoff, *Women, Fire and Dangerous Things: What Categories Reveal about the Mind* (Chicago: University of Chicago Press, 1987); and Mark Johnson, *The Body in the Mind: The Bodily Basis of Meaning, Imagination and Reason* (Chicago: University of Chicago Press, 1987).

186 I. A. Richards, *The Philosophy of Rhetoric* (Oxford: Oxford University Press, 1936).

187 Howard R. Pollio, Jack M. Barlow, Harold J. Fine, and Marilyn R. Pollio, *The Poetics of Growth: Figurative Language in Psychology, Psychotherapy, and Education* (Hillsdale, NJ: Lawrence Erlbaum, 1977).

188 George Lakoff and Mark Johnson, *Metaphors We Live By* (Chicago: University of Chicago Press, 1980). Since the publication of this book there has been a veritable upsurge in the study of figurative language within the cognitive sciences.

189 Cardinal de Richelieu, Testament Politique, "Maxims (Amsterdam: Henry Desbordes, 1688).

190 Hannah Arendt, *The Origins of Totalitarianism* (New York: Harcourt, Brace, and Company, 1951), p.

191 Niccol Machiavelli, *The Prince,* translated by W. K. Marriott (originally 1513), *The Project Gutenberg EBOOK of the Prince,* http://www.gutenberg.org/files/1232/1232-h/1232-h. htm,

Chapter XVIII.

192 Julian Borger, "Brought to Jesus: The Evangelical Grip on the Trump Administration, 11 January 2019. https://www.theguardian.com/us-news/2019/jan/11/ trump-administration-evangelical-influence-support

193 David Kertzer, *The Pope and Mussolini: The Secret History of Pius XI and the Rise of Fascism in Europe* (New York: Random House, 2014).

194 Benito Mussolini, in his encyclopedia entry of 1932, "Doctrine of Fascism, http:// www. historyguide.org/europe/duce.html.

195 Cited in George Orwell, *Orwell on Truth* (London: Harvill Secker, 2017), p. 26.

196 See the Sinclair Lewis Society, https://english.illinoisstate.edu/sinclairlewis/.

197 Ben Chapman, "How Trump Gets Away with Lying, as Explained by a Magician, *Medium,* June 27, 2018. https://medium.com/s/story/how-trump-gets-away-with-lying-as-explained-by-a-magician-4a14570fe6b0

198 Niccol Machiavelli, Niccol Machiavelli, *The Prince*, translated by W. K. Marriott (originally 1513), *The Project Gutenberg EBOOK of the Prince,* http://www.gutenberg.org/ files/1232/1232-h/1232-h.htm, Chapter XVIII.

6장 ——————————— 언어적 무기: 타인을 무너트리는 언어 전략

199 Niccol Machiavelli, *The Prince*, translated by W. K. Marriott (originally 1513), *The Project Gutenberg EBOOK of the Prince.* http://www.gutenberg.org/files/1232/1232-h/1232-h. htm , Chapter X.

200 Ralph Waldo Emerson, *Essays: First Series,* The Project Gutenberg EBook of Essays, First Series, https://www.gutenberg.org/files/2944/2944-h/2944-h.htm,

201 Rebecca Solnit, "The American Civil War Didn't End. And Trump is a Confederate President, *The Guardian* 4 November 2018, https://www.theguardian.com/commentisfree/2018/ nov/04/the-american-civil-war-didnt-end-and-trump-is-a-confederate-president

202 Niccol Machiavelli, *The Prince*, translated by W. K. Marriott (originally 1513), *The Project Gutenberg EBOOK of the Prince.* http://www.gutenberg.org/files/1232/1232-h/1232-h. htm ,

Chapter XVIII.

203 Niccol Machiavelli, *The Prince*, op. cit., Chapter XVI.

204 Benito Mussolini, in *Diuturna* (1921), quoted in H. B. Veatch, *Rational Man: A Modern Interpretation of Aristotelian Ethics* (Bloomington: Indiana University Press, 1962).

205 Orly Kayam, "The Readability and Simplicity of Donald Trump's Language, *Political Studies Review* 16 (2018), pp. 2-12.

206 Elizabeth Hardwick, *Bartleby in Manhattan and Other Essays* (New York: Vintage, 1968), p. 46.

207 Alan Bloom, *Closing of the American Mind: How Higher Education Has Failed Democracy and Impoverished the Souls of Today's Students* (New York: Simon & Schuster, 1987).

208 Kat Chow, "Politically Correct: The Phrase Has Gone From Wisdom To Weapon, *Code Switch, NPR,* December 14, 2016, https://www.npr.org/sections/codeswit ch/2016/12/14/505324427/ politically-correct-the-phrase-has-gone-from-wisdom-to-weapon

209 Remarks at the University of Michigan Commencement Ceremony in Ann Arbor, 4 May 1991, George Bush Presidential Library.

210 Dinesh D'Souza, *Illiberal Education: The Politics of Race and Sex on Campus* (new York: The Free Press, 1991).

211 Ruth King, *Talking Gender: A Nonsexist Guide to Communication* (Toronto: Copp Clark Pitman, 1991), p. 27

212 Deborah Tannen, *Framing in Discourse* (Oxford: Oxford University Press. 1993), p. 77.

213 Ruth Perry, "Historically Correct, *Women's Review of Books*, 9 (1992), pp. 15-16.

214 Ibid, p. 15.

215 Bloom, *Closing of the American Mind*, op. cit., pp. 33-34.

216 Antonio Gramsci, *Lettere dal carcere*, op. cit.

217 Niccol Machiavelli, *The Prince*, translated by W. K. Marriott (originally 1513), *The Project Gutenberg EBOOK of the Prince.* http://www.gutenberg.org/files/1232/1232-h/1232-h. htm , Chapter V.

218 Machiavelli, *The Prince,* Chapter VI.

219 *Time*, November 28, 1949, p. 16.

220 Christian R. Hoffman, "Crooked Hillary and Dumb Trump: The Strategic Use and Effect of Negative Evaluations in US Election Campaign Tweets, *Internet Pragmatics* 1 (2018), pp. 55-87.

221   Sigmund Freud, *Civilization and Its Discontents* (London: Hogarth, 1963), pp. 235-236.

222   Chris Cillizza, "The Dangerous Consequences of Trump's All-Out Assault on Political Correctness, *CNN*, October 30, 2018. https://www.cnn.com/2018/10/30/politics/donald-trump-hate-speech-anti-semitism-steve-king-kevin-mccarthy/index.html

223   Jennifer Mercieca, "The Denials of Donald Trump, *Houston Chronicle,* December 11, 2018. https://www.houstonchronicle.com/local/gray-matters/article/donald-trump-robert- mueller-rhetorical-strategy-13458032.php

224   Ibid.

225   Niccol Machiavelli, *The Prince*, translated by W. K. Marriott (originally 1513), *The Project Gutenberg EBOOK of the Prince.* http://www.gutenberg.org/files/1232/1232-h/1232-h. htm , Chapter XVIII.

226   D. Casarett, A. Pickard, J. M Fishman, S. C. Alexander, R. M. Arnold, K. I. Pollak, and J. A. Tulsky "Can Metaphors and Analogies Improve Communication with Seriously Ill Patients? Journal of Palliative Medicine 13 (2010), pp. 255-260.

227   A. Byrne, J. Ellershaw, C. Holcombe, and P. Salmon, "Patients' Experience of Cancer: Evidence of the Role of 'Fighting' in Collusive Clinical Communication. *Patient Education and Counseling* 48 (2002), pp. 15-21.

228   Linda Rogers, *Wish I Were Here: Felt Pathways of the Self.* Madison: Atwood Publishing, 1998).

229   George Lakoff, "The Contemporary Theory of Metaphor, in M. Danesi and S. Maida-Nicol, (eds.), *Foundational Texts in Linguistic Anthropology* (Toronto: Canadian Scholars' Press, 2012), pp. 163-164.

230   Gilles Fauconnier and Mark Turner, *The Way We Think: Conceptual Blending and the Mind's Hidden Complexities* (New York: Basic, 2002).

231   Susan Sontag, *Illness as Metaphor* (New York: Farrar, Straus & Giroux, 1978).

232   Michael Kranish, *Trump Revealed: An American Journey of Ambition, Ego, Money, and Power* (New York: Scribner, 2016).

233   Thomas F. Pettigrew, "Social Psychological Perspectives on Trump Supporters, *Journal of Social and Political Psychology* 5 (2017), https://jspp.psychopen.eu/article/view/750/ html; an insightful discussion of this very study is the one by Bobby Azarian, "An Analysis of Trump Supporters Has Identified 5 Key Traits A new report sheds light on the psychological basis for

Trump's support. *Psychology Today* https://www.psychologytoday.com/ca/blog/mind-in-the-machine/201712/analysis-trump-supporters-has-identified-5-key-traits.

234   Niccol Machiavelli, *The Prince*, op. cit., Chapter XVIII.

235   Thomas Hobbes, *Elements of Philosophy* (London: Molesworth, 1656).

7장 ──────────────── 진실된 과장법: 허풍쟁이의 큰소리치기

236   Donald J. Trump and Tony Schwartz, *The Art of the Deal* (New York: Ballantine, 1987), chapter 2.

237   Clara Claridge, *Hyperbole in English: A Corpus-Based Study of Exaggeration* (Cambridge: Cambridge University Press, 2011).

238   Marty Neumeier, *The Brand Gap* (Berkeley: New Riders, 2006), p. 39.

239   P.T. Barnum, "Quotes, *Odd Info Quotes*. http://www.odd-info.com/quotes.htm.

240   S. Romi Mukherjee, "Make America Great Again as White Political Theology, *LISA E-Journal* 16 (2018). https://journals.openedition.org/lisa/9887

241   Michael Wolff, *Fire and Fury: Inside the Trump White House* (New York: Henry Holt and Company, 2018).

242   Chauncey De Vega, "Why Do Evangelicals Worship Trump? The Answer Should Be Obvious, Alternet, *Alternet*, January 13, 2018. https://www.alternet.org/news-amp-politics/ why-do-evangelicals-worship-trump-answer-should-be-obvious.

243   Elisabeth R. Anker, *Orgies of Feeling: Melodrama and the Politics of Feeling* (Durham: Duke Univerity Press, 2014).

244   Reza Aslan, "The Dangerous Cult of Donald Trump, *Los Angeles Times,* November 6, 2017. https://www.latimes.com/opinion/op-ed/la-oe-aslan-trump-cultists-20171106-story. html

245   P. T. Barnum, *The Life of P. T. Barnum* (New York: Redfield, 1854).

246   Kevin Young, *Bunk: The Rise of Hoaxes, Humbug, Plagiarists, Phonies, Post-Facts, and Fake News* (Minneapolis: Graywolf Press, 2017)

247   James W. Pennebaker, *The Secret Life of Pronouns* (London: Bloomsbury, 2011).

248   Dell Hymes, *On Communicative Competence* (Philadelphia: University of Pennsylvania Press, 1971).

249   Theodore Millon, *Disorders of Personality*, 3rd ed. (Hoboken, NJ: Wiley, 2011)

250   These are discussed in more detail in Michael Arntfield and Marcel Danesi, *Murder in Plain English: From Manifestos to Memes—Looking at Murder through the Words of Killers* (New York: Prometheus, 2017).

251   Joseph Burgo, "The Populist Appeal of Trump's Narcissism: Why Trump's Narcissistic Personality Attracts Disaffected Voters, *Psychology Today*, August 14, 2015. https://www.psychologytoday.com/ca/blog/shame/201508/the-populist-appeal-trumps-narcissism.

252   Max Boot, "Trump Spent His Business Career Swindling People. Nothing's Changed, *Chicago Tribune,* May 3, 2018. https://www.chicagotribune.com/news/opinion/ commentary/ct-donald-trump-business-scams-20180503-story.html

253   Hannah Arendt, *The Human Condition* (Chiacgo: University of Chicago Press, 1958).

254   Walter Lippmann, *Public Opinion* (New York: Macmillan, 1922).

255   Niccol Machiavelli, *The Prince*, translated by W. K. Marriott (originally 1513), *The Project Gutenberg EBOOK of the Prince.* http://www.gutenberg.org/files/1232/1232-h/1232-h. htm, Chapter XVIII.

256   Ben Zimmer, "Donald Trump and the Art of the 'Con', *The Atlantic*, September 27, 2018. https://www.theatlantic.com/ideas/archive/2018/09/ donald-trump-and-the-art-of-the-con/571528/

257   David Maurier, *The Big Con: The Story of the Confidence Man* (New York: Anchor, 1940).

258   Max Black, "The Prevalence of Humbug, *Philosophic Exchange* 13 (1982). Available at: https:// digitalcommons.brockport.edu/phil_ex/vol13/iss1/4

259   James Ball, *Post-Truth: How Bullshit Conquered the World* (London: Biteback Publishing, 2017).

260   Harry G. Frankfurt, *On Bullshit* (Princeton: Princeton University Press, 2005), p. xiii.

261   Black, "The Prevalence of Humbug, op. cit.

262   Stanton Peele, "Bullshitting: Lessons from the Masters, *Psychology Today,* May 15, 2009. https://www.psychologytoday.com/ca/blog/addiction-in-society/200905/ bullshitting-lessons-the-masters

263   Jason Pine, *The Art of Making Do in Naples* (Minneapolis: University of Minnesota Press, 2012).

264   Dallas G. Denery, *The Devil Wins: A History of Lying from the Garden of Eden to the Enlightenment* (Princeton: Princeton University Press, 2015).

265 Robert Louis Stevenson, *Virginibus Puerisque and Other Papers* (London: C. Kegan Paul, 1881), chapter 2.

266 Packard, *The Hidden Persuaders,* op. cit.

267 J. B. Twitchell, *Twenty Ads That Shook the World* (New York: Crown, 2000), p. 23.

268 Stuart Ewen, *All Consuming Images* (New York: Basic, 1988), p. 20.

269 Andrew F. Smith, "Food and Drink in American History: A 'Full Course' Encyclopedia (Santa Barbara: ABC-CLIO, 2013), p. 195.

270 Bob Stein, "We Could be Better Ancestors Than This: Ethics and First Principles for the Art of the Digital Age, in *The Digital Dialectic: New Essays on New Media*, ed. by Peter Lunenfeld (Cambridge: MIT Press, 1999), p. 204.

271 Sarah Churchwell, *Behold America: A History of America First and the American Dream* (London: Bloomsbury, 2018).

272 Timothy O'Brien, *TrumpNation: The Art of Being the Donald* (New York: Grand Central Publishing, 2005).

8장 ——————— 마키아벨리적 기술: 세상에서 가장 유명한 거짓말쟁이

273 Frans de Waals, *Chimpanzee Politics* (Baltimore: Johns Hopkins University Press, 1982).

274 Max Weber, *Theory of Social and Economic Organization* (New York: The Free Press, 1922), p. 328.

275 Cited in George Orwell, *Orwell on Truth* (London: Harvill Secker, 2017), p. 75.

276 Niccol Machiavelli, *The Prince*, translated by W. K. Marriott (originally 1513), *The Project Gutenberg EBOOK of the Prince.* http://www.gutenberg.org/files/1232/1232-h/1232-h. htm , Chapter XVIII.

277 Denis Diderot, "Machiavelisme, *Encyclopédie ou Dictionnaire raisonn des sciences, des arts et des métiers*, vol. 9. Paris, 1765.

278 Richard Christie and Florence L. Geis, *Studies in Machiavellianism* (New York: Academic Press, 1970).

279 Peter K, Jonason and James P. Middleton, "Dark Triad: The 'Dark Side' of Human Personality,

International Encyclopedia of the Social & Behavioral Sciences (Oxford: Elsevier, 2015), pp. 671–675.

280   Glenn Geher, "Donald Trump as High in the Dark Triad, *Psychology Today*, August 6, 2016. https://www.psychologytoday.com/ca/blog/darwins-subterranean-world/201608/ donald-trump-high-in-the-dark-triad

281   A. Vartanian, *La Mettrie's "L'homme machine: A Study in the Origins of an Idea* (Princeton: Princeton University Press, 1960).

282   Jaclyn Duffin, *Disease Concepts in History* (Toronto: University of Toronto Press, 2005).

283   R. J. Behan, *Pain: Its Origin, Conduction, Perception, and Diagnostic Significance* (New York: Appleton, 1926), p. 74.

284   Anita Kelly and Lijuan Wang, "A Life without Lies: How Livign Honestly Can Affect Health, Presentation at the APA, Session 3189, 2012.

285   William Bateson, *Steps to an Ecology of Mind* (New York: Ballantine, 1972).

286   Machiavelli, *The Prince*, op. cit., Chapter XVIII.

287   L. Carmichael, H. P. Hogan, and A. A. Walter, "An Experimental Study of the Effect of Language on Visually Perceived Form, *Journal of Experimental Psychology* 15 (1932), pp. 73–86.

288   Ann Gill, *Rhetoric and Human Understanding* (Prospect Heights, Ill.: Waveland, 1994).p. 106.

289   Leon Festinger, *A Theory of Cognitive Dissonance* (Evanston, IL: Row, Peterson, 1957).

290   Leon Festinger, Henry W. Riecken, and Stanley Schachter, *When Prophecy Fails* (London: Printer & Martin, 1956), p. 3.

291   Festinger, Riecken, and Scachter, op. cit., p. 3.

292   Benito Mussolini, quoted in Israel W. Charny, *Fascism and Democracy in the Human Mind: A Bridge Between Mind and Society* (Lincoln: University of Nebraska Press, 2006), p. 23.

293   Marshall McLuhan, spoken on the *Tomorrow Show* with Tom Snyder, NBC (6 September 1976).

294   Neil Postman, *Technopoly: The Surrender of Culture to Technology* (New York: Alfred A. Knopf, 1992).

295   Jaron Lanier, *You Are Not a Gadget (*New York: Vintage, 2010), p. 12.

296   Manuel Castells, *The Information Age: Economy, Society, and Culture* (Oxford: Blackwell, 1996).

297   Michelle Tolman Clarke, "On the Woman Question in Machiavelli, *The Review of Politics* 67

(2005), pp. 229–225.

298 Florence Nightingale, *Suggestions for Thought to Searchers after Religious Truth*, edited by Michael D. Calabria and Janet A. McCrae (Philadelphia: University of Pennsylvania Press, 1994, originally 1852).

299 Edward O. Wilson, *On Human Nature* (New York: Bantam, 1979).

300 Michael Arntfield and Marcel Danesi, *Murder in Plain English: From Manifestos to Memes— Looking at Murder through the Words of Killers* (New York: Prometheus, 2017).

301 James Piereson, "A Note on Character in Politics, *Dispatch,* January 4, 2019. https:// www. newcriterion.com/blogs/dispatch/a-note-on-character-in-politics

302 Lewis Carroll, *Through the Looking Glass and What Alice Found There* (London: Macmillan, 1871).

303 Giambattista Vico, *The New Science of Giambattista Vico,* translated and edited by Thomas G. Bergin and Max Fisch (Ithaca: Cornell University Press, 1984, originally 1744).

304 Humberto Maturana and Francisco Varela, *Autopoiesis and Cognition: The Realization of the Living* (Dordrecht: Reidel, 1973).

305 Lord Byron, *Childe Harold's Pilgrimage* (Boston: oughton Mifflin 1894, originally 1812), canto 2, stanza 2.

306 Milan Kundera. *Immortality* (London: Faber and Faber, 1991), p. 239.

307 Han Christian Andersen, *The Emperor's New Clothes* (Denmark: C. A. Reitzel, 1837).

308 Orwell, *Orwell on Truth*, op. cit., p. 129.

KI신서 11026

거짓말의 기술

1판 1쇄 인쇄 2023년 7월 10일
1판 1쇄 발행 2023년 7월 17일

지은이 마셀 다네시
옮긴이 김재경
펴낸이 김영곤
펴낸곳 ㈜북이십일 21세기북스

콘텐츠개발본부이사 정지은
정보개발팀장 이리현
정보개발팀 강문형 박종수
출판마케팅영업본부장 한충희
마케팅1팀 한경화 김신우 강효원
해외기획실 최연순
출판영업팀 최명열 김다운 김도연
제작팀 이영민 권경민
디자인 페이지엔

출판등록 2000년 5월 6일 제406-2003-061호
주소 (10881) 경기도 파주시 회동길 201 (문발동)
대표전화 031-955-2100 팩스 031-955-2151 이메일 book21@book21.co.kr

ⓒ 마셀 다네시, 2023
ISBN 978-89-509-5757-5 03180

(주)북이십일 경계를 허무는 콘텐츠 리더

21세기북스 채널에서 도서 정보와 다양한 영상자료, 이벤트를 만나세요!
페이스북 facebook.com/jiinpill21 포스트 post.naver.com/21c_editors
인스타그램 instagram.com/jiinpill21 홈페이지 www.book21.com
유튜브 youtube.com/book21pub